세계는 어떻게
번영하고
풍요로워졌는가

세계는 어떻게 번영하고 풍요로워졌는가
— 생산·소비·과학·기술의 세계사 강의

김대륜 지음

2021년 8월 17일 초판 1쇄 발행

펴낸이 한철희 | 펴낸곳 돌베개 | 등록 1979년 8월 25일 제406-2003-000018호
주소 (10881) 경기도 파주시 회동길 77-20 (문발동)
전화 (031) 955-5020 | 팩스 (031) 955-5050
홈페이지 www.dolbegae.co.kr | 전자우편 book@dolbegae.co.kr
블로그 blog.naver.com/imdol79 | 트위터 @dolbegae79 | 페이스북 /dolbegae

편집 김진구·오효순
표지디자인 민진기 | 본문디자인 민진기·이연경
마케팅 심찬식·고운성·한광재 | 제작·관리 윤국중·이수민·한누리 | 인쇄·제본 영신사

ISBN 979-11-91438-12-3 (03900)

책값은 뒤표지에 있습니다.

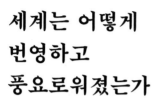

세계는 어떻게
번영하고
풍요로워졌는가

김대륜 지음

생산·소비·과학·기술의
세계사 강의

돌베
개

감사의 말

책을 쓰는 일은 언제나 외로운 작업이지만, 그래도 곁에서 원고를 읽고 함께 이야기를 나누는 동료가 있어 즐거운 일이 되기도 합니다. 이 글을 쓰면서 도움을 받은 분들이 일일이 열거할 수 없을 정도로 많아, 이 모든 분들께 감사드린다는 말을 전하고 싶습니다. 그분들이 책을 보신다면 어떤 대목에서 당신들의 생각을 빌렸는지 금세 아실 거라고 생각합니다. 그래도 원고를 꼼꼼히 읽고 논평해준 세 분은 언급해야 할 듯합니다. 한국 근대 문화에 깊은 관심을 갖고 연구하는 국문학자 임태훈 선생님과 필자의 후배라는 이유로 전체 원고를 읽고 논평하는 수고를 해야 했던 영남대 황혜진 선생님과 한림대 박은재 선생님께 깊이 감사합니다. 아울러 책을 구상해서 쓰고 고치는 전 과정을 살펴준 돌베개 직원분들, 편집자 김진구 님께도 감사 인사를 전하고 싶습니다. 이 책을 집필하는 사이에 학교에서 보직을 맡는 바람에 주말에나 원고를 제대로 쓸 수 있었는데, 늘 집을 비우는 남편과 아빠를 이해하고 응원해준 아내 자영과 두 딸 채원, 주원에게 고맙고 또 고맙다는 말을 전하고 싶습니다. 아내와 아이들이 베푼 사랑에 작은 보답이 되었으면 하는 바람입니다.

2021년 7월 김대륜

지금 우리가 누리는
번영과 풍요를 성찰하기 위하여

지난 2018년에 『역사의 비교—시민이 읽는 비교 세계사 강의』
(돌베개)를 펴낸 일이 있습니다. 이 책은 필자가 강의하는 '비교
역사학'이라는 강좌에서 몇 년간 학생들과 나눴던 이야기를 담고
있지요. 이 강좌는 지금 몸담고 있는 학교에 부임할 때 서양과 동
양, 한국을 구분하지 말고 '세계사'를 가르쳐달라는 부탁을 받아
시작한 것이었습니다. 처음에 무척 난감했지요. 최근 세계 역사
학계에서 새로운 세계사를 어떻게 서술하고, 가르쳐야 하는지 활
발하게 논의하고 있으며, 한국에서도 그와 비슷한 대화가 시작되
었지만, 이렇게 큰 주제를 한 학기 강의로 담아내는 강좌는 찾아
보기 어려웠던 탓입니다.

　고심 끝에 필자가 떠올린 해결책은 우리가 살아가는 시대를
만든, 근대를 구성하는 몇 가지 핵심 개념과 현상에 집중하자는
것이었습니다. 근대가 무엇인가도 논쟁적인 주제이지만, 우리의

삶을 관통하는 여러 제도와 이념을 역사를 가로질러 살펴보면 나와 역사의 관계에 대해 조금 더 깊이 생각해보는 계기가 되리라 믿었습니다. 그래서『역사의 비교』는 민주주의나 자본주의, 민족주의나 제국 같은 개념과 현상을 대학 신입생도 충분히 이해할 수 있도록 나름 친절하게 설명하려 했습니다. 책을 낸 뒤에 실제 수업에서 학생들과 책을 함께 읽고 일반 독자와 만나 이야기를 나누면서 즐거운 시간을 보내곤 했습니다.

하지만 아쉬운 느낌이 들기도 했습니다. 우리의 삶을 규정하는 여러 힘 가운데서 가장 큰 영향을 끼치는 돈벌이와 소비라는 문제를 너무 간단히 취급한 게 아니었나, 하는 생각이 들었던 것이지요. 특히 지금 우리가 누리고 있는 물질적 풍요와 번영의 뿌리에 관한 이야기가 부족하다고 여겼습니다. 조금만 따지고 들어가보면, 이 문제는 결국 우리 삶을 규정하는 자본주의라는 경제 체제와 연관되어 있습니다. 그런데『역사의 비교』는 자본주의 문제와 세계화의 관계만 이야기할 뿐 자본주의가 물질생활에 낳은 변화를 제대로 파고들지 않았어요. 터놓고 이야기하자면, 자본주의에 대해 꽤 오랫동안 생각해왔지만 아직도 솔직히 잘 모르겠다는 회의감에서 비롯한 일이었습니다. 사실 자본주의가 무엇인지에 대해서는 학자들 사이에도 제대로 된 합의가 없는 형편이지요. 그렇지만 근대 자본주의가 어떤 결과를 낳았는지 이야기하지 않고서는 세계사를 이야기하는 일도 어렵습니다.

최근에 어느 역사가가 자본주의 개념을 다시 검토하면서 내놓은 정의에 따르면, 자본주의는 역사에서 처음으로 사람들이 자유롭게 돈을 벌어 마음대로 쓸 수 있는, "돈에 대한 사랑"을 일체의 속박으로부터 풀어준 사회라고 하겠습니다. 조선 시대에 사농 공상의 엄격한 구별 아래 돈 버는 일을 비천하게 여긴 일이나 중세 서양에서 사람을 성직자와 귀족, 평민 세 위계로 나누고, 땀흘려 일하는 평민을 얕잡아보며 돈에 대한 사랑을 경계하라고 가르쳤던 것에 비춰보면, 자본주의는 우리가 살아가는 방식뿐만 아니라 삶에 대한 태도에도 심원한 변화를 가져왔습니다.

이 역사가의 제안을 좀 더 따라가본다면, 자본주의는 하나의 문명이라 볼 수 있습니다. 문명은 본래 한 사회에서 자원을 조직하는 권력 구조에 바탕을 두고 있습니다. 그러므로 자본주의를 문명으로 바라보게 되면, 정치와 경제에서 일어나는 변화는 물론 이 두 영역 사이에서 일어나는 관계 변화와 더 넓게는 인간의 이념이나 감정, 심성까지 포함하는 문화 변화도 함께 다룰 수 있게 됩니다. 하지만 아쉽게도 이런 넓은 시야에서 자본주의의 역사를 다룬 연구 성과는 거의 없습니다. 여전히 카를 마르크스가 내놓은 생산양식과 생산력, 생산관계 같은 개념을 바탕으로 자본 축적의 비밀과 계급 착취의 역사를 추적하는 데 집중하거나, 막스 베버가 탐구한 자본주의 정신의 발현에 대해서 이야기하는 이들이 대부분이지요.

사정이 이렇다 보니 당장 자본주의 문명의 기원과 확산, 더나아가 미래 전망까지 이야기하는 것은 어렵다고 판단했습니다. 그래도 제 수업을 듣는 학생 같은 독자에게 근대 자본주의가 낳은 역사의 몇몇 측면을 그 얼개라도 전달할 필요가 있다고 생각했습니다. 특히 우리가 지금 누리는 물질적 번영과 평화의 역사를 다시 생각해보는 계기가 필요하다고 여기게 되었지요. 그래서 가장 먼저 떠올린 현상은 자본주의가 출현한 이후 지금까지 역사의 흐름을 지배하고 있는 생산력의 엄청난 진전입니다. 역사를 긴 호흡으로 살펴보면, 인류의 생산력이 지금처럼 빠르게 향상되는 일은 아무리 빨리 잡아도 18세기 후반 산업혁명 이후에나 시작되었기 때문에 그것이 자본주의 문명에 관한 이야기에서 핵심적인 부분을 차지할 것이라는 점은 쉽게 짐작할 수 있습니다. 생산력 향상의 역사를 이야기하는 것도 아주 복잡하고 중요한 일이지만, 우선 자본주의가 처음 등장한 영국에서 산업혁명이 일어나는 시점을 전후로 지금까지 주요 자본주의 국가에서 생산력이 어떻게 향상되어왔는지 기술記述해보기로 했습니다.

여기서 굳이 '기술'이라는 말을 사용한 까닭은 생산력 향상을 둘러싼 인과관계를 모두 '설명'하는 일이 쉽지 않다는 점을 염두에 두었기 때문입니다. 차라리 여기에서는 생산력 향상의 놀라운 역사를, 그 얼개라도 살펴봄으로써 이 책을 읽는 독자에게 우리가 살아가는 시대가 인류 역사에서 얼마나 독특한 위치를 차지하는지 환기하는 데 주력합니다. 이 이야기가 근대성을 특징짓는 여러 측면 가운데 인간의 도구적 합리성에 대한 신뢰, 그러니까 일을 해나가는 방법에 이성을 동원하는 일이 갖는 힘을 잘 드러내준다고 생각했기 때문입니다. 그러면서도 동시에 우리가 도구적 합리성을 추구하는 데 매몰되어 삶의 의미와 목적 같은 문제에 대한 깊은 반성은 부족하지 않았는가 하는 자기 성찰도 담겨 있지요. 이런 문제의식을 1부에 담았습니다.

산업혁명 이후에 일어난 생산력 발전을 이끈 중요한 원동력 가운데 하나는 과학과 기술의 발전이었습니다. 과학과 기술은 인류의 역사에서 어느 시대에나 있었고, 인간은 시대에 따라 과학과 기술을 발전시키려는 노력을 기울여왔지요. 그건 서양은 물론 동양에서도 마찬가지였습니다. 이런 오랜 역사를 살펴볼 때, 우리는 꽤 오랫동안 중국 과학사의 태두인 조지프 니덤이 내놓았던 물음, 그러니까 왜 서양과 달리 중국에서는 과학혁명이 일어나지 않았는가라는 질문에 집중하는 한편, 근대 이후 서양 과학과 기술에서 일어난 한 가지 중요한 변화에 크게 주목하지 않았던 것 같습니다. 생산력 발전과 관련해서는 아주 중요한 변화였는데 말이지요. 그 변화란 오랫동안 지식인만의 고유한 관심사였던 과학과 주로 장인의 영역이었던 기술이 산업혁명을 거치면서 서서히 융합되기 시작해 생산력의 급속한 발전을 이끈 것을 말합니다. 필자는 과학기술사 전문가가 아니므로 이런 큰 물음에 제대로 답할 수 있는 처지가 아닌지는 모르지만, 적어도 자본주의 발전이라는 거대한 변화와 연관된 일이라는 생각은 펼쳐볼 수 있다고 생각합니다.

그래서 2부에서는 '과학과 기술'이라는 주제를 통해 이 문제를 살펴봅니다. 지면이 제한되어 있으니 수백 년에 걸쳐 일어난 변화를 훑어 내려가는 대신, 근대 초에 일어난 과학혁명이 이후 변화를 설명하는 중요한 열쇠라고 제시합니다. 물론 과학혁명은 잘 알려진 사건이지요. 코페르니쿠스가 태양 중심설을 발표한 때부터 뉴턴이 근대 물리학과 천문학의 기초를 놓은 시점까지를 흔히 말합니다. 2부에서는 이런 사건을 살펴보기도 하지만, 이 시기에 과학을 대하는 태도와 과학을 하는 방법에서 일어난 변화를 더 중요하게 다룹니다. 프랜시스 베이컨이 '새로운 과학'을 내세우면서 경험과 관찰을 바탕으로 인간에게 쓸모 있는 새로운 지식을 창출해야 한다고 강조하고, 이런 생각을 계승한 이들이 속속 등장하면서 서양 과학과 기술, 특히 두 영역의 관계에서 중요한 변화가 일어났다고 보는 것이지요. '유용한 지식'의 강조는 자본주의의 등장 및 확산과 긴밀하게 연관된 일이었고, 그것이 훗날 과학과 기술의 융합을 예비하는 일이었다는 게 2부에서 강조하는 내용입니다.

자본주의가 돈을 버는 일뿐만 아니라 벌어들인 돈으로 무엇을 하느냐의 문제라면, 당연히 소비에도 관심을 기울여야 할 터입니다. 역사학계가 소비 문제에 관심을 기울이기 시작한 것은 비교적 최근의 일입니다. 1980년대 이후에야 제대로 연구가 시작되었지요. 특히 누가, 무엇을, 왜 소비했는지 밝히는 데 주력해왔습니다. 3부에서는 이런 성과에 바탕을 두고 근대 이후 소비문화에서 일어난 변화를 이야기합니다. 여기서는 근대 이전과 이후에 소비문화가 어떻게 달라졌는지, 서양과 동양을 아울러 살피면서 이야기할 겁니다. 특히 서양에서 근대가 등장하면서 소비문화가 어떻게 바뀌었는지를 중요하게 다루게 됩니다. 이렇게 시작한 이야기는 곧이어 소비문화가 제자리를 잡아가는 19세기 중반부터 20세기 초로 넘어갑니다. 이른바 부르주아가 소비의 중요한 주체로 떠오르던 때였지요. 그 무렵에 등장하는 몇몇 특징적인 소비 공간을 조금 자세하게 살피면서 오늘날 우리에게 익숙한 소비문화가 어떻게 탄생했는지 볼 겁니다.

이런 이야기를 하는 까닭은 오늘날 우리 일상에 소비가 얼마나 큰 비중을 차지하는지 다시 한번 생각해보고 싶었기 때문입니다. 데카르트의 말을 조금 비틀어 표현하자면, 우리는 '소비한다, 고로 존재한다'라고 할 수 있을 정도로 소비에 집착하고, 또 그것을 당연하게 여기는 시대에 살고 있습니다. 바야흐로 '호모 콘수무스'Homo Consumus가 지배하는 세상이 된 것이지요. 어떻게 이런 세상이 출현하게 되었는지 역사를 되짚어봄으로써 지금 우리가 누리는 번영과 풍요가 과연 영원히 지속될 수 있을지, 더 나아가 다른 삶은 불가능한지 모색해보도록 독자에게 권하는 게 3부의 취지입니다.

앞에서 말했듯이, 이 책은 대학 신입생 정도의 독자를 염두에 두고 쓴 책입니다. 그래서 학술서에서 흔히 찾아볼 수 있는 각주 같은 것은 가급적 싣지 않으려고 했습니다. 그래도 역사학계에서 오랫동안 이야기해왔던 쟁점과 숱한 논쟁의 바탕에 있는 생각을 곳곳에 담아내려고 노력했습니다. 쉽게 읽을 수 있으면서도 동시에 우리의 삶을 더 깊이 성찰하는 데 필요한 생각거리를 제공하려는 의도입니다. 역사학자는 흔히 자기 생각을 논문이라는 잘 짜인 형식으로 전달하는 게 당연하게 여겨지지만, 저는 동료 학자들을 넘어서 더 많은 독자와 대화를 나누고 싶었기에 이런 글 쓰기를 지향했습니다. 앞으로도 이런 작업을 계속 이어가려고 합니다. 아무쪼록 만족스러운 독서 경험이 되기를 바랍니다.

차례

감사의 말 **4**

프롤로그 · 지금 우리가 누리는 번영과 풍요를 성찰하기 위하여 **5**

1부 세계는 어떻게 번영하고 풍요로워졌는가
─ 생산 증대와 경제 성장의 역사

1 인류의 경제생활과 산업혁명 ────── **19**

빅히스토리와 세계사 다시 읽기 · 산업혁명과 세계 경제의 성장

2 산업혁명과 에너지 체제의 전환 ────── **26**

화석연료 시대의 개막 · 세계 에너지 체제의 전환

3 전통사회는 왜 경제 성장에 한계가 있었을까 ────── **34**

전통사회의 특징 · 전통사회의 한계와 에너지 문제 · 전통사회와 맬서스 함정

4 산업혁명은 무엇인가 ────── **46**

산업혁명의 정의 · 산업혁명은 정말 혁명적이었을까

5 산업혁명은 왜 영국에서 시작되었을까 ────── **52**

고임금, 낮은 자본 비용, 풍부한 석탄 · 식민지와 제국

6 중국은 왜 산업혁명에 성공하지 못했을까 ────── **68**

중국 전통사회의 성장과 발전 · 중국이 산업혁명에서 멀어진 이유 · 현대 중국

의 산업화를 향한 고군분투 · 뒤늦게 산업화의 길로 들어선 일본

7 **영국의 압도적 생산력과 다른 나라의 추격** —————— 79
기계 도입과 공장제의 확산 · 압도적 생산력, 노동자의 낮은 생활수준 · 영국을
뒤쫓기 시작하다

8 **2차 산업혁명 세상을 바꾸다** —————— 88
미국과 독일의 철강산업 영국을 추월하다 · 암모니아, 플라스틱, 비누, 그리고
아스피린을 만들어내다 · 전기 · 전자산업의 탄생

9 **장기불황과 대기업의 출현** —————— 103
공업 발전이 경제 성장을 이끌다 · 장기불황의 영향, 제국주의 경쟁과 대기업의
출현 · 대기업, 노동 통제권을 장악하다

10 **대량생산 체제와 현대 기업의 혁신** —————— 116
포드주의, 대량생산과 대량소비의 등장 · GM의 도전과 혁신 · 신자유주의와 전
세계적 분업 체계

11 **20세기 동아시아 국가의 산업화** —————— 130
정부가 지원하고 개입한, 일본의 산업화 · 한국의 산업화, 압축적 성장과 민주
주의의 희생

2부   과학과 기술은 어떻게 오늘의 세계를 만들었을까

1 **오늘의 세계를 만든, 과학과 기술의 발전** —————— 147
과학 기술에 대한 투자와 그 성과 · 왜 근대 이후 서양 과학 기술의 발전을 살
피는가

2 **이슬람 과학 기술의 부흥과 쇠락** —————— 154

중세 이슬람 세계에서 융성한 과학·이슬람 세계의 과학과 기술이 더 이상 발
전하지 못한 이유

3 **중국 과학 기술의 성쇠** ———— 164
국가가 과학 기술의 발전을 주도하다·정화의 원정 그리고 과학 기술의 쇠락

4 **과학혁명의 서막** ———— 176
과학, 자율성을 누리기 시작하다·코페르니쿠스의 태양 중심설·교회는 왜 과
학의 부상을 두려워했나

5 **'자연'의 발견, 과학의 방법론** ———— 188
'자연'에서 증거를 찾고, 스스로 생각하라·'새로운 과학'이 등장한 세 가지 배
경·'유용한 지식'을 만드는 과학의 방법론·실험과 관찰을 통해 얻은 지식을
공유하다

6 **뉴턴, '새로운 과학'을 종합하다** ———— 208
'새로운 과학'이 이뤄낸 성취의 절정·과학, 국가와 종교로부터 자유로워지기
시작하다

7 **근대 과학과 기술 혁신의 관계** ———— 217
증기기관 새로운 시대를 열다·기술 혁신 산업혁명을 이끌다·기술 혁신은 어
떻게 가능했을까·근대 과학과 기술 혁신의 관계

8 **2차 산업혁명, 과학과 기술이 결합하다** ———— 243
후발 국가의 새로운 도전·과학과 기술의 결합·과학과 기술 발전에 대한 성찰

3부 소비가 지배하는 세계

1 **소비사회의 역사를 되돌아보다** ———— 257

과거와 오늘날 결혼의 풍경 · '소비'를 바라보는 엇갈린 시각 · 소비사회의 등장

2 **소비문화의 맹아** ——————— 266
르네상스 시대 이탈리아의 소비문화 · 명나라의 소비문화 · 조선의 소비문화와
그 한계

3 **새로운 소비문화의 탄생** ——————— 286
네덜란드, 교역을 통해 소비를 만끽하다 · 영국의 소비혁명, 새로움과 유행을
추구하다

4 **악덕인가, 미덕인가** ——————— 298
소비를 비판하는 오랜 전통 · 소비, 경제를 움직이는 원동력으로 격상되다

5 **소비, 일상을 지배하다** ——————— 310
부르주아 시대의 개막 · 백화점의 탄생 · 백화점, 취향과 문화의 공간이 되다 ·
개성의 상실, 아니면 합리적 소비? · 한국 백화점의 역사 · 교외의 형성과 쇼핑
몰의 등장 · 쇼핑몰, 소비 풍경과 일상 경험을 바꾸다 · 슈퍼마켓, 혁신적 방법
으로 소매시장을 장악하다 · 한국의 경제 성장과 대형 슈퍼마켓의 등장

6 **소비가 행복을 가져다줄까** ——————— 352
소비주의의 확산과 침투 · 미국화, 맥도날드와 스타벅스 · 소비를 둘러싼 다양
한 논쟁

에필로그 · 현재 그리고 미래의 세계는 우리의 능동적 선택에 달려 있다 367

참고문헌 376
찾아보기 380

세계는 어떻게 번영하고 풍요로워졌는가

― 생산 증대와 경제 성장의 역사

1

1 인류의 경제생활과 산업혁명

빅히스토리와 세계사 다시 읽기

지난 몇 년 사이에 빅히스토리big history라는 새로운 분야가 인기를 얻었습니다. 오랫동안 역사학은 역사 시대, 그러니까 문자가 등장해 사람들이 살아가는 이야기를 기록하기 시작한 시대 이후를 다루는 일을 당연하게 여겼습니다. 그 이전 시대는 주로 고고학이 다뤄야 할 영역으로 취급했지요. 그런데 빅히스토리는 이런 오랜 구분을 무너뜨릴 뿐만 아니라 인간을 중심으로 역사를 기술해온 전통을 거부합니다. 대신 그것은 역사학과 자연과학을 아우르면서 우주의 거대한 역사, 즉 빅뱅부터 시작해 지구와 태양계의 탄생, 생명체의 출현을 차례로 살펴보고 나서 그제야 인류의 역사를 다룹니다. 빅뱅은 지금부터 약 140억 년 전에 일어난 일이고, 현생 인류가 출현한 때는 아무리 빨라도 30만 년 전이니 빅히스토리에서 우리가 흔히 역사라고 부르는 시기는 그야말로 한순간에 해당한다고 하겠지요. 지금까지 우주의 일생을 24시간으로 본다면, 인류의 역사는 마지막 4초쯤을 차지한다고 합니다.

이렇게 짧은 인류 역사에서도 문명, 그러니까 도시가 발전해 복잡한 사회를 구성하고 신분이 구분되기 시작했어요. 문자가 쓰이기 시작한 시점은 기껏해야 5천 년 전으로 거슬러 올라갑니다.

우리가 역사책에서 흔히 만나는 여러 왕조와 제국, 도시국가의 역사는 더 짧아서, 지금으로부터 3천 년 전까지 기다려야 하지요. 이렇게 태어난 문명은 주로 농업에서 나오는 경제적 잉여를 수취해서 이를 바탕으로 원거리 교역을 발전시켰어요. 농업 잉여를 교환하기 시작하면서 여러 수공업이 발전했고, 교역이 발전함에 따라 교통과 항해 기술도 계속 향상되었지요. 빅히스토리에 관심을 갖고 있는 이들은 세대를 거듭하며 지식과 정보를 전수하는 집단학습 역량 덕분에 인간이 이런 성취를 이룰 수 있었다고 말합니다. 인간의 지식이 많아지고, 그만큼 경제활동도 활발해지면서 15세기 즈음에 이르면 당시 세계 경제의 중심이었던 유라시아 대륙을 넘어 아프리카와 아메리카 대륙까지도 물자와 사람이 이동하는 하나의 네트워크를 이룰 수 있었다고 하지요. 하나의 세계를 이야기할 수 있게 된 것입니다. 이런 모든 성취의 밑바탕에는 물론 농업이 있었습니다. 근대 초라 할 수 있는 이 시기에도 인구의 거의 80퍼센트 이상이 농업에 종사해야만 한 사회가 인구학적으로 재생산을 할 수 있는 정도였던 것입니다. 다시 말해 농업 생산성은 여전히 높지 않았고, 1인당 농업 생산도 빠르게 향상되지 않았던 것이지요.

기술 진보를 포함한 넓은 의미에서 인류의 생산력이 비약적으로 발전한 것은 18세기 중반, 산업혁명이 일어나기 시작한 때였습니다. 이 시기에 과연 '혁명'이라 부를 만한 변화가 있었는지에 대해서는 논란이 있습니다. 경제사를 연구하는 학자들은 오랫동안 대략 1750년부터 1830년 사이 영국에서 국내총생산과 생산성이 이전에 비해 빠르게 향상되었다고 주장했습니다. 하지만 지난 몇십 년 사이에 역사가들과 경제학자들은 새로운 자료와 방법론을 바탕으로 이 시대 영국의 경제 성장이 그리 빠르지 않았다고 반박합니다. 오히려 점진적인 성장이 뚜렷이 보인다는 것이었지요. 그래서 어떤 이들은 산업혁명이라는 용어 자체를 쓰지 말아야 한다고 주장합니다. 그런데 이런 주장을 펴는 역사가들이 놓치고 있는 점이 있습니다. 산업혁명 시대에 경제 성장이 점진적이었다고 해도 그 이전과 이후의 경제와 인구 규모, 생산성 변화 추이가 완전히 다르다는 사실 말입니다. 산업혁명 이전 경제, 그러니까 농업이 지배하고 있던 시절에 경제 성장은 지속되지도 않았고, 빨라지지도 않았습니다. 오히려 생산이 정체되고 인구가 예전 수준으로 돌아가는 패턴이 반복되었지요. 반면 산업혁명을 거치면서 인구 증가와 경제 성장이 함께 일어났을 뿐만 아니라 가속하는 경향을 보였습니다. 산업혁명부터 시작된 경제 성장 추세는 되돌릴 수 없는, 비가역적인 것이었다는 점을 기억해야 합니다. 빅히스토리를 주창하는 이들도 그래서 산업혁명을 분기점으로 그 이전과 이후를 구분하는 것이지요.

산업혁명과 세계 경제의 성장

빅히스토리 연구자들이 흔히 인용하는 몇 가지 지표가 산업혁명의 의미를 잘 보여줍니다. 먼저 인구를 살펴보지요. 거칠게 말한다면, 인구수는 한 사회가 먹여 살릴 수 있는 사람이 얼마나 되는지 보여주므로 그 사회의 생산력을 보여주는 좋은 지표가 됩니다. 여기서는 두 가지 수치만 살펴보지요.

먼저, 자료가 잘 정리되어 있는 잉글랜드의 인구 변화를 1100년 부터 2000년대까지 살펴보면, 두 가지 사실이 두드러집니다. 첫째는 잉글랜드 인구가 1100년부터 대략 1650년 사이에 상승과 하락을 반복했다는 사실입니다. 더불어 강조해야 할 사실은 이 시기 잉글랜드 인구는 아무리 많아도 500만 명 수준을 넘지 못 했다는 것입니다. 유명한 프랑스 역사가 페르낭 브로델의 표현 을 빌린다면, 어떤 '천장'ceiling 같은 게 있었다는 것이지요. 두 번 째로 눈에 띄는 사실은 산업혁명이 진행되던 1800년 전후에 늘 어나기 시작한 인구가 그 이후 훨씬 가파르게 증가했다는 것입니 다. 17세기까지 잉글랜드 인구가 한 번도 500만 명을 넘지 못했 던 반면 20세기 말에 이르면 5천만 명을 훌쩍 넘어섰다는 것이지 요. 이렇게 1800년을 기점으로 잉글랜드 인구 패턴은 완전히 달 라졌습니다.

빅히스토리에서는 아주 오랜 기간에 걸친 추세를 살펴보기 때문에 중세부터 17세기까지 잉글랜드 인구가 성장과 감소를 반 복했다는 사실이 잘 드러나지 않을 수도 있습니다. 시야를 넓혀 서 세계 인구 추세를 살펴보면 이 점은 쉽게 이해할 수 있습니다. 기원전 10000년부터 2019년까지, 대략 1만 2천 년 사이에 세 계 인구가 어떻게 달라졌는지 살펴보면, 고작 몇 세기 사이에 일 어나는 인구 변동은 거의 드러나지 않습니다. 알려진 추정에 따 르면, 1만 2천 년 전에 세계 인구는 대략 400만 명 정도였는데, 1800년에는 10억 명이 되었으므로 세계 인구는 매년 0.04퍼센 트 정도 증가한 셈이 됩니다. 하지만 이렇게 장기간을 살펴볼 때 더 두드러지게 나타나는 사실은 산업혁명 이후에 세계 인구 증가 속도가 급격히 빨라졌다는 것이지요. 인구 그래프를 그려보면 이 시점을 기준으로 기울기가 수직 상승하는 모습을 보입니다. 그런 만큼 세계 인구가 두 배로 늘어나는 데 걸리는 시간도 점점 짧아졌습니다. 인류가 등장한 후 세계 인구가 10억 명에 이르는 데 걸린 시간은 20만 년이 넘었는데, 그 인구가 20억으로 늘어나는 데 걸린 시간은 고작 한 세기였습니다. 산업혁명 이후부터 그렇게 되었지요. 20세기에 들어와 인구 증가 속도는 더욱 빨라져서 세계 인구가 60억에서 70억으로 늘어나는 데 걸린 시간은 단 12년이었습니다. 놀라운 변화이지요.

인구 변화와 함께 살펴봐야 할 중요한 지표는 경제 규모입니다. 경제 성장을 가늠하는 데 흔히 쓰는 지표는 국내총생산gross domestic product(GDP)입니다. 국내총생산은 정부와 기업, 개인이 한 해 동안 생산한 재화와 서비스를 합친 것으로, 인구가 많아지면 그만큼 늘어나게 마련입니다. 그렇기 때문에 경제 성장의 실제 모습을 살피려면 국내총생산보다는 1인당 국내총생산을 보는 게 좋습니다.

앞에서 잉글랜드 인구 추세를 먼저 봤으니 이번에도 잉글랜드의 1인당 국내총생산 변화 추이를 살펴보지요. 2013년 영국 물가를 기준으로 잉글랜드 1인당 국내총생산을 계산해보면, 1270년에는 805파운드 정도였습니다. 400년이 조금 지난 1700년에는 1,688파운드로 두 배쯤 늘어나지요. 앞으로 다시 이야기하겠지만, 잉글랜드에서는 17세기 중반부터 도시화가 빠르게 진행되고 상업이 발전한 반면 인구는 거의 늘지 않아서 1인당 국내총생산이 크게 늘었습니다. 경제 성장은 산업혁명이 시

영국 산업혁명 시대의 공장.

작되는 18세기 중반부터 다시 빨라지기 시작합니다. 그 이전에 1인당 국내총생산이 두 배가 되는 데 400년 이상 걸린 반면, 1700년 1인당 국내총생산이 두 배로 늘어나는 데는 겨우 150년 남짓 걸렸습니다. 1856년 1인당 국내총생산이 3,264파운드까지 올라갔으니 말이지요. 그 후 1인당 국내총생산은 가파르게 상승해 1900년에는 4,780파운드가 되고, 다시 한 세기가 좀 지난 후인 2016년에는 2만 8,982파운드까지 올라가지요. 다시 말해 1인당 국내총생산에서도 산업혁명이 중요한 분기점이었다는 사실이 분명히 보입니다.

　이번에는 세계 생산 총량의 변화를 살펴보겠습니다. 1990년 이전 세계 총생산 추이를 살펴볼 때는 주로 앵거스 매디슨Angus Maddison(1926~2010)과 그의 동료들이 수집한 자료를 사용하니다. 그에 따르면, 2011년 국제 달러로 표현한 서기 1년의 세계 총생산은 1,820억 달러 정도였습니다. 흥미롭게도 서기 1000년에도 세계 총생산은 그리 늘지 않았습니다. 2천억 달러 정도였으니 말이지요. 느리기는 해도 성장은 그 후 500년 사이에 일어났습니다. 세계 여러 지역 사이에 교역이 늘어나고, 경제의 밑바탕이던 농업에서 기술 진보가 어느 정도 일어났던 때지요. 그 결과, 1500년 세계 총생산은 4,300억 달러까지 늘어났습니다. 대항해 시대라고 불리는 1500년 이후 300년 사이에 성장은 좀 더 빨라졌고, 1750년 무렵에는 영국에서 산업혁명이 시작되지요. 성장은 이전 시기보다 더욱 빨라져서 1820년에 1조 2천억 달러에 이르게 됩니다. 300년이 조금 넘는 기간에 세계 경제 규모가 세 배가량 커진 것이지요. 바로 그 무렵부터 세계 총생산의 증가세는 가파르게 빨라집니다. 한 세기 후인 1913년에 세계 총생산은 4조 7,400억 달러로 네 배 증가하고, 2차 세계대전이 끝난 직후인 1950년에는 9조 2,500억 달러로 다시 두 배 증가하게 되지요. 세계화가 본격적으로 진행된 2차 세계대전 이후에 경제 성장은 기하급수적으로 빨라집니다. 2015년 세계 총생산이 108조 달러를 넘어섰으니, 1950년부터 60년 정도 만에 열 배 이상 늘어났던 것이지요. 1820년부터 2015년 사이, 그러니까 세 번의 산업혁명이 일어난 결과 세계 경제 규모가 100배 이상 커졌습니다. 이런 수치 역시 산업혁명이 중요한 분기점이었음을 잘 보여줍니다.

2   산업혁명과 에너지 체제의 전환

화석연료 시대의 개막

산업혁명 때부터 이렇게 가파르게 생산력이 향상된 사실은, 인류가 사용하는 에너지 총량이 늘어난 것으로도 표현할 수 있습니다. 인간이 일을 하거나 생활하는 데 사용하는 에너지는 대략 예닐곱 가지로 나눠볼 수 있습니다. 인간도 일을 하므로 하나의 에너지원으로 볼 수 있고, 소나 말 같은 역축도 농사일에 쓰거나 교통수단으로 활용하는 에너지원이지요. 땔감이나 풍력, 수력도 있지요. 이런 에너지원에는 한 가지 중요한 공통점이 있어요. 그 근원을 따지고 보면, 모두 지구가 태양에서 얻는 에너지에 빚지고 있다는 겁니다. 땔감은 광합성 작용의 산물이고, 인간과 역축은 식물을 먹고 에너지를 내는 것이니 말입니다. 이렇게 자연적인 에너지원에 기대고 있는 경제체제를 유기경제organic economy라고 합니다. 유기경제에서 쓰이는 에너지원은 또 한 가지 특징을 공유하는데, 에너지를 저장할 수 없다는 것이지요. 그에 비해 산업혁명 때부터는 저장과 이동이 자유로운 새로운 에너지원을 본격적으로 사용하게 됩니다. 석탄과 석유가 바로 그런 에너지원이지요. 화석연료 시대가 시작된 것입니다. 특히 석탄에 의존하는 경제를 '유기경제'에 대비해서 '무기광물경제'inorganic mineral economy

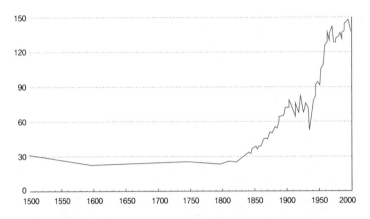

표 1 유럽의 1인당 에너지 소비량, 1500~2008(단위: 기가줄)

출처: Astrid Kander et al., 『Power to the People: Energy in Europe over the Last Five Centuries』(Princeton, 2013), p.5.

라고 부릅니다. 석탄이나 석유도 물론 매장량이 한정되어 있지만, 영국에서 시작된 산업혁명과 그 이후 여러 나라로 확산된 산업화에 필요한 에너지를 공급하는 데는 충분했지요.

그러면 실제로 산업혁명을 기점으로 에너지 소비량이 얼마나 달라졌는지 살펴보도록 하지요. 아쉽게도 에너지 소비의 역사에 대한 연구는 그리 오래되지 않았고 자료도 부족해 우리가 이용할 수 있는 자료는 서유럽 몇 나라의 데이터뿐입니다. 〈표 1〉은 물리학에서 사용하는 기가줄gigajoule이라는 단위로 1500년부터 2008년까지 서유럽의 1인당 에너지 소비량을 나타낸 겁니다. 여기에 포함된 에너지원은 인간과 역축, 땔감, 풍력, 수력, 화석연료입니다. 이 표에서 가장 쉽게 확인할 수 있는 사실은 1500년에서 산업혁명이 시작되는 1750년 사이에 1인당 에너지 소비량

산업혁명 시대, 석탄을 채굴하는 모습. 산업혁명은 에너지 체제의 전환을 의미하기도 했다.

이 그리 달라지지 않았다는 것입니다. 1500년부터 1600년 사이, 그러니까 유럽 인구가 빠르게 늘어나고 있던 시기에는 1인당 에너지 소비량이 오히려 줄어드는 모습을 보입니다. 1600년 이후 1700년까지는 에너지 소비가 조금 늘어나는데, 그것은 이 시기에 소빙하기가 찾아와서 농산물 작황이 좋지 못했기 때문에 대부분의 나라에서 인구가 줄거나 정체되어 나타난 결과로 보입니다. 〈표 1〉에서 에너지 소비량은 1800년을 전후로 빠르게 늘어나기 시작합니다. 산업혁명이 미친 효과, 더 정확히 말하자면 영국을 비롯해 벨기에와 독일 일부 지역에서 본격적으로 석탄을 사용하면서 나타난 결과입니다.

화석연료 시대로의 전환은 물론 산업혁명이 먼저 일어난 영국에서 시작되었습니다. 잉글랜드의 석탄 생산량을 살펴보면, 1560년대에 연간 17만 톤 정도가 생산된 반면 1750년대에는 430만 톤이 생산되었습니다. 산업혁명의 핵심 기술인 증기기관과 제철공업에 석탄이 널리 쓰이면서 1800년에 이르면 석탄 생산량은 1,100만 톤으로 늘어났습니다. 50년 만에 두 배 넘게 증가한 것이지요. 산업화 속도가 더 빨라진 그다음 반세기에 석탄 생산량은 다시 네 배가 늘어 4,800만 톤에 이르게 됩니다. 이렇게 석탄 생산량이 늘어나면서 전통적인 에너지원이 에너지 소비량에서 차지하는 몫은 크게 줄어들었습니다. 1750년에 이미 전통적인 에너지원의 비중은 전체 에너지 소비량의 절반 아래로 줄었고, 1800년에 이르면 5분의 1에 그치게 되지요. 이렇듯 최초의 산업국가였던 영국은 다른 어떤 나라보다도 빨리 화석연료 시대에 진입했습니다. 이런 사실에 비춰볼 때, 산업혁명의 역사는 에너지 체제 전환의 역사라고 해도 틀린 말은 아니지요.

세계 에너지 체제의 전환

시야를 넓혀 세계 에너지 소비량을 살펴보면, 조금 다른 양상이 눈에 들어옵니다. 〈표 2〉는 1800년부터 2019년까지 세계 에너지 소비량을 에너지원을 구분해 나타내고 있습니다. 그에 따르면, 영국에서 산업혁명이 한창 진행되고 있던 1800년에도 화석연료가 차지하는 몫은 아주 작습니다. 여전히 전통적인 연료, 그러니까 인간이나 역축 같은 에너지원과 동물 배설물을 포함

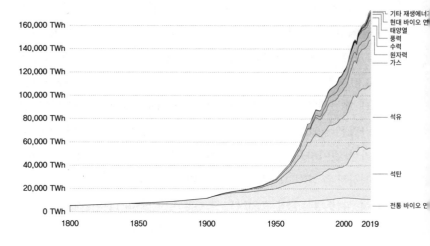

표 2 전 세계 1차 에너지 소비량, 1800~2019(단위: Twh[테라와트시])

* '기타 재생에너지'는 태양열, 풍력, 수력, 바이오 연료에 해당하지 않는 재생에너지 기술을 말함.

출처: https://ourworldindata.org/energy

한 바이오 연료의 비중이 압도적이지요. 반면 석탄의 비중은 겨우 1.7퍼센트에 그쳤습니다. 상황은 1900년 무렵에 가서야 달라집니다. 1800년부터 한 세기 사이에 인류의 에너지 사용량은 두 배 늘었는데, 주로 석탄 사용이 늘어났기 때문에 나타난 결과입니다. 그래서 1900년에 석탄이 차지하는 몫이 47퍼센트까지 늘어나지요. 그러니까 영국에서 대략 1750년 즈음에 나타나는 양상이 세계 전체에서는 150년 뒤에나 보인다는 것입니다. 그 후에는 석탄과 석유가 에너지원의 대부분을 차지합니다. 그 결과 1900년부터 반세기 사이에 에너지 소비량이 두 배 이상 늘었고, 1950년부터 2000년 사이에 다시 세 배도 넘게 증가합니다. 이렇게 보면 인류가 아주 오랫동안 의존해왔던 전통적인 에너지원만 있었다면 산업혁명도 없었을 테고, 그러면 우리가 지금 누리고 있는 물질적 풍요도 불가능했을 겁니다.

세계 에너지 소비량을 보여주는 〈표 2〉에서 우리가 이끌어낼 수 있는 또 하나의 추론이 있다면, 산업혁명이 1900년 이전에는 널리 확산된 현상이 아니었으리라는 점입니다. 산업화를 말할 만큼 에너지 소비량이 충분히 빠르게 늘어나지 않았다는 것이지요. 실제로 산업혁명은 영국에서 시작되어 19세기 초 반세기 사이에 서유럽의 몇 나라와 미국에서 일어난 사건이었습니다. 산업혁명에 먼저 성공한 덕분에 영국은 19세기 중반에 세계 공업 생산과 무역에서 압도적인 우위를 차지했는데, 영국을 따라잡으려 했던 벨기에나 프랑스, 독일 같은 서유럽 국가와 미국은 영국이 선점한 직물업이나 제철업에서는 고전을 면치 못했습니다. 이런 나라가 산업혁명에 성공하려면 새로운 산업을 만들어내야 했던 것이지요. 그게 바로 철강과 화학, 전기전자, 자동차 공업 같은 중화학공업이었습니다. 흔히 2차 산업혁명이라 부르는 사건이지요. 2차 산업혁명을 거치면서 미국과 독일은 영국을 추월하거나 거의 영국에 근접한 강자로 떠올랐고, 아직 산업혁명에 진입하지 못한 러시아와 일본도 경쟁에 뛰어들었지요. 이렇게 산업혁명은 세계 여러 곳으로 퍼져나갔습니다.

하지만 산업혁명은 모든 나라에 뿌리내리지 못했습니다. 전작『역사의 비교』에서 자본주의 세계화를 살펴보면서 근대 세계 경제에서 떠오르던 강자 유럽과 나머지 세계 사이에 경제적 격차가 점점 벌어지는 '대분기'Great Divergence가 일어났다고 지적한 일이 있지요. 적어도 16세기까지는 많은 인구와 집약적인 농업, 번성하는 국제 교역을 갖추고 있던 이슬람 세계와 중국, 인도가 세계 경제의 중심이었지요. 그런데 대항해 시대 이후, 특히 영국에서 산업혁명이 시작되면서 유럽과 아시아의 처지가 바뀌었습니다. 유럽에서는 산업혁명 덕분에 인구가 크게 늘어나고 경제 성장 속도가 빨라졌던 반면 아시아는 그렇지 못했어요. 이를테면 인도는 경제의 근간이던 면직물 공업에서 영국에게 밀리기 시작했습니다. 인도는 여전히 수공업에 머물고 있었던 데 비해 영국은 기계화 덕분에 생산성과 생산량을 엄청나게 끌어올렸던 것이지요. 그 결과 인도는 19세기 중반에 이르면 주로 영국에 원면을 공급하는 나라로 전락하고 말았습니다.

이렇듯 산업혁명의 역사에는 승자와 패자가 있었고, 그 결과는 한 나라가 세계 경제에서 차지하는 위치나 생산력 수준, 국민의 복지 수준을 결정지었습니다. 물론 최근에 중국과 인도는 다시 한번 세계의 공장으로 떠올랐고, 한국은 세계에서 가장 가난한 나라에서 반세기 만에 경제 강국으로 변신했지만, 이런 사례는 흔치 않습니다. 아프리카와 아시아에는 아직도 하루 2달러도 안 되는 돈으로 겨우 살아가는 7억 명이나 되는 인구가 있으니 말이지요.

18세기 중반에 시작된 산업혁명은 인류 경제의 역사에서 중요한 분기점이었습니다. 대략 1만 년 전에 인류가 농사를 지으면서 정착생활을 하게 된 농업혁명을 첫 번째 경제혁명이라 한다면 산업혁명은 제2의 경제혁명이라 부를 수 있지요. 물론 산업혁명 전에도 농업 생산성이 높아서 사회가 이용할 수 있는 잉여가 풍부해짐으로써 제조업과 상업이 크게 번성했던 사례가 아주 가끔 있었습니다. 송나라 시대 중국 같은 경우가 그렇지요. 송나라의 넓은 농촌 지역에서 중국 역사상 처음으로 농민이 땅을 사고팔 수 있게 되고 세금을 돈으로 내면서 농업 생산이 크게 늘어났습니다. 농민이 처분할 수 있는 잉여가 늘어나자, 그 잉여가 상업으로 흘러들어가 교역이 번성했습니다. 그러면서 수공업이 함께 발달했지요. 제철업에서는 산업혁명 시대 잉글랜드보다 더 높은 생산량을 기록하기도 했습니다. 하지만 이렇게 번성했던 송나라 경제도 성장을 계속 이어가지는 못했습니다.

이런 사례에서 산업혁명의 진짜 의미를 되새겨볼 수 있습니다. 어느 역사가가 꽃이 피는 일에 비유해 '개화'라고 불렀던 산업혁명 이전의 경제 성장은 모두 일시적이었던 반면, 첫 번째 산업혁명 이후 적어도 산업화에 성공한 나라에서는 성장이 계속해서 빨라졌습니다. 어떻게 이런 일이 일어날 수 있었을까요? 지금부터 이 문제를 살펴보도록 하겠습니다. 우리 이야기는 우선 산업혁명 이전, 그러니까 전통사회라 부를 만한 사회에서 시작하는 게 좋겠습니다.

3 전통사회는 왜 경제 성장에 한계가 있었을까

전통사회의 특징

산업혁명이 경제생활을 근본적으로 바꾸기 시작한 시대 이전 사회를 여기서는 전통사회라고 부르겠습니다. 전통사회는 지역마다 다른 모습을 보이기는 했지만, 이 자리에서 그 다양한 양상을 자세하게 다룰 겨를은 없습니다. 우리가 관심을 기울여야 할 문제는 전통사회와 산업혁명 이후 사회가 어떻게, 어떤 이유로 다른가이므로 전통사회에서 두드러지게 나타나는 특징만 간단하게 짚어보겠습니다.

가장 중요한 특징은 전통사회가 모두 농업에 바탕을 두고 있었다는 것입니다. 역사가들이 추정하기로는, 대개 전통사회는 인구의 80퍼센트 이상이 농사에 참여해야 유지될 수 있었다고 합니다. 인구가 열 명이라면 그 가운데 여덟 명은 땅을 일궈야 나머지 두 명이 다른 일을 하면서 살아갈 수 있었던 거지요. 이 나머지 두 명은 나라를 다스리는 일을 하거나, 성직자가 되거나, 제조업과 상업에 종사했겠지요. 문제는 이렇게 절대다수가 농사에 참여해도 한 사회를 먹여 살리는 데 충분한 식량을 확보하기 어려웠다는 것입니다. 기근이 무척 흔했습니다. 우리에게는 '보릿고개'라는 말로 잘 알려진 계절, 그러니까 곡물을 수확하기 전 몇

10세기에 등장한 무거운 쟁기는 중세 유럽의 농업 생산성을 끌어올렸다.

달 동안 허리띠를 바싹 졸라매고 연명하는 고단한 시절을 매년 겪기도 했지요.

이런 일은 요즘처럼 먹을 게 흔한 사회에서 살아가는 우리에게 참 낯설게 느껴집니다. 지금은 인구의 10퍼센트도 안 되는 사람만 농사를 지어도 모든 사회 구성원이 충분히 먹고 살 수 있다는 게 당연하게 여겨집니다. 요즘 농사를 짓는 사람은 기계의 힘을 빌려 부족한 노동력을 보충하고, 경작하는 땅에서 더 많은 소출을 거두도록 개량된 종자를 뿌리며, 인공·천연비료를 마음껏 이용할 수 있습니다. 그만큼 농업 생산성은 높지요. 이런 일들을 전통사회에서는 상상하기 어려웠습니다. 중세 말 유럽에서 널리 사용된 무거운 쟁기 같은 새로운 농기구가 발명되어 생산성을 꽤 끌어올리는 경우가 있었지만, 19세기 산업혁명 시대에 농업 부문에서 일어난 기술 진보와 비교하면 보잘것없습니다. 농사짓는 땅의 힘을 끌어올리려면 비료를 많이 써야 하는데 그것도 쉽지 않았습니다. 주로 가축이나 사람의 배설물 같은 천연비료를 썼으므로 그 양을 무한정 늘릴 수도 없었기 때문입니다. 지금처럼 화학비료를 쓸 수 있게 되기까지는 19세기 말 화학공업의 발전을 기다려야 했지요.

전통사회의 한계와 에너지 문제

전통사회가 직면했던 이런 여러 문제의 근원을 따져보자면, 결국 전통사회가 이용할 수 있는 에너지가 지금과 비교하면 지극히 한정되어 있었다는 사실에서 비롯합니다. 전통사회의 에너지원은 살아 있는 생물이나 거기서 얻는 연료뿐이었으니 말이지요. 앞에서 이야기했듯이, 전통사회는 근본적으로 태양에서 지구로 전달되는 에너지에 거의 전적으로 의존했습니다. 식물에서 초식동물, 육식동물로 이어지는 먹이사슬은 태양 빛을 에너지로 바꾸는 식물의 광합성 작용에 바탕을 두고 있습니다. 그 덕분에 식물이 성장하고, 이 식물을 초식동물이 먹고, 초식동물을 육식동물이 잡아먹어 에너지를 얻습니다. 이런 먹이사슬의 맨 꼭대기에 인간이 자리 잡고 있지요. 이런 의미에서 광합성은 에너지 생산의 근원이라 할 수 있습니다. 전통사회에서 인류가 사용한 에너지의 95퍼센트는 광합성 작용에서 비롯했지요.

그런데 문제는 태양에 의존하는 여러 에너지원, 가령 식물이나 사람, 역축은 에너지 효율이 낮다는 것입니다. 식물의 경우는 태양 복사 에너지의 단 1퍼센트만 이용할 수 있을 뿐입니다.

어떤 식물은 이보다도 더 낮아서, 옥수수는 0.5퍼센트를 이용하고 밀은 고작 0.2퍼센트를 이용하지요. 사람이나 역축도 섭취하는 식량을 모두 일을 하는 데 쓰는 에너지로 바꿀 수 없습니다. 섭취한 식량 가운데 상당 부분을 먼저 신진대사에 활용하기 때문입니다. 예컨대 사람은 아무 일도 하지 않고 가만히 있어도 매일 1,500킬로칼로리를 섭취해야 하는데, 요즘 성인 남성의 1일 권장 칼로리 섭취량이 2,500킬로칼로리이므로 일을 하는 데 쓸 수 있는 에너지는 1천 킬로칼로리 정도입니다. 게다가 사람이든 역축이든 하루에 섭취할 수 있는 칼로리 양은 어느 정도 제한되어 있어, 일을 하는 데 쓰는 에너지를 마음껏 늘릴 수도 없습니다.

전통사회에서 열에너지를 얻는 주된 수단이던 땔감은 당연히 숲이 있어야 얻을 수 있습니다. 더 많은 열에너지를 얻기 위해 땔감을 더 많이 쓰려면 그만큼 숲도 넓어야 합니다. 개간이나 정복으로 영토를 넓히지 않는 한, 숲을 넓히려면 그만큼 곡물 같은 식량을 생산하는 농지를 희생해야 하겠지요. 그러니까 숲을 마음껏 넓힐 수도 없었습니다. 이런 한계로 인해 전통사회에서는 제조업처럼 에너지를 많이 사용하는 분야를 키우기 어려웠습니다.

예컨대 근대 초 잉글랜드에서 1톤의 조철條鐵(bar iron)을 생산하려면 대략 30톤의 땔감이 필요했습니다. 당시 잉글랜드 지표면에서 숲이 차지하는 면적이 3만 제곱마일(7만 7,700제곱킬로미터) 정도였는데, 여기서 얻을 수 있는 땔감을 모두 조철 생산에 쓴다면 최대 생산량은 65만 톤 정도였지요. 물론 숲에서 얻는 땔감을 모두 제철업에만 쓸 수는 없었겠지요. 그러므로 제철업의 생산력은 제한될 수밖에 없었습니다(이런 한계를 돌파해낸 거의 유일한 사례는 송나라 시대 중국의 제철업이지요. 그 시대에 중국은 산업혁명 초기 영국의 철 생산량을 넘어설 정도로 철을 많이 생산했어요. 그때 사용했던 연료가 땔감이 아니라 석탄이었다는 점에 주목할 필요가 있습니다. 그런데 이것도 계속될 수 없었던 것이, 당시 석탄은 중국이 통제하는 영토 바깥에서 들여와야 했기 때문입니다). 이렇듯 태양을 주된 에너지원으로 삼으면 농업 생산은 물론이요 제조업 생산도 일정 수준을 넘어서기 어렵습니다.

사실 전통사회에서 땔감은 주로 가정용 연료로 사용되었습니다. 기후에 따라 땔감이 에너지 소비에서 차지하는 비중은 당연히 달랐겠지요. 날씨가 추운 스웨덴에서는 땔감이 전체 에너지 소비량의 80퍼센트를 차지할 정도였지만, 기후가 온화한 에스파냐에서는 50퍼센트를 넘지 않았습니다. 그래도 유럽에서 중세부터 산업혁명 시대까지 꾸준하게 일어난 변화는 땔감을 얻는 숲의 면적이 점점 줄었다는 것입니다. 1000년 무렵에는 유럽 전체 토지 가운데 숲이 70퍼센트를 차지했던 반면 1500년에 이르면 50퍼센트로 줄었습니다. 그로부터 300년이 지나면 이 수치는 30퍼센트까지 떨어지지요. 그러자 어떤 곳은 심각한 연료 부족에 시달리게 되었습니다. 16세기 잉글랜드가 그랬지요. 그 무렵 유럽 인구가 크게 늘어나면서 가장 중요한 옷감인 모직물의 수요가 크게 늘었습니다. 전통적으로 양모를 수출했던 잉글랜드인은 늘어나는 모직물 수요에 맞춰 더 많은 양모를 얻고 싶었지요. 그러려면 양을 먹일 목초지가 더 필요했습니다. 인클로저, 그러니까 땅에 울타리를 치는 일이 그래서 생겨났지요. 목초지를 늘리려면 곡물 경작지를 줄이거나 숲을 개간해야 했는데, 인구가 빠르게 늘고 있었으니 숲 개간을 택하는 경우가 많았습니다. 이렇

인클로저 운동. 17세기
토지측량사가 작업하는 모습.

게 해서 숲이 줄어들자 땔감을 얻는 일이 어려워졌습니다.

근대 초 서유럽의 경우에는 자료가 꽤 풍부하게 남아 있어서 여러 에너지원에서 얼마만큼 에너지를 얻었는지 알 수 있습니다. 주된 에너지원은 네 가지였는데, 광합성에 바탕을 둔 먹을거리와 땔감, 가축 사료가 있었고, 수력과 풍력이 있었습니다. 〈표 3〉은 유럽인이 이 네 가지 에너지원에서 얼마나 많은 에너지를 얻었는지 보여줍니다.

앞에서 이야기한 대로 사람은 섭취하는 열량의 대부분을 신진대사에 사용합니다. 일을 하는 데 사용하는 에너지는 섭취하는 열량의 15퍼센트에서 20퍼센트 정도지요. 이런 식량을 얻으

에너지원 \ 에너지양	최소(Gj/year)	최대(Gj/year)	최소(kcal/day)	최대(kcal/day)
식품	3.1	6.1	2,000	4,000
연료	4.6	45.8	3,000	30,000
사료	4.4	6.9	2,870	4,500
수력과 풍력	0.2	1.1	95	690
합계	12.3	59.9	7,965	39,190

표 3 근대 초기 유럽의 에너지 소비(단위: 1인당 연간 기가줄 및 1인당 1일 킬로칼로리)
출처: Kander et al., 『Power to the People』, p.38.

려면 당연히 땅이 필요합니다. 그런데 얼마나 넓은 땅이 필요한지는 재배하는 작물과 경작 방식에 따라 달라집니다. 아시아에서 주로 재배했던 쌀과 유럽 대부분 지역에서 경작했던 밀을 비교해보지요. 남중국이나 대만처럼 관개시설로 물을 대는 논에서 벼를 기르면 1헥타르(3,025평) 면적의 땅에서 2,500킬로그램이나 되는 소출을 얻을 수 있었습니다. 관개시설을 이용하지 않고 화전火田으로 벼농사를 짓더라도 소출은 1,500킬로그램 정도가 됩니다. 반면 같은 면적의 땅에 밀을 재배할 때 얻는 소출은 겨우 400~500킬로그램에 그쳤습니다.

재배하는 작물과 경작 방식에 따라 소출이 다르기 때문에 같은 크기의 땅이라도 먹여 살릴 수 있는 인구수가 달라집니다. 1500년에 세계 인구는 4억 5천만 명 정도였는데, 그 가운데 60퍼센트는 주로 벼를 재배하는 수전 농업 지역에 살았습니다. 반면 건식 농업 위주였던 유럽에는 세계 인구의 20퍼센트가 살

앉을 뿐입니다. 아시아 인구가 월등히 많았지요. 4~5명으로 이루어진 가족이 생계를 유지하는 데 필요한 최소 토지 면적으로 이런 차이를 표현해보지요. 토지 생산성이 높은 수전 농업 지역에서는 1헥타르가 안 되는 땅으로도 이 가족이 충분히 살 수 있었습니다. 반면 소출이 적은 밀과 호밀을 주로 키웠던 유럽에서는 더 넓은 땅이 필요했습니다. 곡물을 재배하는 땅뿐만 아니라 목초지를 남겨둬야 했고, 땅이 힘을 회복하도록 일부분은 그냥 놀려야 했습니다. 그러다 보니 이 가족이 살아남으려면 5~10헥타르의 땅이 필요했습니다. 사정이 이렇게 달랐기 때문에 아시아의 인구 밀도는 유럽보다 훨씬 높았습니다. 예컨대 17세기 일본에는 1제곱킬로미터에 850명이 살았는데, 유럽에는 겨우 60명이 살았지요.

아시아와 달리 유럽에서 목초지를 반드시 남겨둬야 하는 데는 그럴 만한 사정이 있었습니다. 우선 농법이 달랐습니다. 밀이나 호밀을 재배하는 건식 농업에서는 작물이 땅에서 직접 영양분을 흡수합니다. 이런 곳에서는 비료를 듬뿍 뿌려야 했어요. 비료는 주로 가축 배설물에서 얻었으므로 당연히 가축을 길러야 했고, 그러려면 목초지가 필요했습니다. 게다가 소나 말 같은 가축은 일을 시키는 역축이었습니다. 아시아에서도 쟁기질에 소를 널리 썼지만, 유럽에서 쟁기질은 매우 중요했습니다. 토양이 거칠어 땅을 깊이 갈아줘야 했기 때문입니다. 앞에서 언급한 무거운 쟁기가 그래서 중요했습니다. 쟁기는 역축, 특히 말이 끌어야 했으니, 유럽에는 역축 수가 많을 수밖에 없었습니다. 정확한 숫자는 알 수 없지만, 18세기 후반 유럽 대륙에는 1,400만 마리의 말과 2,400만 마리의 소가 있었다고 합니다. 당시 유럽 인구가 1억 5천만 명 정도였으니 네 사람이 한 마리의 역축을 길렀던 셈이지요.

전통사회와 맬서스 함정

이제까지 살펴본 내용을 간략하게 정리해보면 이렇습니다. 전통사회에서 생산력의 근간을 이루는 에너지는 대개 태양에너지와 식물의 광합성 작용에서 비롯했습니다. 식물이 자라려면 당연히 땅이 있어야겠지요. 이 땅을 용도에 따라 나눠야 했습니다. 사람이 먹는 작물을 키우는 경작지와 가축을 먹일 사료를 재배하는 목초지, 땔감을 얻는 숲이었지요. 이 세 부류의 땅은 서로 경쟁하면서도 균형을 이뤄야 했습니다. 식량 생산을 높이기 위해 곡물 경작지를 늘리려면 사료를 얻는 목초지를 줄이거나 땔감을 얻는 숲을 개간해야 했습니다. 하지만 유럽 같은 경우는 곡물 경작지를 늘리는 만큼 비료도 많이 필요했기 때문에 목초지를 무한정 줄일 수 없었습니다. 곡물 생산이 늘어나 그만큼 인구가 늘면 땔감도 더 많이 필요할 테니 숲을 계속 줄일 수도 없었겠지요. 다시 말해 인구가 늘어난다고 해서, 혹은 인구를 늘리기 위해서 경작지를 마음껏 넓힐 수 없었다는 것입니다. 여러 용도의 땅이 균형을 이뤄야 했는데, 이런 균형을 맞추는 일이 항상 쉬웠던 것은 아닙니다.

균형을 무너뜨리지 않으면서도 곡물 생산을 늘리려면 토질이 좋지 않아서 그간 농사를 짓지 않던 땅을 일궈야 했습니다. 이렇게 생산을 늘리면 인구도 늘어날 수 있었겠지요. 하지만 새로 경작하는 땅은 토질이 좋지 않기 때문에 예전만큼 수확량을 낼 수 없었지요. 17세기부터 잉글랜드 같은 곳에서는 돌려짓기 방법을 바꾸고 토질을 개선하는 작물을 심어 생산성을 꽤 높일 수 있었지만, 이런 방법도 18세기 후반에 이르면 가파른 인구 증가에 부딪혀 한계를 드러내고 말았습니다. 다른 지역에서는 이런 생산성 향상도 없었습니다. 오히려 17세기에 소빙하기가 찾아와 평균 기온이 떨어지면서 작황이 나빠지고 인구가 줄어들기도 했지요. 그래서 전통사회는 18세기 말 경제학자 토머스 맬서스가 『인구론』에서 주장했던 법칙, 그러니까 인구는 기하급수적으로 증가하는 반면 산출은 산술급수적으로 증가한다는 법칙에서 벗어나기 어려웠습니다. 토지가 풍부해 생산이 늘면 인구 역시 증가합니다. 그런데 인구가 빠르게 증가하면 땅이 부족해져서 질이 좋지 않은 땅에도 농사를 짓기 시작하고, 그러면 결국 산출이 부족해지는 일이 일어난다는 것이지요. 그럴 때 질병이나 기근, 전쟁 같은 억제 요인이 작동하기 시작해서 인구를 줄여버립니다. 이것을 '맬서스 함정'이라고 부르지요. 인구와 산출이 어떤 한계 안에서 늘거나 줄기를 반복한다는 것입니다.

이렇게 성장과 수축이 반복되는 맬서스 함정에서 벗어나는 일은 18세기 중반 영국에서 산업혁명이 일어나면서야 가능했습니다. 앞에서 언급했던 몇몇 숫자들을 다시 한번 상기해보지요. 잉글랜드 인구는 1350년 무렵에 500만 명까지 늘었습니다. 그 무렵 찾아온 흑사병으로 인구가 거의 절반이나 줄어들었고, 그 이후 계속 줄어들다가 1600년에 이르러 흑사병 이전 수준으

『인구론』에서 전통사회의 인구학적 특징을 제시한 토머스 맬서스.

로 겨우 회복합니다. 17세기에 잉글랜드 인구는 다시 정체되었 다가, 18세기 초부터 서서히 늘어나기 시작합니다. 그 후 산업혁 명이 일어나는 18세기 후반부터 본격적으로 빠르게 늘어나지요. 처음으로 인구 조사가 진행된 1801년에 잉글랜드 인구는 770만 명이 되었고, 1821년에는 드디어 1천만 명을 넘어섭니다. 그 뒤 에 인구 증가세는 더 빨라졌지요. 1인당 국내총생산도 산업혁명 이후 빠르게 향상되었습니다. 2013년 가격을 기준으로 1600년 1인당 국내총생산은 1,143파운드 정도였으나, 1800년에는 2,333파운드가 되었습니다. 두 세기 만에 두 배가 된 셈이지요. 1차 산업혁명이 거의 마무리되는 1850년대 초에 이르면 3천 파운드가 되었고, 1차 세계대전이 일어나기 직전에 5,441파운드가 되었으니, 한 세기 만에 두 배 가까이 뛴 셈입니다. 이렇게 인구 증가와 경제 성장에 가속이 붙는 일은 산업혁명 이전에는 상상하기 어려웠습니다. 바로 이런 점에서 산업혁명이 인류 역사에서 중요한 분기점이라고 말하는 것이지요.

4   산업혁명은 무엇인가

산업혁명의 정의

앞에서 우리는 산업혁명을 인구 증가와 경제 성장이라는 지표를 중심으로 이야기했습니다. 하지만 역사가들이 산업혁명을 여러 면으로 정의했다는 사실도 기억해둘 만합니다. 이를테면 어떤 이들은 기술 혁신과 생산 조직 변화를 중요하게 여기지요. 증기기 관이나 면방적기와 직조기 같은 기술 혁신이 연이어 일어나서 생산 조직의 기본 단위가 바뀌었다는 것입니다. 인류 역사에서 가장 오래된 생산 방식은 가내수공업입니다. 한 가구household, 그러니까 가장과 아내, 아이들이 제 역할을 해서 물건을 만들어내는 것이지요. 그런데 산업혁명을 거치면서 이런 가내수공업 대신 기계를 돌려 작업을 하는 공장이 기본적인 생산 단위가 되었습니다. 공장은 큰 작업장에 많은 사람을 모아, 분업 원리에 따라 각자에게 생산 과정의 일부를 맡기고, 그 일을 하는 데 기계를 사용하는 생산 방식이지요. 이런 공장이 등장하면서 주거와 생산 공간, 다시 말해 가정과 작업장이 분리되기 시작했고, 예전에는 가장의 자애로운 보호 아래 진행되던 생산이 이제는 공장 감독의 엄격한 통제 속에서 기계 속도에 맞춰 이뤄지게 된 것입니다. 카를 마르크스의 유명한 『자본』이라는 책에 이런 변화가 잘 묘사되

런던은 1801년 인구 100만 명에 육박하는
대도시였다. 1801년 최초의 인구 조사.

어 있지요.

　다른 한편으로, 산업혁명을 더 넓게 정의하는 이들은 인류 사회가 농업 중심 사회에서 제조업과 서비스업 중심 사회로 바뀐 일을 주목합니다. 간단히 말해 농업사회에서 산업사회로 바뀌었다는 것이지요. 이런 변화를 잘 보여주는 지표로 흔히 이야기하는 것은 도시화의 정도입니다.

　도시에 사는 사람은 기본적으로 자급자족이 어렵습니다. 텃밭을 가꿔 채소 따위를 수확하기도 하지만, 도시민에게 필요한 식량 가운데 일부에 지나지 않을 뿐이지요. 그러니 주변 농촌이나 아니면 다른 나라나 지역에서 공급되는 식량에 의존할 수밖에 없습니다. 그러므로 도시가 성장하고 도시 수가 늘어난다는 것은 인구 가운데 농사를 짓는 사람의 수가 줄어든다는 것과 농촌이 도시민을 먹여 살리는 데 충분한 식량을 생산하거나 식량 교역이 활발하다는 것을 뜻합니다.

잉글랜드에서는 17세기 후반부터 교역이 빠르게 성장하고 농업에서 여러 혁신이 일어나 농업 생산성이 향상되어 도시화가 일어나기 시작했고, 이런 흐름은 18세기에 계속되었습니다. 그래서 산업혁명이 진행되던 1800년에 이르면 인구 5천 명이 넘는 도시에 거주하는 사람이 전체 인구의 23퍼센트를 차지하게 되었지요. 이 비율은 1850년에는 45퍼센트에 이를 정도였습니다. 런던 인구는 특히 빠리 늘었어요. 이미 1700년에 인구 57만 명이 거주하는 유럽 최대 도시가 되었고, 1801년에는 거의 100만 명이 살아가는 대도시가 되었습니다.

산업혁명은 정말 혁명적이었을까

어떤 의미로 산업혁명이란 용어를 쓰든 이 시기를 중요한 분기점으로 보는 데는 다들 동의하는 듯합니다. 복잡한 경제학 방법론을 쓰는 이들은 주로 경제 성장 문제에 관심을 기울이는 반면, 역사가들은 좀 더 넓은 변화에 주목한다는 차이는 있겠지만 말이지요. 그런데 최근 산업혁명이란 용어 자체에 의문을 품는 이들이 있습니다. 경제사 연구가 진전되면서 산업혁명 시대에 경제 성장과 생산성 향상이 기존에 알려진 것만큼 빠르게 이뤄지지 않았다는 연구 결과가 나온 탓입니다. 그래서 이들은 산업혁명 시대를

	공업 생산		1인당 국내총생산	
	딘·콜*	크래프츠·할리	딘·콜	크래프츠·할리
1700~1760	0.98	0.7	0.66	0.31
1761~1780	0.49	1.29	0.65	0.64
1781~1800	3.43	1.96	2.06	1.38
1801~1831**	3.97	2.78	3.06	1.90

표 4 **공업 생산 및 국내총생산 성장률**
출처: P. Deane and W. A. Cole, 『British Economic Growth, 1688~1959』(London, 1967); N. F. R. Crafts and C. K. Harley, 「Output Growth and the British Industrial Revolution」, 『Economic History Review』 45(1992).
* 딘과 콜의 수치는 산업과 상업을 모두 포함.
** 1801년 이전의 수치는 잉글랜드와 웨일스, 1801~1831년의 수치는 영국을 대상으로 함.

단기간의 급격한 변화를 의미하는 '혁명'이라는 용어와는 어울리지 않는 장기적인 경제 성장의 한 국면으로 보지요. 경제 성장을 나타내는 몇몇 수치는 이런 생각을 뒷받침하는 듯합니다. 공업 생산과 국내총생산을 구별해서 1인당 생산의 성장률을 보여주는 〈표 4〉를 한번 보도록 하지요. 딘과 콜이라고 표시한 열은 예전에 널리 받아들여졌던 수치이고, 크래프츠와 할리로 표시한 열은 요즘 주로 쓰이는 추계입니다. 새로운 추정치는 확실히 1780년대부터 1830년대 초까지 잉글랜드의 공업 생산과 1인당 국내총생산이 점진적으로 성장했음을 보여주지요.

1인당 생산이 빠르게 늘어나지 않았다는 점은 생산성 향상도 점진적이었을 것이라고 예상하게 합니다. 거칠게 말하자면, 생산을 늘리는 방법은 두 가지입니다. 하나는 생산에 투입하는 노동이나 자본 같은 생산요소를 늘리는 것이고, 다른 하나는 새로운 기술 등을 바탕으로 같은 생산요소 투입량에서 더 많은 산출을 얻는 것입니다. 그런데 19세기 초 경제학자들은 어떤 상품을 생산할 때 요소 투입량을 계속 늘려도 산출이 그만큼 늘지 않는다고 주장했습니다. 한계생산량, 즉 요소 투입량을 한 단위 늘릴 때 증가하는 생산량은 오히려 투입량이 계속 늘어나면 점점 줄어든다고 했지요. 이것을 한계수확체감 법칙이라고 부릅니다. 다른 조건이 같다면, 이런 수확체감 경향 때문에 경제 성장 속도는 시간이 지나면서 점점 느려지게 됩니다. 그래서 성장 속도가 지속적으로 유지되려면 생산성이 좋아져야 합니다. 생산성을 보여주는 지표로 흔히 사용되는 수치는 총요소생산성total factor productivity(TFP)입니다. 간단히 말하면 산출 증가분에서 요소 투입량 증가분이 기여한 부분을 제외한 나머지를 뜻하는데, 주로 기술 혁신같이 계량화하기 어려운 요인의 기여분이라고 가정하지요. 실제로 크래프츠와 할리가 총요소생산성 변화를 따져보니, 1760년에서 1801년 사이에는 연평균 0.2퍼센트, 1801년에서 1831년 사이에는 매년 0.3퍼센트 향상되었다고 합니다. 그렇게 빠른 변화는 아니지요.

그런데 크래프츠와 할리가 내놓은 결과에서 한 가지 흥미로운 대목이 발견됩니다. 두 사람은 총요소생산성 향상에 여러 공업 부문이 각각 얼마나 기여했는지도 계산했는데, 산업혁명을 이끈 면직물 공업의 기여분이 절반 이상을 차지했다고 하지요. 산업혁명의 또 다른 핵심 분야였던 제철업과 다른 직물업이 나머지를 차지했다고 합니다. 이런 결과는 증기기관이라는 새로운 동력원과 기계, 공장제를 도입한 공업 부문의 생산성은 빠르게 향상된 반면 나머지 공업 부문에서는 생산성이 그리 나아지지 않았다는 것을 일깨워줍니다. 산업혁명 시대에는, 이를테면 '근대' 공업과 '전통' 공업이 공존하고 있었다는 이야기이지요. 이렇게 보면 산업혁명 시대, 특히 초기에 경제 성장이 왜 점진적이었는지 쉽게 이해할 수 있습니다. 처음에는 '근대' 공업 부문이 경제에서 차지하는 비중이 작았기 때문에 경제 전체의 성장도 빠르지 않았습니다. 시간이 흐르면서 '근대' 부문이 늘어나자 성장 속도가 좀 더 빨라졌고요. 이런 점을 감안하면 산업혁명이 과연 '혁명'이었나 하는 물음도 다시 생각해볼 수 있겠습니다. 산업혁명을 단기간에 일어난 급격한 경제 성장으로 좁게 생각하지 말고, 경제구조에서 일어난 근본적인 변화로 보면, 산업혁명이라는 용어를 여전히 쓸 수 있게 되는 것이지요.

5 산업혁명은 왜 영국에서 시작되었을까

고임금, 낮은 자본 비용, 풍부한 석탄

개념 문제를 살펴봤으니, 이제 역사학자들이 오랫동안 씨름했던 문제, 그러니까 왜 산업혁명이 영국에서 제일 처음 일어났는가 하는 물음을 생각해보지요. 이 질문에 대해서는 그동안 다양한 답이 제시되어왔지만, 여기서는 요즘 널리 받아들여지는 한 가지 가설을 살펴보고, 거기서 끌어낼 수 있는 몇몇 문제를 따져보도록 하겠습니다. 요약하자면 이 가설은 잉글랜드의 독특한 생산요소 가격 구조가 산업혁명의 원인이었다는 주장이라고 할 수 있습니다. 초보적인 경제학을 쓴다면, 생산요소는 노동, 자본, 토지라 할 수 있는데, 요즘 경제학자들은 토지를 그렇게 중요하게 보지 않습니다. 한 나라의 산출은 주로 노동과 자본에 기술 혁신 같은 계량화할 수 없는 요소 사이의 함수로 표현하지요. 그렇다면 산업혁명 시대 잉글랜드의 노동과 자본 비용을 다른 나라와 비교해보면 잉글랜드의 독특한 면모가 드러난다는 게 이 가설의 출발점이라 하겠습니다.

먼저 노동 가격을 살펴보지요. 지금도 그렇듯 모든 노동활동이 임금으로 보상받는 것은 아니지만, 18세기 중반 잉글랜드는 이미 충분히 상업화된 경제였기 때문에 임금노동이 널리 퍼져 있었습니다. 『역사의 비교』에서 근대 초 잉글랜드에 자본주의 생산 관계가 나타나 노동도 함께 상업화가 진행되었고, 특히 17세기 후반에 국내외 교역이 확대되면서 소비문화가 널리 퍼졌다고 이 야기한 바 있습니다. 특히 식민지를 비롯해 유럽 바깥 시장에서 면직물과 설탕, 커피, 차 같은 이국적인 상품이 쏟아져 들어오면 서 엘리트층은 물론 중간계급과 심지어 하층민까지 소비에 매혹 되었지요. 특히 노동자가 다수를 이루는 하층민은 이런 소비에 서 뒤처지지 않으려고 구매력을 끌어올리고 싶어 했습니다. 그래 서 이전에는 임금노동에 종사하지 않았던 여성이나 아동도 노동 시장에 뛰어들게 되었지요. 나아가 높은 임금을 받을 수 있다면 더 길고 고된 노동도 흔쾌히 받아들일 태세였습니다. 이런 현상 을 '근면혁명'industrious revolution이라 부른다 했지요. 그 무렵 인 구는 거의 늘지 않는 반면 상업과 제조업이 빠르게 발달해서 노 동 수요도 증가했기 때문에 근면혁명이 일어나기 좋았지요. 상황 은 18세기 전반기에도 비슷했습니다.

이런 시대에 잉글랜드 노동자의 임금을 다른 나라의 경우와 비교하는 것은 생각만큼 쉽지 않습니다. 숙련도와 직종, 성별, 연령에 따라 잉글랜드 노동자의 임금도 달랐던 데다 임금 기록 도 많이 남아 있지 않아서 평균 임금을 구하기가 어렵습니다. 게 다가 환율과 물가 수준이 나라마다 천차만별이니 평균 임금을 알 고 있어도 국가 간 비교는 어렵지요. 이럴 때는 여러 나라에 일관 되게 적용할 만한 잣대가 필요합니다. 우리가 살펴보려는 가설이 택한 방법은 이렇습니다. 우선 잉글랜드 노동자 가운데 숙련도가 그리 높지 않아 평균적인 노동자로 볼 수 있으면서, 동시에 임금 기록이 꽤 많이 남아 있는 건설 노동자를 선택했습니다. 다음으로 다른 나라에서 같은 부류 노동자의 임금 기록을 구하고, 임금을 하나의 공통된 단위, 그러니까 이들이 하루에 얻을 수 있는 은銀의 양으로 바꿔봤습니다. 이런 방법으로 런던을 포함해서 유럽과 아시아 주요 6개 도시의 노동자 임금의 변화 추이를 살펴봤습니다. 그랬더니 인구가 많은 인도 델리나 중국 베이징 같은 곳에서 임금이 가장 낮았고, 도시화와 상업화가 진전된 네덜란드 암스테르담이나 런던의 임금이 가장 높았습니다. 특히 런던의 건설 노동자 임금은 이미 17세기 후반에 세계에서 가장 높았고, 산업혁명이 진행되던 1775년 이후에는 두 번째로 임금이 높은 암스테르담의 두 배까지 올라갔지요. 이렇게 볼 때, 잉글랜드는 18세기에 임금이 다른 나라보다 높은 '고임금 경제'였다고 볼 수 있습니다.

임금과 더불어 핵심적인 생산요소는 자본입니다. 산업혁명 시대에도 주식회사 같은 근대적인 기업 형태가 있었습니다. 잉글랜드은행이나 동인도회사가 대표적이지요. 지주는 물론 중간 계급이 주식에 투자했기 때문에 주식시장도 활발했습니다. 하지만 제조업에 뛰어든 기업가가 주식이나 채권을 발행해서 대규모 자본을 조달하는 경우는 거의 없었습니다. 산업혁명이 한창 진행되던 시기에도 고정자본, 그러니까 공장이나 기계에 들어가는 자본이 전체 자본에서 차지하는 비중은 그리 높지 않았기 때문이지요. 오히려 임금이나 원료 대금 같은 유동자본의 몫이 컸습니다. 그러니 한꺼번에 큰돈을 조달해야 할 까닭이 없었지요. 그래서 제조업자는 대개 자기가 갖고 있는 돈이나 가까운 친지에

1694년에 설립된 잉글랜드은행은 18세기 영국이 여러 전쟁에서 승리하는 데 기여했다.

게 돈을 빌려 창업 자금을 조달하곤 했어요. 그렇지 않으면 동업 partnership을 널리 활용했습니다. 실제로 사업을 운영하는 사람과 돈을 대주는 사람이 서로 계약을 맺고 시작하는 동업은 실패에 대한 책임 부담을 함께 져야 하는 어려움이 있지만, 아주 쉽게 이용할 수 있는 방법이기도 했지요. 이런 방식으로 자본을 꽤 쉽게 조달할 수 있었기 때문에 잉글랜드에서 자본 비용은 낮았습니다. 실제로 산업혁명의 핵심 지역이었던 북부 잉글랜드와 유럽 대륙의 두 도시 스트라스부르와 빈에서 자본 비용에 비해 임금이 얼마나 비쌌는지 살펴보니, 북부 잉글랜드에서 노동의 상대 가격이 월등히 높았습니다. 그러니 노동력 대신 자본을 투입하려는 동기가 생길 수 있겠지요.

우리가 살펴보고 있는 가설이 주목하는 마지막 요인은 에너지 가격입니다. 앞에서 전통사회를 옥죄고 있던 '맬서스 함정'에 대해 살펴보면서 에너지 부족 문제를 지적한 바 있습니다. 이용할 수 있는 에너지가 한정된 상황을 돌파하는 데 다른 어떤 요인보다 크게 기여한 것이 바로 석탄이라는 새로운 에너지원입니다. 잉글랜드에서는 이미 16세기에 숲이 크게 부족해지기 시작해서 땔감을 구하기 어려웠는데, 그 무렵에 석탄을 가정용 연료로 사용하기 시작했지요. 17세기에는 열에너지를 많이 쓰는 공업 분야, 이를테면 유리공업 같은 데서 석탄을 연료로 쓰게 됩니다. 하지만 석탄 생산이 빠르게 늘어나기 시작한 때는 17세기 말에서 18세기 초입니다. 그 무렵 석탄에 비해 땔감 가격이 훨씬 비쌌기 때문이지요. 석탄과 땔감의 상대 가격 차이가 크게 벌어진 까닭은, 잉글랜드에는 석탄이 풍부하게 매장되어 있어서 채굴 비용이 낮았던 데다, 18세기 중반부터 운하가 곳곳에 건설되면서 운송 비용이 크게 떨어졌기 때문입니다. 이런 변화는 석탄 생산량에서 그대로 드러납니다. 1560년대 17만 톤 정도를 생산했고, 1700년에는 240만 톤, 1750년에 430만 톤, 1800년에 1,100만 톤으로 아주 가파르게 늘어났지요.

석탄 생산이 이렇게 빠르게 늘어났다는 것은 잉글랜드가 이제 전통사회와는 구별되는 새로운 에너지 체제를 갖추게 되었음을 뜻합니다. 거듭 강조하지만 에너지를 거의 전적으로 태양에너지, 더 정확히 말해 식물의 광합성 작용에 의존하던 전통사회에서는 생산에 투입하는 에너지 총량을 마음껏 늘릴 수 없었습니다. 그렇기 때문에 인구와 산출의 증가가 어떤 한계를 넘을 수 없었던 것이지요. 그런데 석탄은 산업혁명 당시 기술 수준에서는 거의 무한한 에너지원에 가까웠습니다. 물론 채굴 기술이 뒷

제임스 와트의 증기기관
모형(1778).

받침되어야 하지만 말이지요. 그 결과 사회가 이용할 수 있는 에너지 총량 자체가 크게 늘어났습니다. 실제로 16세기 중반부터 1750년대 사이에 잉글랜드 사회가 이용하는 에너지 총량은 거의 네 배 증가했고, 1800년에 이르면 거기서 다시 두 배 이상 늘어났습니다. 산업혁명이 거의 마무리되는 1850년과 1560년대를 비교하면 에너지 소비량은 거의 서른 배 차이가 나지요. 이렇게 볼 때, 어떤 역사가가 힘주어 이야기하듯, 산업혁명은 유기경제에서 무기광물경제로의 에너지 체제 전환이었다고 말해도 좋을 듯합니다.

다시 한번 정리하자면, 산업혁명이 시작될 무렵 잉글랜드는 유럽과 아시아의 어떤 나라보다도 임금이 높은 고임금 경제였던 반면, 자본 비용과 에너지 가격은 임금에 비해 저렴한 나라였습니다. 이런 생산요소 상대 가격의 구조 때문에 잉글랜드에서는 특정한 방향으로 기술 혁신이 일어나게 되었던 것이지요. 자본과 에너지 가격이 임금보다 싸니까 기술 혁신은 가능하면 노동 투입을 줄이면서 대신에 자본과 에너지 투입을 늘리는 방향으로 진행되었습니다. 대표적인 사례는 토머스 뉴커먼이 개발하고 제임스 와트가 성능을 개선한 증기기관과 면직물 공업에서 등장한 여러 기계가 될 것입니다. 석탄을 연료로 사용하는 초기 증기기관은 에너지 효율이 낮아서 연료 소비가 많았습니다. 와트가 효율을 크게 개선하는 데 성공했지만, 기본적으로 증기기관은 석탄이 풍부한 곳이 아니면 사용할 수 없는 동력원이었지요. 잉글랜드는 자본과 석탄이 풍부했기 때문에 탄광뿐만 아니라 면직물 공장 같은 곳에 증기기관을 설치해 마음껏 사용할 수 있었습니다.

식민지와 제국

우리가 지금까지 살펴본 가설은 산업혁명을 연이은 기술 혁신이었다고 전제한 후에 왜 혁신이 특정 방향으로 진행되었는지 설명하는 데 집중합니다. 영국의 특이함을 생산요소의 상대 가격과 에너지 문제로 설명했지요. 그럴 듯한 가설이라 생각합니다. 하지만 잉글랜드 노동자가 높은 임금을 받았던 까닭이나 풍부한 자본과 석탄 같은 요인에 대해서는 좀 더 설명이 필요해 보입니다. 높은 임금은 노동력을 절약하는 발명에 관심을 기울이게끔 유도하는 요인이 되면서도 동시에 사회 전체 수요를 늘려 생산을 장려하는 요인이 될 수 있습니다. 그러므로 18세기 영국에서 수요가 확대되는 과정도 생각해봐야 하겠습니다. 풍부한 자본이라는 요인도 자세히 들여다보면 좋을 듯합니다. 기존 가설은 왜 영국에서 자본이 풍성해졌는지는 다루지 않기 때문입니다. 잉글랜드에서 석탄 생산이 빠르게 늘어난 일에 대해서도 좀 더 질문을 던져볼 수 있습니다. 시야를 넓혀보면 중국에도 석탄이 풍부하게 매장되어 있었으므로 왜 유독 산업혁명 시대 잉글랜드에서만 석탄이 널리 사용되었는지 이야기해봐야 하는 것이지요.

수요와 자본에 대해서 이야기하자면 적어도 17세기 중후반으로 거슬러 올라가야 할 듯합니다. 이 시기에 잉글랜드 경제와 사회에서 일어난 여러 변화를 감안해야 한다는 것이지요. 17세기부터 잉글랜드 농촌에서는 몇 가지 중요한 변화가 일어났습니다. 새로운 돌려짓기 방법을 받아들여 땅의 힘을 유지하기 위해 땅의 일부를 놀려두는 일이 줄어들었습니다. 클로버나 콩과 작물을 널리 심기도 했습니다. 이런 작물은 질소 고정 작용, 그러니까 공기 가운데 질소를 받아들여 고정시켜서 땅의 힘을 유지하는 역할을 했습니다. 토지를 둘러싼 소유관계도 조금 더 분명해졌습니다. 오랫동안 당연하게 받아들여졌던 관습 대신에 자본주의 계약관계가 확대되면서 지주가 전문 농부에게 땅을 빌려주고, 이 땅에 농업 노동자를 고용해 새로운 농법과 작물을 시험하는 일이 흔해졌습니다. 이런 식으로 농업 생산성을 끌어올리는 일이 자주 일어났습니다. 한편 농촌 지역에 제조업이 깊이 침투했습니다. 특히 모직물 공업 같은 분야에서 선대제先貸制, 그러니까 상인이 원료와 도구를 먼저 공급하고, 농민 생산자가 물건을 만들어 납품하는 방식이 널리 쓰였습니다. 농촌에는 반농반공半農半工이라 부를 만한 사람이 늘어났지요. 이렇게 제조업에 뛰어든 농민 가족은 새로운 소득원이 생겼기 때문에 예전에는 꿈꾸지 못했던 상품을 살 수 있게 되었고, 이런 경험이 반복되자 점점 더 많은 현금 소득을 원하게 되었지요. 근면혁명입니다.

농업 생산성이 향상된다는 것은 좀 더 적은 수의 농민이 더 많은 인구를 먹여 살릴 수 있다는 것을 뜻합니다. 도시를 넘어 농촌에서도 제조업이 활발해지면 그만큼 농업이 전체 산업에서 차지하는 비중도 줄어들겠지요. 실제로 이런 일이 일어났습니다. 이미 1700년에 이르면 잉글랜드 인구의 절반 정도만 농업에 종사하게 됩니다. 산업혁명과 함께 이런 경향은 좀 더 뚜렷해지지요. 실제로 1801년 인구 조사에 따르면 농민은 전체 인구의 36퍼센트로 줄어들었고, 1851년에는 20퍼센트까지 떨어졌습니다. 한편 제조업에 종사하는 인구가 차지하는 비중은 크게 늘지 않은 것으로 보입니다. 산업혁명 중심지였던 랭커셔나 모직물 공업 중심지였던 요크셔 웨스트라이딩 같은 지역에서는 이미 1750년에 제조업 종사자가 인구의 절반을 넘었습니다. 잉글랜드 전체로 보면 같은 해 잉글랜드 성인 남성 가운데 40퍼센트 정도가 제조업에 종사했는데, 산업혁명이 한창이던 1815년에 이르면 그 비중은 47퍼센트까지 올라가지요. 하지만 이런 통계에는 산업혁명 시대에 대거 임금 노동자로 편입된 여성과 아동이 포함되어 있지 않으니 실제로 제조업에 종사하는 인구는 더 많았을 것입니다.

이렇게 보면 잉글랜드에서는 산업혁명 이전에 이미 제조업이 활력을 보였고, 인구 구성 면에서도 산업사회의 면모가 어느 정도 나타났다고 하겠습니다. 제조업의 발전은 한편으로는 국내 수요 증가 덕분으로 설명할 수 있지만, 그보다 훨씬 더 중요한 요인은 17세기 후반부터 일어난 잉글랜드 해외무역의 성장이었습니다. 이를테면 1699~1701년과 1772~1774년을 비교해보면, 그 사이 잉글랜드 인구는 33퍼센트 늘었는데 해외무역은 132퍼센트 늘었다고 합니다. 1700년부터 한 세기에 걸친 무역 상황을 보여주는 또 다른 자료는 수입이 523퍼센트, 수출이 568퍼센트, 재수출이 906퍼센트 증가했음을 보여주지요. 특히 재수출이 크게 늘어난 것은 식민지에서 상품을 수입해 유럽 시장에 되파는 일이 아주 빈번하게 일어났기 때문입니다.

해외무역의 성장은 제조업 발전에 직접적인 영향을 미쳤습니다. 18세기 전반 반세기에 주로 국내 시장을 겨냥했던 제조업 부문은 7퍼센트 성장하는 데 그친 반면, 수출 위주였던 제조업은 70퍼센트나 성장했습니다. 1750년대부터 한 세대 사이에도 수출을 지향하는 제조업의 규모는 80퍼센트 커졌습니다. 무역 대상 지역도 완전히 달라졌습니다. 오랫동안 잉글랜드는 유럽 시장으로 원료나 반제품을 수출하던 나라였는데, 18세기를 거치면서 유럽 시장의 비중은 크게 줄어들고 유럽 바깥, 특히 식민지 시장이 중요해졌습니다. 1701년에는 잉글랜드를 포함한 영국에서 생산·수출된 상품 가운데 82퍼센트가 유럽 대륙 시장으로 건너갔지만, 1772년 무렵에 이르면 그 비중은 40퍼센트까지 떨어졌습니다. 이제 유럽 바깥 세계가 영국에게 가장 중요한 시장이 된 것이지요.

영국과 유럽 바깥 세계를 잇는 무역의 두 축은 동인도회사가 이끈 아시아 무역과 아메리카 식민지와 영국, 아프리카를 연결하는 대서양 무역이었습니다. 아시아 무역에서는 면직물과 차를 중심으로 교역이 크게 늘었습니다. '캘리코'라 불리던 인도산 면직물은 17세기 후반에 많이 들어왔는데, '캘리코 광풍'이라는 말이 나올 정도로 큰 인기를 누렸습니다. 그러자 잉글랜드 직물 제조업자가 위기감을 느끼게 되었지요. 그래서 행정부와 의회에 여러 차례 청원을 넣어 면직물의 수입과 소비를 규제해달라고 요청했고, 실제로 18세기 초에 염색하지 않은 면직물을 제외하고는 모든 면직물의 수입을 금지하고 심지어 면직물 소비를 금지하는 법이 제정되기도 했습니다.

그런데도 면직물 수입은 꾸준히 늘었습니다. 1697년 가격을 기준으로 인도산 면직물 수입량을 가격으로 환산하면 1699~1701년에는 36만 파운드 정도였는데, 1772~1774년에는 69만 파운드로 두 배 정도 늘었으니까요. 그런데 여기에는 밀수 면직물은 포함되어 있지 않으므로 실제 수입량은 훨씬 더 많았다고 봐야 합니다. 면직물 수입에 대한 규제가 강화되자 동인도회사는 차를 본격적으로 들여오기 시작했습니다. 동인도회사의 무역에서 차 수입이 차지하는 비중은 1710년대 1퍼센트에서 1760년에는 40퍼센트 이상으로 늘었고, 가치로 따지면 1750년대에는 169만 파운드에 이를 정도가 되었지요. 밀수는 합법적인 무역 못지않게 큰 규모로 진행되었습니다.

대서양 무역은 양적으로도 중요했지만, 산업혁명 시대 직전에 영국 제조업 발전을 이끈 원동력으로 큰 의미를 갖습니다. 원래 북아메리카와 서인도제도 식민지는 담배나 설탕, 커피, 인디고 염료, 쌀 같은 기호식품과 원료를 영국에 공급하는 역할을 했

1680년 무렵 인도 수라트에 있던 동인도회사. 영국 상인의 아시아 진출을 보여준다.

지요. 영국 상인은 수입한 상품의 상당 부분을 유럽 시장에 재수출해 큰 이익을 거뒀습니다. 그사이 식민지 인구가 크게 늘었지요. 두 지역의 인구는 1650년만 해도 5만~6만 명 정도에 그쳤지만, 1770년에 이르면 북아메리카 식민지에 228만 명이 거주하게 되었고, 서인도제도에도 48만 명이 살게 되었습니다. 당시 잉글랜드 인구가 640만 명이었으니 두 식민지는 잉글랜드의 절반 규모에 이르는 커다란 시장이 된 셈이지요.

영국 정부와 상공업자는 이렇게 중요한 시장에서 이윤을 독점하려 했습니다. 식민지에서 수입하는 상품을 재수출해 거두는 이익에 더해서 식민지 시장에 영국산 제조업 제품을 독점적으로 공급해 수익을 얻으려 했던 것이지요. 그래서 영국 정부는 본국의 제조업과 경쟁할 만한 식민지 제조업은 법으로 금지했습니다.

강력한 보호주의 속에서 식민지는 18세기 후반에 유럽 시장을 능가하는 수출 시장이 되었지요.

식민지 시장은 규모도 컸지만 다양한 제조업 제품을 수출할 수 있는 시장이라는 점에서 아주 중요했습니다. 18세기 초까지만 하더라도 모직물이 잉글랜드 수출에서 가장 큰 비중을 차지했습니다. 모직물은 16세기 중반에 잉글랜드가 양모 수출 국가에서 모직물 수출 국가로 변신할 때부터 잉글랜드 수출의 절반 이상을 차지하는 일종의 기간산업이었지요. 18세기 후반에도 모직물은 여전히 잉글랜드 수출의 절반 이상을 차지했는데, 그중 3분의 2 정도가 유럽 시장에 수출됐습니다. 그런데 흥미롭게도 식민지로 보내는 수출품 가운데 모직물이 차지하는 비중은 3분의 1도 되지 않았어요. 이 점은 영국 제조업 발전에 아주 중요한 의미를 갖습니다. 그동안 모직물 일변도였던 영국 제조업이 다양한 제조업에서 성과를 거두기 시작했다는 것을 의미하기 때문이지요. 독점적으로 제품을 수출할 수 있는 식민지 시장이 있었던 덕분입니다. 얼마나 다양한 영국산 제품이 수출되었는지는 정확하게 알 수 없지만, 단적인 예로 1770년대 북아메리카 뉴욕 식민지에서 발행된 여러 신문에 실린 광고를 들어보지요. 광고에는 무려 9천 종이나 되는 제품이 나오는데, 그 가운데는 물론 유럽산 제품도 있지만 대개 영국산 제품이었습니다. 이렇게 본국의 상공업자가 독점적인 지위를 누릴 수 있었던 식민지 시장은 영국 제조업이 다변화하는 데 크게 기여했습니다.

더욱이 식민지는 영제국이 쌓은 막대한 부의 원천이었습니다. 대표적인 예로 꼽을 만한 것은 북아메리카 남부 식민지와 서

서인도제도에 있던 영국의 설탕 플랜테이션 농장.

인도제도 설탕 농장 식민지들이지요. 이들 식민지에서 번성했던
플랜테이션 농업을 뒷받침했던 수많은 노예에 대해서는 『역사의
비교』에서도 다루었지요. 그러니 여기서는 플랜테이션 농업으로
일부 백인 정착민이 얼마나 부유해졌는지 살펴보겠습니다. 최근
에 어느 역사학자가 계산해보니 영국령 서인도제도의 핵심 지역
이었던 자메이카 백인 정착민의 자산은 2,800만 파운드에 이르
렀다고 합니다. 1인당 자산 규모로 보면 본국의 어떤 부자보다도
부유했다고 하지요. 또 다른 학자는 북아메리카 독립전쟁 직전
영제국이 보유하고 있던 부의 총량을 계산해봤습니다. 그에 따르
면 제국 본국이 보유하고 있던 부의 총량은 약 3억 1,400만 파운
드였는데, 그 가운데 87퍼센트는 잉글랜드에, 나머지 13퍼센트
는 스코틀랜드에 있었다고 합니다. 북아메리카 식민지는 대략 그

절반쯤에 해당하는 1억 6,200만 파운드를 갖고 있었는데, 그 가운데 1억 파운드 정도가 남부 플랜테이션 식민지에 있었습니다. 물론 식민지가 보유하고 있던 부의 총량 가운데 상당 부분은 노예의 가치를 포함한 것이지만, 노예를 제외하더라도 식민지는 스코틀랜드나 아일랜드보다도 훨씬 부유했어요. 이렇게 풍요로운 식민지가 영국 제조업의 시장이 되었고, 또 영국 상인과 제조업자에게 자본을 공급하는 원천이 되었던 것이지요.

이렇게 식민지가 영국 경제 발전에 크게 기여했다는 사실은 왜 영국에서 처음 산업혁명이 일어났는지 이해하는 데 중요한 실마리가 됩니다. 잉글랜드가 식민지 쟁탈전에 뛰어든 것은 17세기 초부터입니다. 에스파냐나 포르투갈에 비해 한 세기 정도 늦었고, 네덜란드나 프랑스와는 거의 비슷한 시기였어요. 조금 늦게 식민지 경쟁에 나섰지만 잉글랜드 행정부와 의회는 강력한 해군을 만들어 잉글랜드 무역선단을 효과적으로 보호했습니다. 또한 국가는 동인도회사를 비롯해 여러 무역회사와 식민회사에게 자체적으로 무력을 갖추고 외교활동을 펼 수 있는 특권을 주기도 했습니다. 특정 회사가 경제적인 어려움에 빠지면 구제 조치를 취하기도 했지요. 더욱이 베스트팔렌 조약(1648)이 체결된 이후 유럽 열강이 국익 증진을 목표로 여러 전쟁을 벌일 때도 영국 정부는 아주 효율적인 모습을 보였습니다. 행정부와 의회는 조세 징수 기구를 잘 정비해서 다른 어떤 나라보다도 많은 세금을 거뒀고, 장기공채 같은 혁신적인 금융기법을 도입해서 아주 싼 이자로 자금을 빌렸습니다. 이렇게 동원한 막대한 재정 자원은 영국이 수많은 전쟁에서 승리하는 데 결정적인 역할을 했지요.

이런 국가의 노력 덕분에 상인들은 자유롭게 세계 곳곳을 누비며 무역 활동을 펼칠 수 있었습니다. 이들과 제조업자는 식민지 무역에서도 엄청난 이익을 거뒀고, 특히 제조업자는 식민지 시장에서 새로운 사업을 발굴할 수 있었지요. 제조업자가 활발하게 사업을 펼치니 일자리가 늘어나고 그만큼 임금도 올랐습니다. 바로 이런 성과를 바탕으로 앞에서 이야기한 두 조건, 그러니까 풍부한 자본과 높은 임금이라는 조건이 마련될 수 있었던 게지요. 식민지와 제국은 그만큼 산업혁명과 긴밀하게 연관된 일이었습니다.

6   중국은 왜 산업혁명에 성공하지 못했을까

중국 전통사회의 성장과 발전

우리는 영국이 처음으로 산업혁명에 성공한 여러 요인을 살펴보면서 식민지의 중요성을 강조했습니다. 식민지는 오랫동안 양모 같은 원료를 유럽에 공급했던 잉글랜드가 중요한 상업 세력으로 변신하는 데 크게 기여했습니다. 특히 노예노동으로 운영된 플랜테이션은 이국적인 작물과 원료를 생산해 본국으로 수출했고, 잉글랜드는 이런 상품을 유럽 시장에 재수출해 막대한 이윤을 누렸습니다. 더욱이 인구가 빠르게 늘어나고 경제 성장도 왕성했던 식민지는 잉글랜드의 갖가지 공산품을 소비하는 큰 시장이 되어주었지요. 식민지 백인 정착민은 스스로를 영국인이라고 굳게 믿고 영국식 생활방식을 고수했는데, 그런 만큼 열심히 본국의 유행을 따라갔지요. 식민지인의 이런 태도는 영국 상공업자에게는 큰 축복이었어요. 이렇게 중요했던 대서양 식민지는 원래 잉글랜드인이 힘을 앞세워 원주민을 쫓아내고 정착한 곳이었으므로, 그 밑바탕엔 결국 힘, 더 정확하게 표현하자면 폭력이 있었다고 말할 수 있습니다. 더군다나 영국이 17세기 말부터 유럽 열강과 치른 여러 전쟁에서 승리한 것도 효과적인 재정 자원 동원과 막강한 해군력 덕분이었으므로 영국의 번영 자체가 힘의 우위에 바탕을 두고 있었지요. 그러니까 산업혁명의 기원은 '폭력'에서 찾을 수 있다는 이야기입니다.

힘의 우위와 더불어 영국은 풍부한 석탄이라는 행운을 누리기도 했지요. 석탄 생산량은 18세기에 가파르게 늘어났는데, 그것은 잉글랜드가 새로운 에너지 체제로 진입하고 있었음을 뜻합니다. 전통사회를 지배하던 생태 균형은 16세기 중반에 급격하게 무너졌지요. 인구가 빠르게 늘어나면서 땔감 수요가 치솟았고, 그만큼 숲은 빠르게 줄어들었습니다. 쓸 수 있는 토지는 다 이용했다고 볼 수 있지요. 이런 한계를 돌파하려는 노력이 한편으로는 식민지 개척으로 나타나고, 다른 한편에서는 석탄이라는 새로운 에너지원을 이용하는 것으로 표현되었습니다. 땔감에 비해 석탄은 훨씬 적은 양으로 많은 에너지를 낼 수 있는 연료였으므로, 석탄 사용량이 늘면서 땔감을 얻기 위해 남겨두었던 토지를 다른 용도로 쓸 수 있게 되었습니다.

이를테면 석탄 1톤을 태워 얻을 수 있는 에너지는 1에이커(1,224평)의 숲에서 한 해 동안 구할 수 있는 땔감을 태울 때 얻는 에너지와 같았는데요. 1800년에 잉글랜드가 석탄 덕분에 절약할 수 있었던 숲의 면적은 잉글랜드와 웨일스를 합친 면적의 35퍼센트에 이를 정도였지요. 다시 말해 잉글랜드가 석탄을 이용하면 할수록 일종의 가상 영토가 생기는 것이나 마찬가지였다는 말입니다.

이 점에서 18세기 후반 중국의 처지는 영국과 달랐습니다. 17세기 중반부터 한 세기, 그러니까 영국 경제가 점점 근대적인 모습을 갖춰가던 무렵 중국도 풍요를 누렸습니다. 중국 농업이 대단히 높은 생산성을 성취했던 덕분입니다. 특히 양쯔강 유역에서 벼농사가 크게 번창했는데, 앞서 언급한 대로 벼농사는 유럽의 밀농사에 비해 같은 면적의 땅에서도 훨씬 더 많은 수확량을 올릴 수 있었지요. 게다가 중국 농부는 수확량을 늘리는 여러 요령을 터득하기도 했어요. 물 대기와 비료 주기나 해충 박멸에 이르기까지 생산성을 높이는 방책을 실천하고 있었던 것이지요. 기후도 좋았기 때문에 중국 농부는 1년에 이모작은 기본이고 심지어 삼모작까지 할 수 있었습니다. 그러니 농업 생산량이 자연히 늘었지요. 그런 만큼 농업이 먹여 살릴 수 있는 인구도 급증했습니다. 실제로 중국 인구는 17세기 중반에 1억 4천만 명 정도였는데, 18세기 중반에 이르면 2억 2,500만 명까지 늘었어요.

　농업 생산이 늘어나면 인구도 증가하는 일은 전통사회에서 쉽게 찾아볼 수 있는 현상입니다. 문제는 인구가 계속 증가할 때 어떤 일이 벌어지는가 하는 것입니다. 맬서스는 『인구론』에서 사람이 성욕을 억제하지 못해 임신을 막을 방법이 없기 때문에 인구는 계속해서 증가할 수밖에 없다고 주장했습니다. 그렇게 되면 토지가 부양할 수 있는 인구 수준을 넘어서까지 인구가 늘어나는데, 그때 맬서스가 '적극적 제한'positive check이라 부른 현상, 그러니까 기근과 질병, 전쟁이 일어나 인구를 저절로 줄여준다고 합니다. 그러면 토지와 인구 사이 균형이 토지에 유리한 방향으로 바뀌어 새로운 인구 순환이 시작되지요. 근대사회가 등장한다는 것은 맬서스가 제시한 이런 인구 순환에서 벗어나는 일이라고 할 수 있습니다.

　이런 모델에 따르면 중국은 18세기에 이미 근대사회에 진입했다고 생각할 수도 있습니다. 이 무렵 중국에서는 맬서스가 유럽에서만 찾아볼 수 있다고 주장한 '예방적 제한'preventive check, 즉 사람들이 의식적으로 인구를 통제하는 일이 광범위하게 일어나고 있었으니 말이지요. 중국에는 어린 나이에 혼인하는 풍습이 널리 퍼져 있어서 인구가 마구 늘어날 가능성이 유럽보다 훨씬 높았지만, 결혼 초기에 부부관계를 삼가고 부모와 함께 살아가는 방법을 택해 임신을 막았습니다. 가정을 꾸릴 만한 형편이 안 되는 남자는 독신을 택하기도 했지요. 게다가 남아 선호 사상이 널리 퍼져 있어서 여아를 살해해 자식의 성별을 선별하는 일도 빈번하게 일어났습니다. 조금 거친 방법처럼 들리기는 해도, 중국인은 나름대로 충실하게 인구 통제를 수행했던 것이지요.

이렇게 인구를 적절히 통제하는 가운데 농업 생산이 늘었기 때문에 중국은 19세기 중반까지도 인구가 빠르게 늘어, 1850년에는 3억 8천만 명에 이르게 되었습니다. 중국 남부 주장珠江 인근 지역과 동남부 해안 지역, 양쯔강 삼각주에서는 인구가 특히 빠르게 늘어나 많은 주민이 이주를 택하고 땅을 개간했지요. 관개시설도 늘리고 비탈을 깎아 농토로 만들어 농업 생산을 늘리기도 했습니다. 하지만 새로 개간한 땅은 기존 토지만큼 비옥하지 못해 생산이 체감하는 현상이 나타나기도 했지요. 그래도 시장이 비교적 효율적으로 작동해서 식량 사정이 나빠지는 일은 막을 수 있었습니다. 애덤 스미스가 『국부론』에서 주장한 것처럼, 시장이 발달하면 분업과 전문화가 진행되는데 중국에서도 이런 현상이 나타났습니다. 주장이나 양쯔강 삼각주 지역의 농민이 주로 양잠에 매진했던 것처럼 특정 작물에 특화하고, 다른 지역에서 곡물을 들여오는 일이 빈번했던 것이지요. 특히 북부 톈진에서 남부 광저우까지 이어지는 긴 수상 운송 체계를 갖춘 것이 도움이 되었습니다.

중국이 산업혁명에서 멀어진 이유

하지만 19세기 초가 되면 시장도 더 이상 인구 증가를 감당하지 못하는 생태 위기 징후가 나타납니다. 이를테면 일부 지역에서는 땔감이 부족해서 볏짚과 쌀겨까지 동원하는 일이 나타날 정도였지요. 중국이 영국처럼 식민지라는 거대한 영토와 석탄 같은 새로운 에너지원을 이용할 수 있었다면 19세기 초에 닥친 생태 위기를 돌파할 수 있었겠지요. 하지만 오랫동안 바다로 나가는 길을 막았던 중국이 갑자기 식민지 개척에 나설 수는 없었어요. 석탄은 중국에도 풍부하게 매장되어 있었지만, 문제는 석탄 주산지가 중국 경제 중심지인 남부와 너무 멀리 떨어져 있었던 것입니다. 북서부 석탄 산지에서, 이를테면 직물업 중심지인 강남이나 농업 중심지인 양쯔강 남부까지 석탄을 실어 나르는 데는 비용이 너무 많이 들었지요. 위기가 찾아오자 중국 농민은 이전에 발전했던 분업체제에서 이탈하기 시작했습니다. 이를테면 곡물이나 면화 생산에 특화했던 농민이 가정에서 직접 면직물을 생산하는 일이 벌어졌어요. 그러다 보니 면직물 생산에 집중했던 지역에서 원면과 곡물이 부족해졌지요. 이렇게 "남자는 밭을 갈고 여자는 실을 잣는" 관습이 널리 퍼지는 상황에서는 산업화를 기대하기 어렵습니다. 설령 제조업에 집중하더라도 그것은 영국처럼 기계

1841년 제1차 아편전쟁. 영국 동인도회사 소속 전함이 중국의 정크선을 파괴하고 있다.

에 기반을 둔 공장제가 수공업을 대체하는 방향이 아니라, 값싼 노동력을 집중적으로 투입하는 방향으로 진행되기 쉬웠지요. 이는 중국인이 합리적으로 상황에 대처하지 못했다는 이야기가 아닙니다. 오히려 자유로운 중국 농민이 주어진 처지에서 가장 합리적인 길을 찾다 보니 중국이 산업혁명에서 자연스럽게 멀어졌다는 것이지요.

중국 인구는 19세기에 계속해서 증가했습니다. 19세기가 시작될 무렵 3억 3천만 명 정도였던 인구는 1850년에 이르면 거의 4억 4천만 명까지 늘어나지요. 이렇게 중국에 인구가 풍부했다는 사실은 중국이 19세기 중반 이후 여러 차례 시도하게 될 산업혁명을 향한 노력에 큰 영향을 미치게 되었어요. 인구와 함께 고려해야 할 또 하나의 중요한 변화는 19세기 중반, 더 정확하게 말하자면 아편전쟁 이후 서양 여러 제국이 중국에 영향력을 미치기 시작하면서 일어난 변화입니다. 중국이 아편전쟁을 시작으로 여러 차례 전쟁에서 계속 패배하고 그에 따라 막대한 배상금을 물어야 하는 처지가 되면서, 한때 세계 최대의 은 보유국이었던 중국에서는 은이 빠른 속도로 빠져나가기 시작했습니다. 이는 곧 중국이 산업혁명에 자본을 투입할 만한 역량을 잃었다는 것을 뜻하지요. 한마디로 중국은 노동력은 너무나 풍부한 반면 극도로 자본이 결핍된 나라가 되었습니다.

현대 중국의 산업화를 향한 고군분투

이런 조건 속에서 중국은 19세기 후반 반세기부터 20세기 말까지 여러 차례 산업화를 이루려는 노력을 기울였습니다. 양무운동이 첫 시도라 할 수 있는데, 중국의 전통을 지키면서도 서양의 앞선 과학 기술을 받아들이려는 취지에서 시작된 이 운동은 민간이 아니라 국가가 주도했고, 공업화의 목표 역시 제국 열강의 침탈에 맞서 중국을 지키는 데 반드시 필요하다고 생각되던 군사공업을 육성하는 것이었습니다. 흥미롭게도 현대적인 군사공업을 육성하는 것으로 산업혁명을 달성하려는 노력은 그 이후 적어도 한 세기에 걸쳐 진행됩니다. 그만큼 중국의 안보가 위태로웠기 때문이지요. 중국에서 사회주의 혁명이 성공하기 전, 1920년대 한때 중국은 연평균 8.4퍼센트의 성장을 이룰 정도로 빠른 경제 성장을 이뤘고, 산업혁명이라 부를 만한 상황이 진행되기도 했습니다. 하지만 이런 성취는 1920년대 말부터 전 세계적으로 대공황이 불어닥치면서 이어지지 못했습니다. 자본이 극도로 부족해 해외에서 자본을 들여오는 방식으로 산업화를 진행하려던 기획이 무산되고 말았기 때문이지요. 비슷한 일은 1949년 중화인민공화국이 수립된 이후에도 똑같이 일어납니다. 건국 직후 한국전쟁에 개입하게 되면서 중국은 다시 한번 군사공업을 중심으로 중화학공업화, 다시 말해 서양의 2차 산업혁명에 해당하는 변혁을 시도하지요. 이번에도 역시 자본이 문제였습니다. 중국은 이제 소련의 자본에 의존할 수밖에 없었는데, 1950년대 후반에 중·소 갈등이 벌어지고 소련이 원조를 끊어버리는 바람에 산업혁명에서 성과를 거둘 수 없었습니다.

다른 나라에서 들여오는 자본에만 의존해서는 산업혁명을 이룰 수 없다는 교훈을 얻은 중국 공산당 정부는 중국이 갖고 있는 가장 풍부한 자원, 즉 노동력에 관심을 돌렸습니다. 20세기 중반, 중국은 여전히 인구의 80퍼센트 이상이 농업에 종사하는 전형적인 농업사회였지요. 그러니 이렇게 풍부한 노동력이 생산하는 농업 잉여를 국가가 계획을 통해 중화학공업 개발에 투입했지요. 우리에게 잘 알려진 대약진운동에서 이런 생각이 잘 드러납니다. 소련과의 관계가 악화된 직후인 1958년부터 시작된 대약진운동은 10년 안에 미국을 따라잡는다는 목표 아래 공업 생산을 늘리기 위해 농촌에서 대규모로 노동력을 차출했어요. 그럼으로써 연관된 두 가지 문제가 일어났지요. 한 가지는 인구가 갑자기 도시에 집중되면서 이들이 쓸 수 있는 필수적인 소비재가 크게 부족해지는 현상이 일어났습니다. 다른 하나는 농촌에서 노동력이 대거 빠져나가면서 농업 생산이 위기에 빠지게 된 것이지요. 그 결과 기근에 자연재해까지 겹치면서 수천만 명이 굶어 죽는 비극이 벌어지고 말았습니다. 기술 혁신과 자본 투입 없이 노동력을 이용해서 중화학공업 중심으로 산업화를 진행하려던 시도는 실패로 돌아가고 말았지만, 중국은 1970년대에도 여전히 농촌에서 노동력을 차출하거나 아예 농촌에서 축적된 잉여를 산업화에 활용하려는 시도를 했습니다.

마오쩌둥이 사망하고 덩샤오핑이 집권하면서 개혁개방 정책을 실시하기 시작한 후에는 외국 자본과 값싼 노동력을 결합해 수출 중심으로 산업화를 진행하는 움직임이 결실을 거두게 되었지요. 이렇듯 중국은 18세기 영국과는 전혀 다른 조건에서 새로운 길을 걸어가야 했습니다.

뒤늦게 산업화의 길로 들어선 일본

중국과 마찬가지로 값싸고 풍부한 노동력을 바탕으로 산업혁명의 길에 들어선 또 다른 사례인 일본의 경우를 잠시 살펴보도록 하겠습니다. 잘 알려진 것처럼, 일본은 서양 제국주의 세력이 밀려 들어오자마자 개혁을 시작했어요. 바로 메이지유신이지요. 개혁을 진행하면서 사무라이 출신 정치 엘리트는 정치와 사회 영역에서 서양 제도를 받아들이는 것은 물론 다른 무엇보다도 서양의 기술을 공격적으로 받아들였습니다. 이웃 나라 중국 제국이 아편전쟁에서 선진 산업기술을 앞세운 영국에게 무참히 패하는 것을 지켜본 일본 엘리트는 산업혁명을 이루지 못하면 나라의 생존 자체가 어렵다는 위기감을 느끼고 있었던 탓이지요. 그런데 산업혁명에서 성공을 거두려면 영국처럼 값싼 자본과 고급 노동력이 기반이 되고, 노동력을 공급할 수 있는 농업, 풍부한 석탄 같은 조건을 갖춰야 하지만, 일본은 이런 처지가 전혀 아니었지요. 노동력은 풍부했지만 다른 조건은 갖추지 못한 상태였습니다.

이런 처지에서 일본이 산업화를 시작할 때는 국가의 계획까지는 아니더라도 세밀한 지도와 개입이 필요했습니다. 일본 정부는 철도와 전신, 도로 같은 기간시설 건설을 주도했고, 동시에 특히 다음 두 부문에서 산업화를 이끌어갔어요. 한편으로는 국내에서 원료를 직접 조달할 수 있고 풍부한 노동력을 이용할 수 있는 비단이나 면직물 같은 직물업을 육성했지요. 다른 한편으로는 국가의 안전을 도모하는 데 반드시 필요하다고 생각되었던 군수공업이나 철강 같은 중화학공업에 투자하기 시작했습니다.

흥미롭게도 일본 정부는 국가가 세운 국영기업에 계속해서 자본을 투자해 운영하기보다는 어느 시점이 되면 에도 시대부터 성장한 전통적인 상업 엘리트, 그러니까 자이바쓰財閥라고 불리는 기업에게 넘겨주었어요. 그래서 에도 시대에 포목점으로 시작해서 부를 일궜던 미쓰이 같은 자이바쓰가 대표적으로 산업화를 이끌게 되었지요. 그 덕분에 일본은 중국과는 달리 해외 자본에 크게 의존하지 않고도 산업화를 시작할 수 있었어요. 하지만 일본은 1차 세계대전 이전에는 큰 성과를 거두지 못했습니다. 청일전쟁과 러일전쟁에서 승리하면서 일본 근대화의 성과를 세계에 알리는 데 성공했고 그 덕분에 제국 클럽에 들어가기는 했지만, 미

일본 자이바쓰의 원형, 에도 스루가
거리에 있던 미쓰이 상점.

국이나 영국, 독일과 비교하면 아직 산업화 초기 단계에 머물고
있었지요. 일본이 이들 나라를 추격하려면 2차 세계대전 이후까
지 기다려야 했으니, 이 이야기는 뒤에서 살펴보기로 하고, 다시
시선을 유럽과 미국으로 돌려보지요.

7

영국의 압도적 생산력과 다른 나라의 추격

기계 도입과 공장제의 확산

산업혁명으로 영국의 생산력은 크게 향상되었습니다. 다시 살펴보겠지만, 증기기관의 발명이나 면직물 공업과 제철공업에서 일어난 여러 기술 혁신은 18세기 중반에 이미 제조업 강국이었던 영국의 생산력을 한층 끌어올렸던 것이지요. 면직물 공업에서 일어난 혁신은 인도산 면직물을 영국 제품으로 대체하려는 욕망에서 비롯했습니다. 행정부와 의회가 여러 법으로 인도산 면직물의 수입을 규제한 것은 모직물 공업을 보호하려는 취지였지만, 오히려 영국에서 직접 면직물을 생산해보자는 의욕을 불러일으켰습니다. 상황도 나쁘지 않았습니다. 면직물은 영국에서도 수요가 많았지만, 아프리카와 북아메리카, 서인도제도 노예에게 제공하는 옷감으로 수요가 넘쳤기 때문입니다. 독립 이후에도 여전히 영국산 공산품을 대량으로 수입하던 신생국 미국에서 목화가 대량으로 생산된 일도 원료 공급을 원활하게 해주었습니다. 1789년 프랑스혁명 때 시작되어 나폴레옹의 재위기까지 계속된 전쟁 탓에 유럽 대륙의 열강이 산업혁명에 관심을 기울이기 어려웠던 상황도 도움이 되었습니다.

이런 여러 요인 덕분에 영국 면직물 공업은 가파르게 성장했습니다. 이를테면 1840년에 영국은 유럽 시장에 2억 야드, 아시아와 아프리카, 남북아메리카에 5억 2,900만 야드에 이르는 면직물을 수출했습니다. 그야말로 값싼 영국산 면직물이 세계시장으로 쏟아져 나오면서 전통적인 면직물 제조국가의 처지는 곤란해졌습니다. 한때 세계 최대 생산국이었던 인도는 여전히 수공업 기술에 의존한 탓에 경쟁력을 잃고 말았습니다. 인도는 결국 원면을 수출하는 나라가 되어버렸지요.

증기기관의 과학적 원리는 17세기에 이미 알려져 있었지만 실제로 사용된 것은 1721년 토머스 뉴커먼Thomas Newcomen(1664~1729)이 개량된 증기기관을 내놓으면서부터입니다. 뉴커먼 증기기관은 석탄 탄광에서 물을 빼내는 데 사용되었지요. 하지만 설치비가 많이 들었고, 열효율이 좋지 못해 연료가 많이 들어가 탄광 지역이 아니라면 수익성이 없었습니다. 증기기관이 좀 더 본격적으로 사용된 것은 1760년대에 제임스 와트James Watt(1736~1819)가 버밍엄의 제조업자 매슈 볼턴Matthew Boulton(1728~1809)과 함께 증기기관 사업을 시작하면서부터였습니다. 와트와 볼턴의 회사는 증기기관을 제작해 설치해주는 일로 큰돈을 벌었습니다. 주로 제지공장과 제분소, 제철소, 면 공장 같은 곳이나 운하를 건설하는 곳에서 주문이 밀려들었지요.

와트의 증기기관은 열효율을 크게 개선하기는 했지만, 그가 1760년대에 얻은 특허를 1800년까지 연장하는 바람에 증기기관의 개량이 오히려 지체되기도 했습니다. 와트의 특허가 만료된 이후에야 여러 발명가가 증기기관의 크기를 줄이고 열효율을 개선하면서, 그 덕분에 증기기관이 널리 활용될 수 있었습니다. 특히 1827년에 철도가 개통되면서 증기기관의 시대가 활짝 열렸습니다. 영국 철도망의 길이는 1840년에 7,200킬로미터까지 늘어났고, 1850년에는 3만 7천 킬로미터에 이르게 되었습니다. 이런 발전 덕분에 증기기관이 널리 사용되었을 뿐만 아니라 증기기관에 원료를 공급하는 광업과 철도의 원료가 되는 제철업이 번성하게 되었습니다.

이런 기술 혁신과 그에 따른 생산성 향상은 기계 도입과 공장제 확산을 동반했지만, 공장제가 단기간에 빠르게 확산된 것은 아니었습니다. 심지어 면직물 공업에서도 기계화는 원면에서 실을 뽑아내는 방적 부문에서 일어나고 몇십 년이 지나서야 직조 부문에서 진행되었습니다. 의류 제조업에서는 아예 기계가 도입되지 않았습니다. 기계 도입에 대한 저항도 만만치 않았습니다. 1810년대 요크셔 서부에서 광범위하게 일어난 기계 파괴 운동, 즉 러다이트Luddite 운동이 대표적인 사례이지요. 게다가 기계를 도입하면 투자 자본을 회수하기 위해서라도 공장을 계속 돌려야 하는데 19세기부터 주기적으로 일어난 불황 때문에 이것도 쉽지 않았습니다. 이런 사정 탓에 기계는 아주 점진적으로 도입되었고, 수작업에 의존하는 수공업이 여전히 나름대로 활력을 유지했습니다. 수공업에서도 생산도구 개량이나 발명, 분업 확대, 디자인 혁신, 신제품 출시 같은 기술 변화가 꾸준하게 일어났기 때문입니다. 그러므로 영국 산업혁명을 수공업에서 공장제로의 전환이라고 말하는 것은 지나치게 단순한 정의입니다. 차라리 수공업과 공장제가 공존하는 가운데 두 영역 모두에서 광범위하게 기술 혁신이 일어난 시대라고 보는 편이 옳지요. 이 시대에 왜 기술 혁

러다이트 운동의 지도자를 형상화한
그림(1812).

신이 그렇듯 활발하게 일어났는지는 별도로 설명해야 할 문제이
므로, 뒤에서 다시 살펴보도록 하겠습니다.

압도적 생산력, 노동자의 낮은 생활수준

산업혁명 시대에 일어난 경제 성장 덕분에 모든 계급의 처지가
개선되었으리라 기대하는 것도 조심해야 합니다. 특히 노동자의
처지가 얼마나 개선되었는가에 대해서는 논란이 많지요. 사실 산
업혁명 시대 모든 노동자 생활수준을 일반화해서 이야기하기는
어렵습니다. 공장제와 수공업이 여전히 공존하고 있었고, 기술
변화 속도도 부문마다 달라서 노동자 경험이 무척 다양했으니 말

이지요. 그래도 최근 연구 성과는 산업혁명 시대에 노동자들의 처지가 그리 좋아지지 않았다는 비관론에 힘을 실어주는 듯합니다. 인구가 빠르게 늘어나기 시작한 1740년대부터 18세기 말까지 실질임금은 거의 오르지 않았고, 그 이후에도 눈에 띄게 달라지지 않았습니다.

생활수준을 살펴보는 데 최근에 주목받고 있는 또 다른 지표는 노동자의 키입니다. 키는 유전만큼이나 유소년 시기 영양 상태의 영향을 많이 받고, 영양 상태는 생활수준에 달려 있다는 생각에서 착안한 것이지요. 실제로 자료를 살펴보면 산업혁명 시대 영국 노동자들의 키는 거의 변화가 없거나 오히려 작아지기도 합니다. 더불어 공장에서 노동자가 겪는 새로운 경험이라는 주관적인 요소도 감안해야 합니다. 해가 뜨기도 전에 공장에 나와 밤늦게까지, 하루 12시간 이상 일해야 했고, 작업 과정과 속도를 스스로 통제하지 못하고 기계의 속도와 작업 감독의 통제를 받아야 했으며, 작업 규율이 강화된 것도 노동자를 힘들게 하는 요인이었습니다. 그러므로 공장제와 기계 도입에 대한 저항이 폭동이나 노동조합 결성으로 빈번하게 일어나고, 노동과 자본의 이해관계가 근본적으로 다르다는 계급의식이 출현한 일도 우연은 아닐 것입니다.

이런 어려운 사정 속에서도 기본적으로 산업혁명은 영국의 생산력을 크게 끌어올렸고, 영국은 19세기 중반에 '세계 작업장'workshop of the world으로 불렸습니다. 가령 1851년 런던 하이드 파크에서 열린 세계 최초의 만국박람회는 영국 산업의 위상을 온 세상에 알리는 사건이었지요. 만국박람회에서 큰 화제가 된 수

1851년 런던 하이드파크에서 열린 세계 최초의 만국박람회.

정궁은 당시 영국의 기술 수준을 자랑하듯 파격적인 설계를 보여 주었어요. 주로 영국에서 생산된 주철과 판유리만으로 건설되었으니 말입니다. 박람회는 세계 여러 나라가 출품한 10만 점에 달하는 물품을 전시했습니다. 그 무렵 영국은 전 세계에 문호 개방을 역설하는 자유무역 교리를 널리 퍼뜨리려 했는데, 이런 정신이 반영된 이벤트라 할 수 있겠지요. 18세기에 강력한 보호주의 정책을 펼쳐 제조업과 무역을 진작했던 영국 정부와 의회가 하루아침에 이렇게 태도를 바꿀 수 있었던 까닭은 영국 제조업이 이제 어느 나라와도 경쟁할 만한 힘을 갖췄기 때문입니다. 실제로 1850년 무렵 영국의 영토는 전 세계 지표면의 0.16퍼센트를 차지했고 인구도 세계 인구의 1.8퍼센트에 불과했는데, 이 작은 나라가 세계 석탄 생산의 3분의 2를 차지하고, 면직물과 철의 절반을 생산하고 있었으니까요. 게다가 증기기관이 널리 퍼져 동력 생산에서도 프랑스나 독일에 비해 여섯 배 이상 앞서 있었지요. 이런 압도적인 생산력 덕분에 영국의 1인당 국내총생산은 독일에 비해 64퍼센트, 미국에 비해 30퍼센트나 높았습니다.

영국을 뒤쫓기 시작하다

이렇게 영국이 압도적인 생산력을 바탕으로 세계 경제를 주도하고 있었기 때문에 유럽 대륙 여러 나라와 미국도 산업혁명에 관심을 갖지 않을 수 없었습니다. 이미 18세기 말 영국에는 유럽과 미국에서 건너온 수많은 산업 스파이가 바쁘게 활동하고 있었지요. 합법적으로 기술을 도입하려는 노력도 있었습니다. 가령 프랑스 정부는 영국의 제철 기술을 배우기 위해 과학자를 파견했고, 독일과 스위스도 영국의 직물업 현황을 파악하려고 사절단을 보내기도 했지요. 영국 정부와 의회는 기술 우위를 지키기 위해서 기계류의 수출을 금지하거나 이민을 통제하는 정책을 시행했지만 기술 유출을 완전히 차단할 수는 없었습니다. 그런데도 프랑스나 프로이센, 미국 같은 나라는 영국을 추격하는 데 어려움을 겪었어요. 영국처럼 잘 통합된 시장도 없었고, 자본도 부족했으며, 교통망도 제대로 갖추고 있지 못했기 때문입니다. 더욱이 영국이 이미 몇몇 공업 부문에서 탁월한 생산력을 자랑하고 있었기 때문에 뒤늦게 진입해서 영국 업체들과 경쟁하기는 버거운 일이었습니다. 그러므로 이들 후발 국가에서 산업혁명이 시작되려면 석탄이나 철광석 같은 주요 원료의 생산지와 공업 중심지를 연결하고, 자본과 상품을 효율적으로 분배하는 시장을 먼저 만들어내야 했지요.

이때 유럽 대륙과 미국에서 시장이 만들어지고 주요 공업 부문이 발돋움하는 데 결정적으로 기여한 사건은 철도 부설이었습니다. 벨기에에서는 이미 1835년에 첫 노선을 개통했고, 독일도 마찬가지였습니다. 미국은 1840년에 영국보다 더 긴 철도망을 보유할 정도로 철도 부설에 매진했습니다. 이들 나라가 철도 부설에 이렇게 애쓴 까닭은 여러 가지입니다. 철도는 생산 자원을 효율적으로 배분하는 데 도움을 주었을 뿐만 아니라 관련된 여러 기간산업과 금융업의 발전을 이끌었습니다. 더군다나 이들 나라는 모두 전통적인 연료에서 석탄으로 에너지 체제를 전환하는 데 성공했지요.

예컨대 독일에서 이런 여러 효과가 잘 드러납니다. 독일은 오랜 수공업 전통이 뿌리내리고 있던 데다 다른 어떤 나라보다도 먼저 교육제도를 정비했으므로 기술 혁신이 일어날 토양을 잘 갖추고 있었습니다. 거기다가 루르 지역에는 많은 석탄이 매장되어 있기도 했고요. 다만 크고 작은 여러 나라로 나뉘어 있어 통합된 넓은 시장을 갖추지 못해 자원 배분이 효율적이지 못했던 데다 자본이 부족했지요. 이런 상황에서 철도 건설에 나선 독일은 독일 기술과 독일 내에서 생산된 원자재를 이용하기로 했습니다.

이를 위해 제철업과 기계공업에 집중적으로 투자했지요. 철도를 건설하는 데 들어가는 큰돈을 마련하기 위해서 1840년대에는 투자은행이라는 새로운 금융기관을 설립했습니다. 독일인의 이런 노력은 곧 살펴볼 2차 산업혁명에서 독일이 앞서 나가는 데 중요한 원동력이 되었습니다.

8 2차 산업혁명 세상을 바꾸다

미국과 독일의 철강산업 영국을 추월하다

1870년부터 1914년 사이 미국과 유럽의 제조업은 큰 변화를 겪었습니다. 제철업처럼 이미 산업혁명 시대에 발전한 공업 부문은 새로운 기술을 도입하면서 강철 같은 신제품을 쏟아내기 시작했습니다. 강철은 우리 삶을 완전히 바꿔놓았지요. 더욱이 이전까지는 없던 새로운 공업 부문이 태어나기도 했습니다. 전기공업이 좋은 사례입니다. 전기를 저장하는 전지는 19세기 초에 발명되었지만 가정이나 상업 공간에서 전기를 제대로 사용하게 된 것은 19세기 후반에 발전소가 등장한 이후였습니다. 특히 토머스 에디슨Thomas Edison(1847~1931)이 1879년에 필라멘트가 들어간 백열전구를 발명한 이후 전기 수요가 빠르게 늘었습니다. 전기는 곧 동력원으로 쓰이기 시작해서 전차나 지하철 같은 새로운 교통수단을 낳았습니다. 그 결과 오랫동안 마차가 다니던 도시 풍경이 완전히 바뀌었습니다.

일상생활이 바뀌는 데 크게 기여한 또 하나의 새로운 공업 분야는 화학공업이었습니다. 오랫동안 실험실에서 과학자들이 탐구하는 주제였던 화학물질 합성이 이제 공장 단위에서 진행되었습니다. 새로운 화학제품이 공장에서 대량으로 생산되기 시작했지요. 그러면서 비누 같은 제품이 일상 깊숙이 들어오게 되었습니다.

철강산업이나 전기, 화학 같은 공업 분야나 우리가 나중에 따로 살펴볼 자동차 공업의 발전은 흔히 과학이 기술 혁신을 이끈 사례라고 이야기합니다. 아래에서 자세하게 이야기하겠지만, 오랫동안 별개로 발전했던 자연과학과 기술 개발이 이제 하나의 과정으로 통합되었고, 과학자의 개인 실험실은 기업과 대학의 연구소로 확대되어 기술 혁신의 원천이 되기 시작했습니다. 그 결과 기술 혁신이 새로운 공업 분야를 낳고, 그 덕분에 전례 없는 막대한 생산력을 자랑하는 기업이 탄생해 빠른 경제 성장을 이끌었으니 정말 혁명적인 변화였습니다. 이 현상을 2차 산업혁명 또는 기술혁명이라 부르곤 합니다. 하지만 기술 혁신이 모든 변화를 낳았다고 생각하는 것은 조심해야 할 듯합니다. 19세기 말에 등장한 수없이 많은 기술 혁신은 물론 중요했지요. 그렇지만 생산이라는 측면에서 이 시대에 일어난 변화, 그러니까 대량생산 체제와 근대 대기업의 출현을 이해하려면 기술 혁신이 일어난 사회·경제·정치적 맥락까지 함께 논의해야 합니다. 넓게는 자본주의가 전 세계로 퍼지면서 주기적으로 찾아온 불황, 특히 1870년대 초부터 한 세대 동안 길게 이어진 불황이라는 맥락을 고려해야 하지요. 좁게는 실제 작업장에서 진행된 노동과 자본 사이의 치열한 싸움도 감안해야 합니다. 소비 문제를 살펴보는 자리에서 자세히 이야기하겠지만, 실질임금과 구매력의 변화도 살펴봐야 하지요. 다시 말해 기술 변화를 넓은 역사적 문맥에서 바라봐야 한다는 것입니다.

앞서 언급한 대로, 19세기 후반에는 흔히 중화학공업이라 부르는 철강과 화학, 전기, 자동차 같은 새로운 공업이 경제 성장을 이끄는 새로운 동력이 되었습니다. 먼저 철강공업, 특히 강철에 대해서 이야기해보지요. 1850년대 즈음에는 연철이 철도나 기계, 건설 부문에서 널리 활용되었습니다. 그 무렵에도 강철은 만들어지고 있었지요. 철은 탄소를 얼마나 함유하고 있느냐에 따라 여러 종류로 나뉘는데, 강철은 탄소 함유량이 2퍼센트 정도 되는 것으로 연철에 비해 강도가 훨씬 높아서 다양한 용도로 활용할 수 있는 재료였습니다. 문제는 강철을 값싸게 대량으로 만들어낼 방법을 몰랐다는 것입니다. 여전히 녹은 쇳물을 휘저으면서 여러 화학물질을 첨가해 강철을 만들고 있었기 때문에 대량생산이 어려웠지요(이런 방법을 산성 평로법이라 부릅니다).

그러다가 1850년대에 미국과 영국에서 거의 동시에 새로운 공법이 개발되면서 상황이 달라졌습니다. 미국의 윌리엄 켈리와 영국의 헨리 베서머Henry Bessemer(1813~1898)는 용광로에 공기를 불어넣어 용광로 온도를 높여 탄소를 제거하는 방법을 찾았습니다(이 방법을 전로법이라고 부릅니다). 비슷한 시기에 영국에 정착한 독일 발명가 빌헬름 폰 지멘스Wilhelm von Siemens(1823~1883)가 용광로에서 나오는 열을 재활용해 용광로의 최고 온도를 오래 유지하는 방법을 발견하고, 1860년대에 프랑스의 피에르 마르탱Pierre Émile Martin(1824~1915)이 지멘스의 설계 방식을 바탕으로 강철 제련용 용광로를 제작했습니다. 그렇게 해서 강철의 대량생산을 이끈 염기성 평로법이 등장했습니다.

베서머 공법으로 강철을 생산하는 데는 문제가 있었습니다.

베서머 공법에 따라 강철을 생산하는 모습.

생산된 강철의 품질이 좋지 않았던 데다 특히 인 함유량이 높은
철광석을 이용하면 품질이 나빠지는 문제가 있었지요. 그런 탓인
지 이 공법이 개발된 영국에서는 널리 쓰이지 않았습니다. 영국
에서는 선박용 강판처럼 고품질 강철 수요가 대부분이었기 때문
이지요. 반면에 미국과 독일은 철도 건설 사업이 활발한 데다 건
설업에서도 강철 수요가 많아서 품질이 좋지 않은 강철이라도 대
량으로 생산해야 할 처지였습니다. 그래서 이 두 나라에서 베서
머 공법이 널리 활용되었고, 그 결과 제철과 제강, 압연 분야를
수직적으로 통합하는 대규모 철강기업이 등장했지요. 생산 규모
가 점점 더 커지면서 이런 기업은 베서머 공법에서 점차 지멘스-
마르탱의 염기성 평로법으로 전환했습니다. 예컨대 독일 에센에
자리 잡았던 크루프Krupp는 1848년에 72명의 노동자로 출발했는

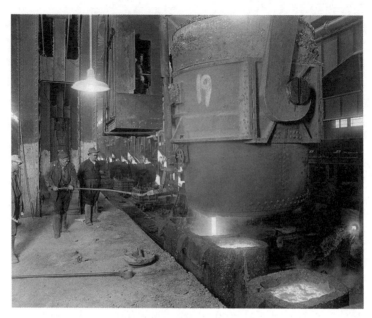

카네기가 설립한 홈스테드 철강 공장(1914).

데, 1873년에는 무려 1만 2천 명의 노동자를 고용하는 대기업이
되었지요. 미국에서는 앤드루 카네기Andrew Carnegie(1835~1919)의
홈스테드 공장이 1889년에 1,600명을 고용했다가 1892년에는
4천 명까지 고용 인원을 늘렸습니다.

　철강 생산 역량은 한 나라의 산업화 수준을 보여주는 지표로
널리 사용되었습니다. 그만큼 철이 사용되는 분야가 다양했기 때
문이지요. 그러므로 전 세계 철강 제품 수출시장에서 전통적인
강국 영국과 신흥 공업국 미국 및 독일이 차지하는 비중이 달라
진 점을 주목할 만합니다. 영국 철강업계는 소규모 가족기업이

주류를 이뤘는데, 산업혁명 시대처럼 연철 생산에 주력하는 한편 부가가치가 높은 강철은 소량으로 생산했습니다. 그러다 보니 일찌감치 대량생산에 들어간 미국이나 독일 기업과 경쟁하는 게 점점 어려워졌습니다. 1870년까지만 해도 영국은 세계 선철 생산의 50퍼센트, 연철 생산의 37퍼센트, 강철 생산의 43퍼센트를 차지하고 있었습니다. 이렇게 생산한 철강 제품의 70퍼센트는 세계 각지로 수출됐지요.

하지만 2차 산업혁명이 거의 끝나가는 1913년에 이르면 상황이 완전히 달라졌습니다. 영국의 선철과 강철 생산량은 세계 생산량의 10퍼센트 정도로 줄었습니다. 그사이 미국이 40퍼센트를 차지하는 강력한 철강 국가가 되었지요. 독일은 미국에 이어 세계에서 둘째로 철강 제품을 많이 생산하는 나라가 되었고, 강철의 경우에는 세계 최대 수출국 자리를 차지했습니다. 서로 다른 역사와 시장 조건 속에서 영국과 미국, 독일은 기술 혁신의 성과를 받아들이고 기업 조직을 바꾸는 데서 차이를 보였고, 그 결과 영국이 한때 누리던 세계적 우위도 잃게 된 것이지요.

암모니아, 플라스틱, 비누, 그리고 아스피린을 만들어내다

이 시기에 화학공업 분야에서 일어난 변화는 대학과 기업 연구소가 화학을 본격적으로 연구하기 시작한 것과 관련되어 있습니다. 자연과학이 독립된 학문 분야로 일찌감치 자리 잡고 지금과 비슷한 연구 중심의 대학원 체제를 가장 먼저 갖춘 독일이 화학공업을 이끌게 된 것은 우연이 아니지요. 화학공업에서 제일 먼저 발전한 부문은 염료 제조였습니다. 염료는 19세기 후반에도 여전히 중요했던 직물업이나 새롭게 떠오르는 화장품 제조업에서 반드시 필요한 재료였는데, 그때까지도 여전히 천연염료에 의존하고 있었습니다. 인디고나 알리자린 같은 염료는 특정 지역에서만 생산되었기 때문에 무척 비쌌지요. 그래서 영국이나 프랑스처럼 넓은 식민지를 보유하고 있던 나라가 천연염료 시장을 거의 독점했습니다. 그러다 보니 뒤늦게 산업혁명을 시작한 독일은 염료를 구하는 데 애를 먹었고, 그런 만큼 인공염료 개발에 매진하게 되었습니다. 19세기 중반 유스투스 폰 리비히Justus von Liebig(1803~1873) 같은 독일 화학자가 유기화학 분야를 선도하는 실험실을 운영했지요. 이 실험실 출신이었던 아우구스트 폰 호프만August von Hofmann과 영국인 제자 윌리엄 퍼킨이 아닐린에서 청색 염료를 합성하는 데 성공했습니다. 그 후 독일 화학자들은 다양한 색의 염료를 합성하는 데 심혈을 기울이지요. 곧 붉은색 염료인 알리자린 합성에 성공했고, 이어 합성 인디고를 만들어냈지요.

화학 분야에서 일어난 또 하나의 중요한 사건은 인공비료 개발이었습니다. 비료는 농업 생산성을 끌어올리는 데 필요하지만 오랫동안 인류는 인간과 가축의 배설물이나 퇴비에 의존할 수밖에 없었습니다. 그런 만큼 농사에 쓸 수 있는 비료의 양은 제한되었고, 농업 생산량도 크게 향상되지 못했습니다. 19세기 초반에 리비히가 질소와 인, 칼륨이 농작물의 성장을 촉진한다는 사실을 알아낸 후에 인공비료를 만들어보려는 노력이 활발하게 일어났지만 성과를 거두지 못했습니다. 그러다가 20세기 초에 돌파구가 열렸습니다. 독일 화학자 프리츠 하버Fritz Haber(1868~1934)

암모니아를 합성하는 데 성공한
독일 화학자 프리츠 하버.

가 1903년에 질소를 수소와 반응시켜 비료의 원료인 암모니아
를 얻는 데 성공하고, 독일 최대 화학기업 바스프의 지원을 받아
암모니아를 대량으로 합성하는 방법을 찾는 데 매진합니다. 하
버와 바스프의 화학자 카를 보슈Carl Bosch(1874~1940)는 2만 번도
넘는 실험을 반복한 끝에 '하버-보슈 공정'을 완성했고, 바스프
는 1913년부터 암모니아를 대량생산하기 시작했습니다. 이런 노
력 덕분에 인류는 오랫동안 농업 생산성 향상을 가로막았던 비료
문제를 해결할 수 있었습니다. 그만큼 농업 생산성이 향상되어
20세기에 빠르게 늘어난 세계 인구를 먹여 살릴 수 있게 되었습
니다.

　그 외에도 화학공업은 다양한 소재와 제품을 만들어내는 데

성공했습니다. 고무를 경화시켜 타이어를 만드는 일이 가능해졌고, 셀룰로이드라 불리는 최초의 플라스틱이 만들어지기도 했습니다. 셀룰로이드는 불에 잘 타는 성질 때문에 처음에는 널리 쓰이지 않았지만, 앞으로 합성 소재가 중요한 산업이 될 것을 예고했습니다. 플라스틱 시대는 1907년에 벨기에인 리오 베이클랜드 Leo Baekeland(1863~1944)가 미국에서 베이클라이트를 발견하면서 시작되었습니다.

일상생활에 필요한 비누와 세제 같은 소비재도 화학공업의 발전에 힘입은 것이었습니다. 알칼리와 황산을 대량으로 생산하는 공정이 개발되면서 본격적으로 만들어지기 시작했지요. 이 분야에서는 영국인이 앞서 나갔습니다. 위생 관념이 점차 확산되면서 비누와 세제 수요가 늘었고, 이를 뒷받침하는 대규모 마케팅 기법이 발달하면서 해럴드 레버 같은 영국 기업가는 전 세계에 자기 회사 제품을 팔 수 있었습니다.

화학에 바탕을 둔 제약산업도 탄생했습니다. 대표적인 사례는 아스피린의 발명입니다. 원래 인공염료를 만드는 회사였던 독일 바이엘의 화학자 펠릭스 호프만이 아세틸살리실산의 약효를 발견해 아스피린이라고 불렀는데, 1899년에 출시된 직후부터 큰 인기를 끌었습니다. 그 덕분에 바이엘은 독일을 대표하는 제약회사로 발돋움했지요.

전기·전자산업의 탄생

우리 일상을 완전히 바꿔놓은 또 하나의 혁신은 전기였습니다. 전기에 대한 탐구는 이미 18세기에 시작되었고, 1800년에 이르면 알렉산더 볼타 같은 물리학자가 습식 전지를 발명하기도 했습니다. 그 무렵부터 과학자와 기술자는 전류를 이용해 먼 곳까지 신호를 보내는 장치, 그러니까 전신을 개발하는 데 관심을 기울였습니다. 이런 노력이 결실을 맺은 것은 1차 산업혁명이 거의 끝나는 1830년대 후반 영국과 미국이었습니다. 영국에서는 찰스 휘트스톤과 윌리엄 쿡이 그레이트웨스턴 철도 노선을 따라 처음으로 전신선을 설치했습니다. 열차 사고를 막으려는 생각에서였지요. 미국에서는 새뮤얼 모스Samuel Morse(1791~1872)가 전신 신호 체계를 만들었습니다. 전기 펄스로 점과 줄표를 나타내 알파벳을 표현하게 한 것이지요. 모스는 1844년에 볼티모어와 워싱턴 사이에 미국 최초의 전신선을 깔았습니다. 영국에서처럼 미국에서도 전신은 철도 사고를 막는 데 사용되어 빠르게 퍼졌습니다. 단선 열차를 운행하고 있던 시대라 열차 사고가 잦았기 때문에 정확한 운행 정보를 주고받는 일이 아주 요긴했던 것이지요. 1870년에 이르면 대륙 간 해저 케이블이 설치되었습니다. 해저 케이블은 일찍이 1851년에 영국과 프랑스 사이에 전신망을 놓는 데 사용된 바 있는데, 그 후 실패를 거듭한 끝에 유럽과 북아메리카 대륙은 물론 영국과 인도를 전신망으로 연결하는 데 성공했습니다. 그 결과 19세기 중반에도 겨우 시속 4킬로미터 속도로 전해지던 메시지는 19세기 말에는 무려 시속 400킬로미터로 전파되기에 이르렀습니다.

1800년 습식 전지가 발명된 후에 전신 사업이 시작될 때까지 대략 30년 이상이 지체되었던 것과 마찬가지로 전기와 자기, 그 운동 관계가 과학적으로 발견된 후 전기를 본격적으로 사용하기까지 40년이 넘게 걸렸습니다. 전기와 자기의 과학 원리는 1820년대 이후 덴마크의 한스 크리스티안 외르스테드와 영국의 마이클 패러데이가 보여주었지만, 전기를 사용하려면 많은 양의 전기를 값싸게 생산하는 기술이 먼저 개발되어야 했습니다. 이일을 해낸 인물이 1860년대 독일의 지멘스Ernst Werner von Siemens (1816~1892)와 벨기에의 그람Zénobe Théophile Gramme(1826~1901)입니다. 패러데이의 원리를 이용해 전기를 생산하는 발전기, 즉 다이나모dynamo를 발명한 것이지요. 1차 산업혁명이 석탄을 이용함으로써 화석연료 시대를 열었다면, 2차 산업혁명은 전기라는 새로운 에너지원을 인류에게 제공했습니다.

발전기로 전기가 생산되자 거리와 등대, 극장을 밝히는 아크등을 쓸 수 있게 되었습니다. 곧이어 가정과 사무실에서 쓸 수 있는 전구가 발명되었지요. 처음에 전구는 도선이나 필라멘트가 금방 타버려 오래가지 않는다는 심각한 결함을 가지고 있었어요. 이 문제를 해결한 이들이 영국의 조지프 스완과 미국의 토머스 에디슨이라고 알려져 있지요. 하지만 실제는 조금 다릅니다. 백열등 특허는 에디슨보다 먼저 캐나다의 헨리 우드워드와 매슈 에번스가 받았습니다. 에디슨은 이들에게서 특허를 사서 자기 연구진을 동원해 품질을 개량했던 것이지요. 그 덕분에 1879년에는 40시간 동안 켜놓을 수 있는 탄소 필라멘트를 개발했고, 그 이듬

토머스 에디슨은 가정이나
사무실에서 백열등을 사용할 수 있는
제반 환경을 만들었다(1922).

해에 600시간을 버티는 백열등을 출시할 수 있었어요. 에디슨이
우리에게 잘 알려진 까닭은 그가 실제로 백열등을 가정이나 사무
실에서 사용할 수 있는 환경 일체를 만들었기 때문입니다. 이를
테면 에디슨은 1882년에 뉴욕시에 세계 최초의 중앙발전소를 세
웠고, 전선과 스위치, 퓨즈, 전력 계량기를 포함한 시스템을 제
공했지요. 이를 위해 에디슨은 전등 연구개발과 전력 공급, 발전
기 제작, 전선 생산을 각각 담당하는 회사를 만들었고, 1889년에
이 회사들을 통합해 제너럴일렉트릭GE을 세웠습니다. 이 회사는
지금도 전기 분야에서 가장 규모가 큰 기업 가운데 하나로 남아
있습니다.

　그 외에도 전기를 이용하는 여러 발명품이 19세기 후반부터

나왔습니다. 이를테면 전신과는 비교할 수 없을 만큼 편리한 전화도 있었지요. 1876년에 알렉산더 그레이엄 벨Alexander Graham Bell(1847~1922)이 발명한 전화는 기술적으로 복잡한 장치는 아니었지만, 전선과 교환소 같은 기반시설을 갖춰야 했습니다. 실제로 엄청난 액수의 투자가 진행되었고, 특히 20세기 초에는 자동교환기가 개발되어 교환원을 통하지 않고도 전화를 걸 수 있게 되었습니다.

전화처럼 곧바로 인기를 끌지는 못했지만, 라디오의 원천기술, 그러니까 무선통신 기술도 19세기 후반에 개발되었습니다. 1895년에 굴리엘모 마르코니Guglielmo Marconi(1874~1937)가 전자기파로 정보를 멀리 보낼 수 있다는 사실을 발견했고, 이를 바탕으로 무선 신호를 보내는 데 성공했던 것이지요. 마르코니의 무선통신 시스템은 모스 부호만 보낼 수 있었는데, 그 후 발명가들은 음성과 음악을 전송할 수 있는 장치를 만들어내는 데 성공했습니다.

전기산업이 교통통신 부문에 일으킨 또 하나의 중요한 혁신은 전차와 지하철이었습니다. 전차는 1880년 러시아에서 처음 개통된 이후 유럽의 여러 도시로 퍼져나갔지요. 전기로 움직이는 지하철도 1890년에 런던에서 개통되었습니다. 이렇게 해서 마차보다 깨끗하면서 많은 사람을 실어 나를 수 있는 도시 교통수단이 마련되었지요.

전기를 이용한 여러 발명품이 나오면서, 그만큼 전기를 더 많이 생산하고 더 효율적으로 전달하는 방법도 개발되어야 했습니다. 전기를 생산하는 발전 분야에서는 석탄을 연료로 삼는 화력

교류 전기를 발명한 니콜라
테슬라(1896).

발전뿐만 아니라 수력발전이 시작되었습니다. 최초의 수력발전
소는 미국 나이아가라 폭포에 건설되었는데, 그곳의 수력 터빈
은 20만 마력에 달하는 에너지를 생산했습니다. 손실을 줄이면
서 전기를 보내는 방법을 둘러싸고 큰 논쟁이 벌어지기도 했습니
다. 원래 에디슨이 만든 발전소는 전류가 한 방향으로 흐르는 직
류 전기를 생산했는데, 직류 전기는 짧은 거리만 이동하는 한계
를 드러냈습니다.

이런 문제점을 해결하는 대안으로 1890년대에 세르비아계 미
국인 물리학자 니콜라 테슬라Nikola Tesla(1856~1943)와 미국 기업
가 조지 웨스팅하우스George Westinghouse(1846~1914)가 교류 전기
를 만들었습니다. 교류는 저렴한 비용으로 10만 볼트가 넘는 전

기를 멀리 떨어진 도시와 공장에 보낼 수 있었고, 변압기를 사용하면 소비자에게 110볼트나 220볼트로 전압을 낮춰 전기를 제공할 수 있어서 편리했습니다. 직류와 교류 가운데 무엇을 택해야 하는가를 두고 에디슨 측과 테슬라 측이 논쟁을 벌였지만, 결국 테슬라 쪽이 승리를 거뒀습니다. 그러면서 지금 우리가 사용하는 교류 중심 전력 공급망이 만들어지기 시작했지요.

9

장기불황과 대기업의 출현

공업 발전이 경제 성장을 이끌다

지금까지 살펴본 것처럼 2차 산업혁명 시대에는 철강, 화학, 전기공업을 비롯해 여러 공업 부문에서 기술 혁신이 활발하게 일어났습니다. 새로운 공정과 기술이 발견되거나 발명되고, 새로운 상품이 속속 출현했지요. 중화학공업이나 전기전자, 내연기관과 자동차 공업 같은 새로운 공업 부문뿐만 아니라 직물업과 기계공업 같은 오래된 공업 분야에서도 생산력이 크게 향상되었습니다. 그러면서 농업보다는 공업과 서비스업이 전체 경제에서 차지하는 비중이 높은 산업사회가 유럽 여러 나라와 미국에서 자리 잡았습니다.

미국의 경우는 특히 인상적이었지요. 미국은 19세기 중반까지도 농업이 지배하는 사회였어요. 내전 직전인 1860년에도 농업 인구 비중이 전체 인구의 60퍼센트를 차지할 정도였지요. 그 무렵 미국 남부에서 노예제를 통해 생산된 면화가 수출에서 가장 큰 부분을 차지해서 '면화는 왕!'Cotton is King!이라는 말이 공공연하게 들렸습니다. 이런 사정은 2차 산업혁명을 거치면서 완전히 달라졌습니다. 내전이 끝난 후 산업화가 본격적으로 진행되었습니다. 속속 건설되던 철도망이 미국 전역을 이어주었고, 공업 생산이 빠르게 늘었지요. 농업 인구의 비중은 빠르게 줄어들어 1890년에 40퍼센트까지 떨어졌습니다. 국민총생산에서 농업과 공업이 차지하는 몫은 심지어 역전되었습니다. 같은 해에 농업은 국민총생산의 19퍼센트를 차지한 반면 제조업과 광업이 30퍼센트를 차지했던 것이지요.

미국이 2차 산업혁명을 거쳐 산업사회로 변모했듯이, 유럽에서는 독일이 1871년 통일 이후 비슷한 길을 걸었습니다. 통일 이전 독일에서 가장 힘이 센 나라였던 프로이센에서는 일찌감치 수공업 전통에 바탕을 두고 산업혁명을 시작해보려는 움직임이 있었습니다. 하지만 19세기 중반에 영국이 세계 시장에서 압도적인 우위를 보였기 때문에 독일 같은 후발 주자는 직물업 같은 소비재 공업이나 제철업, 기계공업 같은 주요 분야에서 경쟁하기 어려웠어요. 게다가 독일은 여러 나라로 갈라져 있었기 때문에 잘 통합된 국내 시장에 의존할 수도 없었지요. 그런 만큼 독일이 산업혁명에 성공하려면 영국이 아직 지배하지 못한 새로운 분야를 개척하는 한편 정치적 통일을 이뤄 넓은 국내 시장을 만들어내야 했습니다.

이런 필요를 어느 정도 채워준 게 바로 철도였습니다. 정치적 통일과 함께 철도망을 독일 전역에 건설하는 것은 시장 통합뿐만 아니라 제철업과 기계공업 같은 주요 산업을 발전시키는 효과를 발휘했기 때문입니다. 동시에 대규모 자본을 조달하는 과정에서 금융업도 발전시킬 수 있었어요. 금융업은 나중에 2차 산업혁명 시대가 열렸을 때 독일 기업에 자본을 공급하는 중요한 역할을 하게 되지요. 그 결과 철강과 화학, 전기공업에서 독일 기업은 큰 성과를 거둘 수 있었습니다. 생산력과 세계 시장에서 차지하는 비중 면에서 독일은 영국을 바짝 추격할 정도가 되었어요.

사실 이 시대에는 미국이나 독일뿐만 아니라 프랑스 같은 전통적인 열강과 러시아, 오스트리아-헝가리, 이탈리아, 일본 같은 나라가 산업화에 박차를 가하고 있었습니다. 그래서 영국은 19세기 중반에 누리던 압도적인 생산력 우위를 더 이상 유지하기 어려워졌습니다. 이 점은 다음의 두 표가 잘 보여줍니다.

106쪽 〈표 5〉는 1800년부터 1888년 사이, 그러니까 1차 산업혁명에서 2차 산업혁명 초반까지 주요 국가의 공업 생산 현황을 보여줍니다. 미국의 생산 역량이 내전이 끝난 이후에 정말로 빠르게 늘었을 뿐만 아니라, 독일 역시 통일 이후에 가파른 성장을 보여주지요. 전 세계적으로도 1860년부터 1888년 사이에 공업 생산이 거의 두 배 늘었으니, 산업화가 널리 확산되었음을 알 수 있습니다.

106쪽 〈표 6〉은 2차 산업혁명 시대를 거쳐 1938년까지 주요 국가가 세계 공업 생산에서 차지했던 비중을 나타냅니다. 가장 눈에 띄는 변화는 영국이 공업 생산에서 차지했던 몫이 현격하게 줄어든 반면 미국의 생산력이 그야말로 압도적인 수준까지 늘어난 것이지요. 심지어 독일도 영국을 추월합니다. 더 나아가 이 표는 총력전, 그러니까 한 나라가 갖고 있는 인적·물적 자원을 모두 전쟁에 쏟아붓는 전쟁 수행 방식이 처음 나타난 1차 세계대전이 유럽 여러 나라에 끼친 영향도 잘 보여줍니다. 전쟁에 뛰어든 유럽 여러 나라가 전쟁 후에 급격하게 기력을 잃은 반면, 미국은 오히려 생산력을 강화하는 모습을 보여주니 말이지요.

국가\연도	영국	프랑스	독일	오스트리아	러시아	미국	세계
1800	230	190	60	50	15	25	650
1820	290	220	85	80	20	55	865
1840	387	264	150	142	40	96	1314
1860	577	380	310	200	155	392	2404
1888	820	485	583	253	363	1443	4618

표 5 **공업 생산, 1800~1888(단위: 100만 파운드)**
출처: Tomáš Evans, 『Chapters of European Economic History』, p.56.

국가\연도	1880	1900	1913	1918	1938
영국	22.9	18.5	13.6	9.9	10.7
미국	14.7	23.6	32.0	39.3	31.4
독일	8.5	13.2	14.8	11.6	12.7
프랑스	7.8	6.8	6.1	6.0	4.4
러시아	7.6	8.8	8.2	5.3	9.0
오스트리아	4.4	4.7	4.4	0.0	0.0
이탈리아	2.5	2.5	2.4	2.7	2.8

표 6 **세계 공업 생산에서 각 나라가 차지하는 상대적 비중, 1880~1938(단위: 퍼센트)**
출처: Tomáš Evans, 『Chapters of European Economic History』, p.56.

공업 생산이 빠르게 늘어나 공업이 경제에서 차지하는 비중
이 커지면서 경제 규모 전체도 함께 커졌습니다. 경제 성장이 일
어난 것이지요. 이런 경제 성장이 모두에게 좋은 일이었는지 살

펴보려면 여러 지표를 검토해야겠지만, 여기서는 간단하게 실질임금과 1인당 국내총생산 정도만 점검해보도록 하겠습니다. 1870년에서 1913년 사이에 거의 모든 나라에서 실질임금이 올라갔습니다. 영국에서는 이 기간에 30퍼센트 정도 향상되었고, 독일에서는 40퍼센트 이상 늘었습니다. 미국의 사정은 더 좋아서 50퍼센트나 증가했지요. 1인당 국내총생산을 살펴보면, 미국 달러 기준(1990년)으로 영국은 3,200달러가 조금 넘는 수준에서 5천 달러로 향상되었고, 독일도 1,900달러 정도에서 3,800달러로 늘었지요. 실질임금과 마찬가지로 미국의 1인당 국내총생산은 다른 어떤 나라보다도 빨리 늘었지요. 2,450달러 수준에서 5,300달러가 넘을 정도로 올랐으니까 두 배 이상 늘어난 것입니다. 흥미로운 사실은 세 나라에서 모두 1인당 국내총생산이 실질임금보다 더 빠르게 늘었다는 점입니다.

장기불황의 영향, 제국주의 경쟁과 대기업의 출현

생산력이 실질임금보다 더 빠르게 늘어나면서 흥미로운 일이 벌어졌습니다. 1873년 즈음부터 1895년 사이에 실질임금이 어느 정도 올랐는데도 물가가 하락하는 디플레이션 현상이 계속되었습니다. 이 기간을 한동안은 '대불황'Great Depression이라 불렀는데, 1929년 미국에서 시작된 대공황과 구별하기 위해 요즘에는 흔히 '장기불황'Long Depression이라고 부릅니다. 1901년에서 1910년 사이 가격을 100으로 볼 때, 1873년 영국의 도매물가는 152 수준이었는데, 1896년에는 83까지 떨어졌지요. 같은 기간에 독일의 물가지수는 136에서 82까지 하락했습니다. 미국은 사정이 훨씬 더 나빴어요. 213에서 75까지 떨어졌으니까요. 이렇게 물가가 크게 하락한 가장 근본적인 원인은 생산력이 향상되어 공급이 크게 늘어난 데 비해서 그만큼 수요가 늘지 않았던 데 있습니다. 과잉공급 상태가 찾아온 것입니다. 그러면 기업의 형편이 당연히 어려워질 테지요. 가격이 떨어지면서 이윤 폭이 줄어들게 되니 말입니다. 동시에 줄어든 수요를 두고 시장 경쟁이 더 치열해지게 됩니다.

이렇게 19세기 말 자본주의 발전을 이끌던 몇몇 나라에서 시장 경쟁이 점점 치열해지자 국가와 기업은 두 방향으로 대응했습니다. 한 가지 방향은 제국주의 경쟁이었습니다. 바로 이 시기에 일어난 아프리카 쟁탈전이 잘 보여주듯, 유럽 여러 열강과 뒤늦게 제국 대열에 뛰어든 미국과 일본 모두 식민지를 넓히려는 치열한 경쟁에 돌입했지요. 식민지는 화학공업을 비롯한 새로운 공업 부문에 필요한 원료를 얻을 수 있는 공간이면서 동시에 공산품 시장이 되어줄 것이라 기대되었습니다. 제국과 제국주의는 경제적 동기로만 설명할 수 없는 복잡한 현상이었지만, 이 시기에 더욱 뚜렷해진 식민지 경쟁은 이윤율이 떨어지고 경쟁이 치열해진 것과 무관하다고 보기 어렵습니다.

다른 한 가지 방향은 기업 차원에서 이윤의 하락과 경쟁에 대응해 내놓은 새로운 전략입니다. 간단하게 말하자면, 그것은 기업 규모를 키우고 조직을 개선해서 생산력과 생산성을 높이는 한편 시장 경쟁에 참여하는 기업의 수를 줄이는 일이었습니다. 바로 그 과정에서 지금 우리에게 익숙한 대기업이라는 새로운 기업

형태가 출현하게 되었지요.

대기업, 노동 통제권을 장악하다

장기불황에 접어들면서 가격과 이윤율이 떨어지자 기업이 거의 본능적으로 보인 반응은 공급을 줄여 물가 하락을 막고 이윤 총량을 유지하는 것이었습니다. 그런데 이런 전략이 성과를 거두려면 특정 제품 시장에서 활동하는 기업의 수도 줄여야 했습니다. 어느 한 기업이 공급량을 줄이더라도 다른 경쟁 기업이 박리다매 전략을 택해 공급을 크게 늘려버리면 전체 공급량을 조절할 수 없을 테니까 말이지요. 그러므로 시장에서 영향력을 행사하던 기업이 1880년대부터 트러스트나 지주회사 형태로 같은 상품을 생산하는 기업들을 인수·합병하기 시작했습니다. 이런 전략을 '수평 통합'이라 부릅니다.

다른 한편으로 기업은 원료 채취에서 상품 판매에 이르는 생산과 유통의 전 과정에 연루되어 있는 기업들을 하나로 통합해 시장에서 지배적인 지위를 차지하려 했습니다. '수직 통합'이라 부를 수 있는 전략을 추구한 것이지요.

이 두 가지 전략 모두 하나의 기업에 자본을 집중해 시장에서 독점적 지위를 확보하려는 취지였어요. 거대한 규모를 갖춘 기업은 이제 이런 지위를 십분 활용해서 시장에서 경쟁하는 것이 아니라 스스로 상품 가격을 결정하는 힘을 가지려 했습니다. 이를테면 시장의 '보이지 않는 손'이 가격을 결정하는 게 아니라 차라리 시장을 지배하고 경제를 주도하는 '보이는 손'이 시장을 압도하게 된 것이지요.

이들 기업은 생산비를 줄이고 생산성을 개선해 이윤을 확대하는 전략을 동시에 추진했습니다. 그런데 모든 기업이 이런 전략을 제대로 수행하지는 못했지요. 꽤 많은 대기업이 독점적 지위에서 나오는 이윤에 만족하면서 점점 더 국제적으로 통합되어가는 세계 시장에서 경쟁력을 키우는 노력을 게을리했습니다. 이런 대기업은 오래가지 못하고 몰락했지요. 오히려 세계 시장이 점점 커지는 동시에 새로운 기술이 속속 등장하자 기존 기업에 도전하는 새로운 기업이 늘어났습니다. 그러니까 19세기 말부터 20세기 초에 나타난 양상은 사실 독점이 아니라 몇몇 기업이 시장 지배력을 차지하기 위해 치열하게 다투는 '과점 경쟁'이었던 것입니다.

새로운 경쟁 상황에서 특정 대기업이 살아남으려면 그저 수평·수직 통합으로 기업 규모를 키우는 데 급급해서는 곤란했습니다. 오히려 그다음 단계, 그러니까 생산과 유통 시설을 합리화하고 이를 관리하는 경영진을 대거 충원하는 전략을 충실히 수행해야 했지요. 그렇게 할 때 특정 상품을 대량으로 생산해서 얻을 수 있는 '규모의 경제'를 누릴 수 있었습니다. 동시에 대규모 생산설비에서 공정 일부를 함께 사용해서 연관된 여러 상품을 생산하는 '범위의 경제'도 도모할 수 있었지요. 이렇게 규모와 범위의 경제가 가져다주는 이점을 확보한 대기업은 이윤을 늘리는 동시에 시장 점유율을 높이고, 새로운 시장으로 계속 진출해 지속적으로 성장했습니다.

규모와 범위의 경제를 달성하려면 기업 조직을 혁신하는 일도 필수적이었습니다. 생산과 유통에 관련된 시설을 세우는 일을 넘어 이런 시설을 제대로 관리할 인력에 투자해야 했지요. 어떤 역사가는 이를 '조직 역량'이라 부르기도 합니다. 이런 관리자는 19세기 말부터 대기업 안에서 하나의 위계를 이루게 됩니다. 위계의 맨 아래에 있는 말단 관리자는 상부 지시에 따라서 일상적인 관리 업무를 담당하고, 중간 관리자층은 구매나 생산, 판매, 연구 가운데 어느 한 기능을 담당하거나 특정 제품을 전담하는 부서를 맡았지요. 고위 관리자는 각 부서의 업무를 평가하고 자원을 배분하는 한편 기업 전체의 장기 전략을 수립하고 집행하는 역할을 담당했습니다. 이 시대에 세계 시장에서 성공을 거둔 미국과 독일, 영국의 수백 개 대기업 가운데서 특히 미국 대기업이 관리자층에 집중적으로 투자했어요. 경영진이라고 부를 수도 있는 이런 관리자가 대규모 생산과 유통 설비를 효과적으로 관리해 대량생산과 대량유통이 가능하도록 기업 조직을 새롭게 정비했습니다.

생산비를 줄이고 생산성을 높이려는 경영진의 목표를 달성하려면 노동 과정, 그러니까 재화를 생산하는 데 노동을 투입하는 전체 과정을 바꿔야 했습니다. 1차 산업혁명 시대에 '공장'이라는 새로운 생산 조직이 등장하면서 기계가 도입되어 오랫동안 노동 과정을 통제했던 숙련공의 권한이 어느 정도 줄어든 것은 사실입니다. 하지만 앞에서 살펴본 것처럼, 1차 산업혁명 시대에 기계화가 모든 공업 부문에서 일어난 일도 아니었을 뿐만 아니라 기계화가 진행된 분야에서도 기계를 통제하는 것은 여전히 노동자였습니다. 2차 산업혁명 시대에 대기업에서 일어난 일은 노동 과정에 대해 노동자가 행사해왔던 통제권을 경영진이 가져가는 것이었지요. 더 자세하게 말하자면, 노동자가 노동 과정에 대해 가지고 있던 모든 지식을 경영진이 독점해 노동자로 하여금 노동 과정에 대해서 생각하고 노동 과정을 스스로 조직하는 일에서 손을 떼도록 하는 과업을 수행하는 일입니다.

이런 일이 필요하다는 것은 프레더릭 테일러Frederick Winslow Taylor(1856~1915)가 19세기 말에 미드베일과 베슬리헴 제철회사를 세밀하게 연구하면서 역설했습니다. 테일러는 먼저 공장 전체를 연구한 다음, 생산을 계획하고 기능별로 감독하는 체계를 개발했습니다. 그 과정에서 '시간과 동작 연구'를 제시했는데, 이를테면 어느 노동자가 특정 과업을 수행하는 데 얼마만큼의 시간과 에너지를 사용하는지 정확하게 측정하는 것이었습니다. 측정 결과에 따라 노동자 한 사람이 하루에 해야 할 작업량을 정하고, 노동자가 작업 분량을 채우지 못하면 거기에 상응하는 처벌을 내리고, 그 이상을 달성하면 보상을 제공하는 체계를 세운 것이지요. 이런 체계를 마련하고 시행하는 주체는 물론 경영진이었는데, 그들은 그럼으로써 노동과 자본 사이에 분쟁이 일어날 가능성도 원천적으로 차단할 수 있다고 주장했습니다. 그렇게 되면 19세기 후반 미국 사회를 괴롭혔던 노동과 자본 사이 갈등을 넘어 계급 대립이 없는 사회를 만들 수 있다는 것이었지요. 테일러는 이런 접근 방식을 '과학적 관리'scientific management라 부르고, 이를 널리 확산하는 운동을 이끌었습니다.

과학적 관리 운동이 지향하는 목표는 노동자의 작업량을 정확하게 측정하는 데 그치지 않았습니다. 그에 못지않게 중요한

노동자의 작업에 대한 '과학적 관리' 체계를 만든
프레더릭 테일러.

테일러가 개발한 '과학적 관리'는 '시간과 동작 연구'에 기반한다.

목표는 노동 과정을 세분하고, 더 나아가 잘게 쪼갠 노동 과정을 기계로 대체하는 일이었지요. 노동 과정을 세분하는 일, 그러니까 일찍이 18세기 후반에 애덤 스미스가 『국부론』에서 생산성 향상의 비밀이라고 일깨워준 바로 그 일을 해야 하는 까닭은 대부분의 공업에서 숙련노동자가 여러 과업을 동시에 담당했기 때문입니다. 그런 만큼 숙련노동자는 작업장이 원활하게 돌아가는 데 꼭 필요한 존재가 되어 경영진도 함부로 대할 수 없었습니다. 게다가 숙련노동자는 자기 밑에서 일하는 반숙련공이나 미숙련공을 관리하기도 했지요. 그만큼 숙련노동자가 작업장에서 권위를 누릴 수 있었습니다. 19세기 후반까지 노동 운동을 숙련노동자가 주도했던 데는 이런 연유가 있었습니다. 그러므로 노동 과정에 대한 통제권을 노동자에게서 가져오기 위해서는 무엇보다 숙련노동자의 권위를 무너뜨려야 했습니다. 그것이 바로 노동 과정을 세분하는 일이고, 더 나아가 노동자가 할 일을 기계로 대체하는 것이었지요.

과학적 관리는 훗날 작업 과정을 최적화하는 방법을 탐구하는 산업공학이라는 새로운 학문의 뿌리가 되기도 하는데, 이런 발상이 나오게 된 것은 장기불황 시대를 맞아 생산성 향상과 이윤 회복이라는 목표가 중요해졌기 때문이지요. 과학적 관리 운동은 테일러가 기대한 만큼 널리 퍼지지는 않았지만, 노동 과정에 대한 통제권을 노동자에게서 가져와야만 한다는 자본의 필요를 잘 보여주었습니다. 그런 만큼 노동자는 '과학적 관리' 운동에 비판적일 수밖에 없었지요. 그런 탓에 단기적으로는 계급 갈등을 줄이기보다는 강화하는 결과를 낳기도 했어요. 하지만 장기적으로 볼 때 이 운동은 대기업이 성공하려면 반드시 노동 과정에 대한 통제권을 경영진이 장악해야 한다는 것을 일깨워주었습니다.

실제로 대기업은 바로 이런 방향으로 움직였어요. 그런 노력 덕분에 대기업은 대량생산 체제를 완성할 수 있었는데, 이 체제가 제대로 작동하려면 대량으로 생산된 재화가 대량으로 소비되어야 했습니다. 대량생산과 대량소비가 반드시 짝을 이뤄야 했다는 것이지요. 이런 결합이 20세기 초 미국에서 출현했어요. 대표적인 공업 분야가 바로 자동차 공업이었지요.

10 대량생산 체제와 현대 기업의 혁신

포드주의, 대량생산과 대량소비의 등장

미국은 19세기 초부터 영국을 뒤쫓아 산업혁명을 시작했습니다. 미국은 갖가지 천연자원을 풍부하게 보유하고 있었고, 유럽에서 값싸게 자본을 들여올 수 있었던 반면 노동력이 부족했지요. 게다가 보호주의에 바탕을 두고 산업혁명을 추진한 북부와 농산품의 자유로운 무역을 지향했던 남부 사이에 갈등이 깊어져 산업혁명을 전국적으로 추진하기도 어려웠어요. 하지만 내전이 북부의 승리로 끝난 직후부터 미국 전역을 하나의 시장으로 연결하는 철도 건설을 빠르게 진행하면서 산업혁명을 대규모로 추진할 만한 조건이 마련되었습니다. 막대한 농업 생산 덕분에 이미 세계에서 가장 부유한 지역이었던 미국은 19세기 후반에 기술 혁신과 새로운 기업 조직 건설을 이끄는 2차 산업혁명의 중심지가 되었지요. 그 결과 생산력이 무시무시한 속도로 향상되어 미국은 1차 세계대전 직전에 세계 제1의 공업국가로 자리 잡았습니다. 바로 이런 변화를 선도한 중요한 공업 분야 가운데 하나가 자동차 공업이었고, 바로 여기서 20세기를 특징짓는 대량생산 체제가 제 모습을 갖췄어요.

　운송수단과 동력기계의 역사를 잠시 살펴보면 19세기 말까지도 여전히 1차 산업혁명을 이끈 증기기관이 중요했습니다. 증기기관차와 증기선은 19세기 중반부터 빠르게 진행된 자본주의 세계화를 이끌어간 원동력이기도 했지요. 하지만 육상교통에서 증기기관차가 갖고 있는 한계도 분명했어요. 철로를 따라 기차가 물자와 사람을 대량으로 실어 나르고 있었지만, 여전히 철도망이 닿지 않는 곳에서는 마차가 가장 중요한 운송수단이었으니 말입니다. 게다가 철도망이 발달할수록 마차 수도 함께 늘었어요. 마차가 철도역과 철도역을 연결하는 수단이 되어주었기 때문이지요. 미국의 경우를 보면, 1900년 뉴욕시 맨해튼 구역에만 13만 마리의 말이 있었고, 시카고에도 7만 4천 마리의 말이 매일 짐과 사람을 실어 나르고 있었습니다. 이 정도로 많은 말을 부리려면 엄청난 양의 사료를 도시에 공급해야 했고, 마구간도 필요했어요. 더욱이 말이 쏟아내는 엄청난 배설물이 거리를 오염시켰지요. 그래서 말을 대체할, '말 없는 마차'를 만들어보려는 노력이 19세기 초부터 진행되었습니다. 소형 동력기관을 장착한 운송수단을 개발하려 했던 겁니다. 이런 노력은 19세기 후반에, 특히 독일 기술자들의 발명 덕택에 성과를 거뒀습니다. 휘발유 내연기관과 디젤 내연기관을 개발해 마차에 달기 시작했던 것이지요. 자동차는 이렇게 탄생했습니다.

자동차 공업은 1870년대 초에 독일의 니콜라우스 오토가 피스톤 왕복 운동으로 동력을 만들어내는 내연기관을 발명하면서 시작되었습니다. 그와 함께 일했던 고틀리프 다임러는 1876년에 좀 더 개량된 내연기관을 내놓았고, 1883년에는 휘발유 내연기관을 제작했습니다. 비슷한 시기에 독일의 벤츠도 회사를 설립해 자동차 생산을 시작했습니다(이 두 회사가 1926년에 다임러-벤츠로 합쳐져 유명한 메르세데스 벤츠를 생산하게 되었지요). 1890년대가 되면 프랑스와 미국에서도 자동차가 개발되었습니다. 이렇게 생산된 자동차는 20세기 초에도 여전히 부자의 값비싼 장난감처럼 취급되었는데, 그래도 꽤 인기가 있었습니다. 1907년을 기준으로 미국에만 14만 대 넘는 자동차가 있었고, 프랑스에 4만 대, 독일에 1만 6천 대 정도가 있었으니 말이지요.

이런 사치품 시장에 미국 미시간주 출신의 독학 엔지니어 헨리 포드Henry Ford(1863~1947)가 뛰어든 것은 1895년입니다. 에디슨 조명회사에서 엔지니어로 일했던 포드는 이제 막 미국에서 개발된 자동차에 관심을 갖고 싱글 실린더 모터가 달린 자동차를 제작했습니다. 1899년에는 몇몇 동료와 함께 디트로이트 자동차 회사를 세웠지만 당시 미국에는 100여 개나 되는 자동차 회사가 난립하던 상황이라 큰 성공을 거두지는 못했습니다. 잠시 고향으로 돌아갔던 포드는 다시 디트로이트로 돌아와 1903년에 자기 이름을 앞세운 포드자동차를 설립하게 됩니다.

회사를 세운 후 포드가 정한 원칙은 "5퍼센트가 아니라 95퍼센트를 위한 자동차를 만든다"는 것이었습니다. 자동차가 여전히 사치품이던 시대에 비춰볼 때는 새로운 발상이었지요. 이런 원칙을 실현한 제품이 1908년에 생산하기 시작한 모델 T였습니다. 처음에 모델 T는 4기통 20마력 엔진을 달았는데 최고 시속 40마일을 낼 수 있었습니다. 단순하고 잔고장이 별로 없는 자동차였지요. 가격도 파격적으로 저렴했습니다. 처음에 나온 모델 T는 825달러였는데, 다른 회사의 자동차는 대략 2천 달러였

으니 말이지요. 다른 자동차에 비하면 무척 쌌지만, 아직 포드가
구상한 대로 95퍼센트의 대중이 자동차를 사기는 어려웠습니다.
생산량이 충분치 않았기 때문입니다. 자동차를 대중화하려면 더
싼 가격에 훨씬 더 많은 자동차를 생산해야 했던 것이지요. 과연
포드는 1914년에 연간 24만 대를 생산할 정도로 생산량을 늘리
기 시작합니다. 1916년에는 73만 대를 판매할 정도로 생산량이
늘었고, 1924년에는 200만 대를 생산할 수 있었습니다. 가격도
계속해서 낮췄지요. 1916년에는 대당 가격을 절반 이하로 낮춰
360달러에 팔았고, 1924년에는 290달러에 팔기 시작했습니다.
1927년에 생산을 중단할 때까지 모델 T는 1,500만 대나 생산되
었습니다. 그야말로 대량생산이 시작된 것이지요.

　포드자동차는 어떻게 자동차를 대중적인 소비재로 바꿔놓을
수 있었을까요. 먼저 생각할 수 있는 요인은 포드가 도입한 기술
혁신입니다. 찰리 채플린의 영화《모던 타임스》덕분에 널리 알
려진, 컨베이어벨트로 연결된 일관생산 체제가 대표적이지요. 포
드는 1911년에 하일랜드파크라는 세계 최대 규모의 자동차 공장
을 세워요. 여기서는 자동차를 만드는 모든 공정이 컨베이어벨트
로 연결되어 있었지요. 도축된 돼지를 컨베이어벨트에 실어 작업
자 앞으로 보내 차례차례로 해체하는 시카고 정육공장의 작업 방
식에서 착안한 것입니다. 마찬가지로 하일랜드파크에서 모든 노
동자는 각자 자리에 서 있지요. 포드에 따르면 "왔다 갔다 하는
일은 보수가 따르지 않는 행위"이기 때문이에요. 노동자가 움직
이는 대신 작업 대상이 컨베이어벨트를 따라 이동합니다. 자기
자리에서 노동자는 미리 정해져 있는 한두 가지 작업만 수행하게

됩니다. 노동자가 작업을 빠르게 수행할 수 있도록 각각의 작업에만 쓰이는 특별한 도구를 제공했지요. 노동자가 자기 일에 숙달되면 컨베이어벨트 속도를 조절해 자동차 조립 시간을 줄였어요. 결과는 놀라웠지요. 새로운 생산체제를 도입하기 전에 포드자동차에서 자동차 한 대를 조립하는 데 걸리는 시간은 약 12시간이었습니다. 1914년에 이르면 자동차 한 대 만드는 데 채 6시간이 안 걸릴 만큼 생산 속도가 빨라졌습니다.

포드자동차가 자동차 가격을 낮추는 데 도움을 준 또 하나의 요인은 수직 통합이었습니다. 수직 통합은 원료 채취부터 최종 생산물 판매에 이르는 전 과정을 하나의 회사에 통합하는 일입니다. 이렇게 해서 그사이 각각의 단계에서 발생하는 거래 비용을 줄이고 부품을 안정적으로 공급할 수 있게 되지요. 포드자동차는 하일랜드파크와 1928년에 완공된 리버루즈라는 두 생산단지가 있었는데, 그 내부에는 핵심이라 할 수 있는 조립공장뿐만 아니라 여러 가지 부품을 생산하는 공장들이 자리 잡고 있었습니다. 이를테면 석탄 가공 공장이나 주조 공장, 철강 공장, 시멘트 공장 같은 게 있었지요. 더 나아가 포드는 원료 가격을 낮추기 위해 탄광이나 유리 공장, 고무 농장 같은 원료산지를 확보하기도 했습니다. 이런 원료는 포드자동차가 직접 가지고 있는 선박과 철도를 이용해 디트로이트 생산기지로 운송되었습니다. 이렇게 원료 확보부터 제품 생산에 이르는 전 과정을 회사 내에서 소화함으로써 비용을 낮추었기 때문에 모델 T를 아주 싼 가격에 판매할 수 있었던 겁니다.

그런데 일관생산 체제에는 한 가지 심각한 문제가 있었어요.

이동 조립라인으로 이뤄진 포드자동차의 일관생산 체제.

포드자동차의 하일랜드파크 공장.

노동 과정을 잘게 쪼개서 노동에 대한 통제권을 경영진에게 넘겨 분업과 전문화의 이익을 극대화하는 일은 포드자동차 생산성의 비밀이지요. 하지만 노동자 입장에서 보면 이런 일은 숙련도를 떨어뜨려 임금을 낮추는 동시에 작업을 극히 단조롭게 만들었습니다. 게다가 컨베이어벨트의 속도를 조절해서 노동자로 하여금 점점 더 빠른 속도로 같은 작업을 계속 반복하게 만들었기 때문에 피로도가 아주 높아졌지요.

이런 문제들 때문에 포드자동차에서는 노동자 이직률이 아주 높았고, 결근이나 중도 탈락 같은 문제가 자주 일어났습니다. 이를테면 1913년에는 "1만 5천 명의 노동자를 채우는 데 한 해에 5만 3천 명을 모집했다"거나 같은 해 연말에는 노동자 100명을 늘리기 위해 963명을 모집해야 하는 일이 벌어졌지요. 이런 문제를 해결하기 위해 같은 해에 포드는 파격적인 해법을 내놓았어요. 하루 9시간 노동에 2.38달러였던 급여를 8시간 근무에 일당 5달러로 개선한 것이지요. 결과는 놀라웠습니다. 중도탈락률이 0.5퍼센트로 줄어들었고 결근도 거의 사라졌습니다. 포드자동차에는 일자리를 찾는 구직자가 대거 몰려들었지요.

하지만 '일당 5달러'에는 중요한 조건이 달려 있었습니다. 이런 조치는 성실한 노동력을 확보하는 데만 목적이 있는 것이 아니라 노동자 집단을 분열시키고 노동자들 간 임금 격차를 확대하려는 것이었어요. 포드자동차에는 일당 5달러를 요구할 수 없는 노동자가 많았습니다. 근무 기간이 6개월 미만인 노동자나 21세가 안 된 노동자, 여성 노동자가 그런 경우에 해당했지요. 더 나아가 포드는 5달러라는 높은 일당을 주는 대가로 노동자를 자신이 이상적으로 생각하는 새로운 인간형으로 개조하려고 했어요. 예컨대 '청결과 신중함'을 강조했고, 금연이나 금주, 도박 금지 등을 요구했지요. 이런 목표를 달성하기 위해서 포드자동차는 '사회학부서'를 설립해서 노동자의 일상생활을 면밀하게 조사하고 가정 방문 등을 통해 노동자가 규율을 잘 지키도록 강제했습니다. 그러므로 일당 5달러 정책에는 노동 과정뿐만 아니라 일상생활에서도 노동자를 통제하려는 생각이 담겨 있다고 할 수 있지요. 포드자동차에서 이런 노동정책은, 이를테면 회사 경영을 방해할 수 있는 노동운동 관련자를 솎아내고 동시에 회사가 고용한 수많은 이민 노동자를 미국식 생활방식에 적응시키려는 목적도 있었습니다.

헨리 포드가 자동차 생산 분야에서 이룬 여러 혁신은 대량생산 체제를 확립하는 데 큰 도움을 주었습니다. 대량생산 체제를 도입해 자동차 가격을 낮추고 고임금을 지급해 노동자도 자동차를 살 수 있는 구매력을 갖게 한 것은 자본주의가 원활하게 작동하는 원동력이 되었습니다. 대량생산과 대량소비를 결합해 자본주의가 계속 빠르게 성장할 수 있는 밑거름이 되었다는 이야기이지요. 포드가 씨앗을 뿌렸기 때문에 이런 체제를 '포드주의' Fordism라 불렀는데, 포드주의는 곧 미국 산업계 전체로 확산되었습니다.

그런데 포드주의를 만들어낸 포드의 자동차 회사는 1920년대에 강력한 경쟁자를 맞닥뜨렸습니다. 포드가 이룬 혁신을 바탕으로 경영 조직과 생산 방식, 마케팅에서 혁신을 더해 자동차 시장의 규모를 더욱 키운 제너럴모터스, 즉 GM이 도전했던 것이지요. 이렇게 해서 지금도 미국 자동차 공업을 이끌고 있는 두 기업 사이에 경쟁이 시작되었습니다.

GM의 도전과 혁신

GM을 포드자동차에 필적하는 대기업으로 성장시킨 인물은 MIT 출신의 전문경영인 앨프리드 슬론Alfred P. Sloan, Jr.(1875~1966)이었습니다. 대학 졸업 후 슬론은 베어링을 만드는 회사에서 일했는데, 거기서 두각을 나타내 최고경영자 자리까지 올라갔어요. GM은 원래 윌리엄 듀런트가 1908년에 창립한 회사였는데, 듀런트는 여러 자동차 회사와 부품 공급사를 인수해서 GM을 거대 자동차 기업으로 키워보려는 야망을 품고 있었어요. 그래서 1910년대에 뷰익과 쉐보레 같은 자동차 회사를 비롯해서 여러 회사를 사들였는데, 그 가운데 하나가 슬론이 최고경영자로 있던 하이엇 롤러 베어링 컴퍼니였습니다. 듀런트의 확장 전략은 1910년대 말에 더욱 속도를 내기 시작해서 당시 자동차 차체 제조 부문에서 업계 수위에 있던 피셔 사를 사들이고, 자동차 구입 자금을 빌려주는 GM 수납회사를 세웠습니다. 이렇게 공격적으로 세력을 확장하던 중 1910년대 말 미국 경제에 불어닥친 불황에 맞닥뜨리게 되었지요. 회사 사정이 어려워지자 듀런트는 결국 GM 회장 자리에서 물러나야 했습니다. 그로부터 몇 년 후인 1923년에 슬론이 GM 회장이 되면서 슬론 시대가 시작된 것입니다.

취임 후 10년 사이에 슬론은 두 가지 중요한 혁신을 이뤄냈습니다. 하나는 회사 경영 조직을 바꿔놓은 것입니다. 간단히 말해 포드자동차가 부품 생산과 조립에 관계된 모든 조직을 하나로 통합한 형태였다면, 슬론이 도입한 조직은 분권화된 형태였어요. 그러니까 부품 생산 부문과 완성차 생산 부문을 분리해서 각 부문이 부서장 아래에서 자율적으로 움직일 여지를 주었다는 것이지요. 두 부문 사이에 조율과 협력이 필요할 때는 부서장이 참석하는 중역회의가 개입했지만, 대체로 각 부문이 자율적으로 임무를 수행하면서 성과와 과실이 분명하게 드러나도록 했습니다. 그럼으로써 GM처럼 거대한 조직을 중앙집중적인 조직으로 운영할 때 일어날 수 있는 핵심적인 문제, 그러니까 책임 소재를 파악하기 어렵다는 한계를 극복할 수 있었지요. 이런 분권 구조에서 두 부문 사이에 분쟁이 발생하면 중역회의의 자문을 받아 회장이 최종 결정을 내리도록 했어요. 각 부문의 자율성을 높이면서도 효율적으로 의사결정을 할 수 있는 틀을 만든 것입니다. 이런 구조 개혁은 GM이 1920년대 중반부터 빠르게 성장하는 데 큰 도움이 되었습니다. 훗날 미국의 여러 대기업이 슬론이 창안한 조직 구조를 받아들이게 되지요.

슬론이 경영 조직을 개편한 게 1925년이었는데, 두 해 뒤부터 성과가 뚜렷하게 나타나기 시작했어요. 오랫동안 포드자동차에 뒤처져 있던 GM이 그해에 쉐보레 한 부문의 판매량만으로 포드자동차를 앞지른 것이지요. 여기에는 혁신적인 마케팅과 제조 방식이 기여했어요. 그 가운데 하나는 GM이 자동차 시장을 여러 개로 나눴다는 것입니다. 포드자동차는 1927년까지 검정색 모델 T만을 생산했어요. 전형적인 엔지니어였던 포드가 한 제

GM을 혁신한 최고경영자
앨프리드 슬론(1937).

품의 완성도를 높이는 데 거의 병적으로 집착했기 때문에 일어난
일이지요. 슬론은 완전히 다른 접근법을 택했어요. 1920년대 중
반에 이르면 미국 자동차 시장은 이미 포화상태가 되지요. 모델
T가 워낙 많이 팔렸기 때문에 자동차를 살 만한 가정이라면 이미
거의 한 대씩 갖고 있었지요. 이런 상황에서 자동차를 더 많이 팔
려면 새로운 시장을 만들어내야 했습니다. 슬론이 생각해낸 방법
은 검정색 모델 T에 싫증난 소비자들을 공략하는 것, 특히 소비
자를 소득에 따라 나눠 각기 다른 자동차를 공급하는 것이었습니
다. 이를 위해 소비자 연구를 본격적으로 시작했지요. 그래서 고
소득층에게는 캐딜락을 팔고, 저소득층에게는 쉐보레를 공급하
는 식으로 시장을 나누었습니다. 게다가 매년 모델을 조금씩 바

꿔서 소비자가 다양한 색깔과 편의 기능을 갖춘 새로운 차를 구입할 수 있도록 선택권을 넓혀주었지요.

신자유주의와 전 세계적 분업 체계

1920년대 포드자동차와 GM이 이룬 성과는 19세기 후반부터 진행된 대기업의 등장과 대량생산 체제가 어떤 잠재력을 갖고 있는지 잘 보여주었습니다. 특히 포드자동차가 일관생산 체제를 도입해 생산성을 크게 향상시켜 가격을 대폭 낮춘 일은, 어느 역사가의 표현을 빌리자면, '현대 산업 기업'이 가야 할 길을 분명히 보여주는 것 같았지요. 게다가 포드자동차가 일부 노동자에게 당시 업계 평균 일당의 두 배를 준 것은 노동자의 구매력을 높여 이들도 자동차 같은 내구소비재를 살 수 있게 했어요. 이렇게 대량생산과 대량소비가 결합했고, 그만큼 많은 이들이 물질적으로 풍요로운 생활을 하게 되었습니다.

이런 포드주의 체제는 1970년대까지 미국과 유럽의 가파른 경제 성장을 뒷받침한 원동력으로 꼽힙니다. 2차 산업혁명 시대에 발전하기 시작한 생산력은 두 번의 세계대전을 거치면서 비약적으로 성장했습니다. 특히 정부가 2차 세계대전 기간에 생산설비와 연구개발에 엄청난 돈을 투자했기 때문에 전후 미국은 세계 시장에서 그야말로 압도적인 우위를 누리게 되었지요. 이런 우위를 유지하려면 미국 기업이 우월한 생산력을 바탕으로 시장에 쏟아내는 수많은 제품을 구매할 수요도 만들어내야 했습니다. 미국뿐만 아니라 선진 자본주의 국가 모두에서 소비자 구매력이 향상되어야 했던 것이지요.

이때 전쟁 직후에 미국과 유럽 여러 나라에서 시행한 사회복지제도가 도움을 주었어요. 사회복지제도는 부를 재분배하는 효과가 있으므로 그만큼 대중의 구매력이 높아졌던 것이지요. 마찬가지로 정부의 중재로 기업가와 노동자가 대규모 조직을 만들어 생산과 분배에 관한 결정을 내리기 시작한 것도 도움이 되었습니다. 노동자는 생산성을 더욱 향상시키는 기술과 생산 조직을 받아들이고, 기업가는 높은 임금으로 이를 보상하는 타협이 이루어진 것이지요. 그 덕분에 1970년대 초까지 미국은 물론 전후 복구에 성공한 유럽 여러 나라와 일본은 전례 없이 긴 호황을 누렸습니다.

흔히 1970년대에 이런 구조에 균열이 생기기 시작했다고 이야기합니다. 두 번의 오일쇼크를 비롯해 여러 요인을 꼽을 수 있지만, 특히 발전된 자본주의 국가에서 노동자 임금이 생산성 향상보다 더 빨리 진행되었기 때문이라는 주장이 널리 받아들여지지요. 1945년 이후 한 세대 동안 아주 빠른 경제 성장을 이끌었던 조직된 노동자와 기업가 사이의 담합구조가 기업에 불리하게 작용하기 시작했다는 겁니다. 게다가 사회보장제도가 지나치게 확대된 것도 경제 성장을 저해하는 요인으로 꼽혔습니다. 이때 대안으로 제시된 것이 신자유주의였습니다. 간단히 말하면, 2차 세계대전 이후 크게 늘어난 정부의 개입을 최소한으로 줄이고 시장에 맡기라는 주장이었지요. 모든 국민에게 일정한 생활수준을 보장하려는 취지에서 시작된 정부 개입은 이제 개인의 자유를 침해하고 혁신을 방해하는 요인일 뿐이라는 주장이 힘을 얻기도 했습니다. 오히려 기업에게 더 많은 자유를 주어 생산 조직을 자유롭게 바꾸고 새로운 기술을 개발하고 도입하는 데 힘을 쏟게 해주어야 한다는 것이었지요.

동시에 노동조합에 대한 공격이 거세게 일어났습니다. 그런 탓에 노동조합의 힘은 크게 약화되었는데도, 미국과 유럽, 일본의 많은 기업은 아예 제조업을 포기하거나 아니면 임금이 싸고 노동조합을 걱정할 필요 없는 개발도상국으로 생산기지를 옮기기 시작했습니다. 그래서 선진국에 남은 기업은 금융업이나 서비스업에 매진하거나 정보통신이나 생명공학 같은 첨단기술 산업에 집중하고, 개발도상국에서는 선진국에서 이전된 대규모 공장의 대량생산 체제가 이어지게 되었지요.

신자유주의가 태어날 무렵 한국 같은 나라는 철강이나 조선, 화학, 자동차 같은 2차 산업혁명 시대의 산업에 집중적으로 투자해서 빠르게 성장했습니다. 그로부터 수십 년이 지난 지금은 중국이나 인도, 인도네시아, 베트남 같은 곳이 비슷한 역할을 맡고 있지요. 이를테면 세계 스마트폰 시장에서 가장 많은 이익을 거둬들이는 애플의 경우 부가가치가 높고 생산비가 전혀 들지 않는 제품 디자인은 미국에서 진행하고, 제품 생산은 중국이나 인도의 공장에서 맡고 있습니다. 이런 식으로 자본주의의 첨단을 걷는 기업은 이제 전 지구 차원에서 분업 체계를 만들어 생산성을 높이고 엄청난 이윤을 거두고 있지요.

11

20세기 동아시아 국가의 산업화

정부가 지원하고 개입한, 일본의 산업화

두 차례 산업혁명을 거치고, 두 번의 세계대전을 겪으면서 산업화에 성공한 미국과 유럽 여러 나라들의 생산력은 몰라보게 향상되었습니다. 반면 근대 초까지도 세계 경제의 핵심 지역이었던 중국이나 인도 같은 나라는 산업혁명은커녕 오히려 탈산업화를 겪기도 했지요. 그 무렵에도 세계 경제의 변방에 자리 잡고 있었던 아프리카 대륙의 사정은 더 나빴어요. 이렇게 발전 경로가 달라지면서 선진 자본주의 국가와 다른 지역 사이에 경제적 격차가 점점 더 벌어지는 '대분기'가 나타났지요.

하지만 몇몇 나라는 이런 역사의 경향을 거슬러 선진국 대열에 진입하는 데 성공했습니다. 20세기 중반의 일본이나 오늘날 한국과 대만, 중국의 경우가 그렇지요. 이들 나라는 1인당 소득이 선진국의 겨우 5분의 1 정도일 때 산업화에 뛰어들었어요. 경제학자들에 따르면, 선진국이 매년 2퍼센트 성장할 때 후진국의 1인당 국내총생산이 연 4.3퍼센트씩 성장하면 60년 만에도 추격이 가능하다고 합니다. 그러려면 전체 국내총생산은 해마다 6퍼센트 이상 증가해야 한다고 하지요. 일본을 비롯한 몇몇 후발 공업국은 이런 높은 경제 성장률을 달성하려고 선진국이 갖추고 있던 생산력의 밑거름, 이를테면 제철소나 발전소, 자동차 공장, 도시 같은 것을 한꺼번에 건설하는 전략을 택합니다. 이를 위해 시장의 수요와 공급에 자원 배분을 맡기는 대신 국가의 계획에 의존하곤 했지요. 이런 식으로 진행된 산업화를 어느 역사가는 '빅푸시big push 산업화'라고 불렀습니다.

일본의 예를 한번 살펴보도록 하지요. 일본은 20세기 초 러일 전쟁에서 승리한 이후부터 1940년대 초까지 본격적인 산업화의 길을 걸었습니다. 그 무렵이 되어야 일본이 19세기 중반에 서양 몇 나라와 맺은 불평등조약으로 빼앗긴 관세 자주권을 되찾았던 덕분이지요. 후발 국가가 대개 그렇듯, 일본도 보호관세를 무기로 발전 초기 단계에 있는 국내 산업을 보호하면서 동시에 몇몇 공업 부문을 선별적으로 지원하는 산업정책을 펼쳤습니다.

가령 1905년에 국가가 직접 군사력 증진에 필요한 야와타 제철소를 세우고 이윤을 거둘 때까지 보조금을 주었지요. 1차 세계대전을 거치면서 몇몇 공업 분야는 좋은 기회를 맞았어요. 전쟁 탓에 유럽에서 수입하던 상품의 공급이 끊겼기 때문에 일본 군부가 민간 기업과 함께 연구개발에 착수하고, 정부가 상품을 주문해 수요를 보장하는 방식으로 자동차나 트럭, 항공기 산업을 일으켰지요. 예컨대 독일산 전기 터빈을 들여올 수 없게 되자 히타치는 정부 수력발전 프로젝트에 사용될 1만 마력짜리 생산 계약을 따냈어요. 그전에 겨우 100마력짜리 터빈을 생산한 경험밖에 없었는데도 과감하게 연구개발에 들어가 과업을 완수했지요. 이런 방식으로 산업화를 진행하면서 일본은 경제구조를 바꾸는 데 어느 정도 성공했습니다. 1910년에 국내총생산의 10퍼센트를 차지하는 데 그쳤던 제조업은 1938년에 35퍼센트까지 늘었으니 말이지요. 2차 세계대전 이후에 일본의 경제 성장을 이끌게 될 금속과 기계, 화학, 철강산업이 바로 이 시기에 성장하기 시작했습니다. 이런 변화 덕분에 일본의 1인당 국내총생산은 1870년 737달러에서 1940년 2,874달러로 늘었지만, 증가율 자체가 아주 높았다고 보기는 어렵습니다. 대략 2퍼센트로 미국의 1.5퍼센트보다 조금 높았을 뿐이지요. 이런 속도로는 일본이 미국을 추격하기란 어려웠겠지요.

그런데 2차 세계대전에서 패전한 후에 일본은 아주 빠르게 성장했어요. 1990년까지 1인당 국민소득은 매년 5.9퍼센트씩 늘었습니다. 특히 1953년부터 1973년 사이, 그러니까 장기호황이라고 부르는 시기에 성장률은 8퍼센트를 기록했지요. 일본이 이렇게 빠르게 성장하는 데는 정부 주도로 몇 개 공업 부문의, 당시로서는 가장 앞선 자본집약적 기술에 대규모로 투자해 전체 경제 성장을 이끌었던 게 크게 주효했습니다. 얼마나 투자에 매진했던지, 이를테면 1970년대에는 투자율이 국민소득의 3분에 1에 이를 정도였지요. 투자를 계획하고 실행하는 데 정부가 아주 깊이 개입했어요. 유명한 통상산업성(현재 경제산업성)이 이런 일을 이끌었지요.

철강산업의 예를 살펴보지요. 1950년대만 하더라도 일본의 제철소들은 규모가 작았어요. 자본을 대량으로 투입해서 생산 규모를 키워야 생산성을 높일 수 있는 철강산업의 속성과는 어울리지 않았지요. 그래서 일본의 임금 수준이 훨씬 낮았는데도 일본산 강철은 미국산이나 유럽산에 비해 50퍼센트나 비쌌습니다. 이런 상황에서 통상산업성이 개입했어요. 철강업계를 구조조정해서 수익을 최대한 끌어올릴 만한 규모로 키우는 게 목표였지요. 이런 일을 하는 데 통상산업성이 이용한 무기는 은행에 대한 통제권과 외환을 배분하는 결정권이었습니다. 이런 수단을 활용해 통상산업성은 최신 설비를 갖춘 새로운 제철소를 여러 군데 지어 700만 톤이 넘는 생산 능력을 보유하게 했지요. 그 결과 일본의 철강 생산량과 생산성이 빠르게 향상되었어요. 생산량은 1960년 2천만 톤 수준에서 1975년 1억 톤 이상으로 늘었고, 그사이 임금이 빠르게 올랐는데도 미국 시장을 장악할 수 있는 경쟁력을 갖추게 되었지요. 일본산 철강이 물밀듯이 쏟아져 들어오면서 미국의 철강산업이 무너지고 말았습니다. 철강산업을 육성하면서 통상산업성은 강철이 많이 쓰이는 조선과 자동차, 기계, 건설산업을 동시에 키워나갔기 때문에 일본 경제 전체의 생산력을 크게 높일 수 있었어요.

한국의 산업화, 압축적 성장과 민주주의의 희생

일본이 거둔 성공은 훨씬 더 열악한 조건에서 산업화를 진행해야 했던 한국이 따라야 할 중요한 본보기가 되었습니다. 한국에서 산업혁명은 박정희의 1961년 쿠데타 이후에 시작되지요. 당시 한국은 산업화나 '한강의 기적' 같은 일은 기대도 할 수 없는 처지였어요. 아시아는 물론 전 세계적으로도 가장 가난한 나라였으니 말이지요. 1961년 한국의 국내총생산은 단 24억 달러로, 예컨대 영국의 30분의 1을 조금 넘는 수준이었어요. 2,400만 명에 이르는 인구의 1인당 국내총생산은 겨우 94달러였습니다. 공업 생산을 뒷받침할 물적 바탕도 한국전쟁으로 거의 사라져버렸어요. 한반도에 남아 있던 공장이나 발전소는 대개 북한에 자리 잡고 있었습니다. 남쪽 한국의 기간시설이 얼마나 형편없었던지 한국에서 생산되는 전기를 모두 합쳐도 미국 포드자동차 회사의 생산량에도 미치지 못할 정도였어요. 이런 처지에서 쿠데타로 집권한 박정희 정부는 일본 통상산업성의 사례에 주목했습니다. 일본 육사 출신으로 만주에서 근무했던 박정희를 비롯해 정부와 여당 주요 인사가 어떻게든 일본과 연관되어 있던 사람들이 많았으니 일본 사례에 주목한 것은 당연한 일이었는지도 모르지요.

박정희는 여전히 전근대사회에 머물던 한국에 민주주의가 너무 일찍 도입되어 극심한 사회 혼란을 낳았다고 믿었기 때문에 민주주의 정착 이전에 먼저 경제 발전을 이뤄야 한다고 생각하고 있었어요. 게다가 자신이 일으킨 쿠데타와 정권 장악을 정당화하기 위해서라도 경제에서 가시적인 성과를 거둘 필요가 있었지요. 철저한 반공주의자로 변신했던 박정희는 또한 남·북한이 대치하고 있는 상황에서 경제 개발은 안보의 선결조건이라 믿기도 했습니다. 산업화에 성공해야만 북한의 위협에도 독립을 유지할 수 있는 강한 국가를 세울 수 있다고 믿었던 것이지요. 이런 생각을 바탕으로 박정희 정부는 오랫동안 국민의 민주적 기본권 요구를 무시하면서 권위주의 체제를 유지했습니다. 그사이 박정희는 행정부가 경제 자원을 배분해 경제 개발 계획을 수행하는 일을 직접 세밀하게 감독했지요. 이 점에 주목해서 박정희 정부 체제를 '개발독재'라고 부르기도 합니다. 이런 명칭에는 빠른 경제 개발은 권위주의적 통치가 뒷받침되어야 한다는 생각이 들어 있지요. 시민사회를 힘으로 제압할 수 있는 강력한 정부가 버티고 있어야 기술 관료가 정치인이나 시민단체, 기업의 압력에서 자유롭게 장기적인 경제 성장 전략을 구상하고 실행할 수 있다는 것입니다. 게다가 권위주의 정부의 특징 가운데 하나인 고도로 계서화된 정부 구조 자체가 빠르고 일관된 정책 결정과 집행에 도움이 된다고 말하기도 합니다.

자유로운 시장에서 수요와 공급이 저절로 자원을 가장 이상적으로 배분할 수 있다는 생각과 달리 '개발독재' 체제는 관료가 주도해 국가가 직접 자원을 특정 분야에 배분해 경제 성장과 발전을 이끌어냅니다. 실제로 박정희는 자유로운 자본주의를 믿지 않았어요. 가난한 농민 출신답게 박정희는 자유로운 시장경제에서 이익을 거두는 사람은 부자밖에 없으니 자유로운 자본주의란 결국 부자의 음모를 은폐하는 수단일 뿐이라고 믿었지요. 더욱이 박정희는 한국 기업이 자원이나 기술을 전혀 갖추고 있지 않기 때문에 국가가 직접 나서야 한다고 생각했어요. 한국이 따라야 할 모델은 주로 일본에서 배웠습니다. 통상산업성이 '승자'를 고르고 이들을 재정 자원과 보호주의로 지원했던 일을 따랐던 것이지요.

하지만 박정희 정부는 일본의 경우보다 한 걸음 더 나아갔어요. 쿠데타 직후 박정희는 경제기획원을 만드는데, 일본의 어느 정부기관보다도 강력한 권한을 행사했습니다. 정책 우선순위를 결정하고 여러 부처 사이를 조율했을 뿐만 아니라 개발 계획을 시행하는 데 예산을 배분하고 중앙은행의 통화정책까지 결정했

제2차 경제개발5개년계획 설명회.

습니다. 그리고 그 유명한 경제개발5개년계획을 시행하기 시작
했지요. 그러면서 경제 개발에 필요한 자본재와 에너지를 수입하
기 위해서 외화를 벌어들이는 수출 우선 정책을 펼쳤습니다. 처
음에는 비단과 직물, 고무, 라디오 같은 몇 개 산업을 집중적으로
지원했지요. 한국이 유일하게 갖고 있던 자원, 그러니까 노동력
을 십분 활용하는 노동집약적 산업이었지요.

　박정희 시대에 경제 계획을 실행하는 데 앞장섰던 두 부서는
경제기획원과 상공부商工部였습니다. 경제기획원은 특히 미국에
서 공부한 엘리트 관료로 구성된 집단으로 강력한 산업정책을 지
향했던 상공부와 세력을 다투기도 했습니다. 미국 주류 경제학에
깊은 영향을 받은 이들답게 균형 재정과 인플레이션 통제 같은
문제에 더 관심을 기울였던 것이지요. 그래서 박정희는 때때로

박정희가 밀어붙인 경부고속도로 건설(1970).

이런 엘리트 관료의 반대를 묵살하면서 중요한 정책 결정을 직접 내리곤 했습니다.

예컨대 경부고속도로 건설 사업의 경우가 그랬지요. 1964년 서독을 방문해 아우토반을 직접 경험한 박정희는 한국에도 체계적인 고속도로망이 필요하다고 확신했습니다. 그런데 정부 안팎에서 거의 모두가 박정희의 구상에 반대하고 나섰어요. 한국 정부의 의뢰를 받아 세계은행이 작성한 보고서는 아예 고속도로를 무시했고, 정부 관료도 대개 반대했지요. 경부고속도로 건설에 들어가는 추정 비용이 1967년 한 해 예산보다 많았으니 그럴만도 했지요. 그런데도 박정희는 계획을 밀어붙여 1968년 2월에 착공해 단 2년 5개월 만에 428킬로미터에 이르는 고속도로를 완공합니다.

박정희 집권 첫 10년은 값싼 노동력과 해외 차관과 투자, 기술을 결합해 경공업 위주로 진행한, 이를테면 한국의 첫 번째 산업혁명 시기였습니다. 하지만 박정희는 여기서 만족하지 않았어요. 1970년에 이르면 수출은 8억 4천만 달러까지 늘어나 10년도 안 되는 기간에 열 배 이상 늘었고, 1인당 국내총생산도 거의 280달러까지 올라갔습니다. 그러자 박정희는 한국에서도 임금이 오르기 시작했으니 노동집약적인 경공업에만 의존할 수 없다고 생각합니다. 일본이 그랬듯 한국도 중화학공업 중심으로 경제구조를 고도화해야 한다는 것이었지요. 이런 생각에는 군사적인 고려도 영향을 미쳤어요. 자주국방을 중요한 과업으로 여겼으므로 현대 무기 생산을 떠받치는 중화학공업을 발전시켜야겠다고 생각했던 것이지요.

이렇게 해서 한국에서 두 번째 산업혁명이 시작되었습니다. 신호탄은 모든 산업의 근간을 이루는 철강산업을 일으키는 일이었습니다. 바로 포항제철을 세운 것이지요. 경부고속도로 건설 사업이 그랬듯 포항제철 설립에 대해서도 국내외에서 반대가 무척 심했어요. 그래서 설립 자금을 조성하는 데 어려움이 많았는데, 설립 책임을 맡은 군인 출신 박태준이 한일청구권 협상 자금을 이용하자고 제안하면서 이 문제를 해결했지요. 결국 1973년부터 포항제철은 강철을 생산하기 시작합니다.

1973년 박정희는 중화학공업을 육성하는 개발계획을 발표합니다. 그에 따르면, 박정희와 중화학공업 추진위원회는 6개 산업, 그러니까 철강·조선, 전자, 기계, 비철금속, 화학공업을 집중적으로 지원하게 되지요. 새로운 공장과 조선소를 세울 부지를

한국 중화학공업화의 출발, 1973년 6월 포항제철 제1고로에서 첫 쇳물이 쏟아지던 순간.

선정해 기업에게 싼값으로 넘겨주고, 특혜 금융과 운송료나 전기 요금 할인 같은 혜택을 베풀었어요. 박정희는 참여 기업을 직접 고르기까지 했습니다. 한국에서 중화학공업이 가능할 거라고 생각한 사람은 많지 않았고, 기업가들도 참여를 꺼렸기 때문이지요. 박정희는 개인적으로 친분이 두터운 기업가들을 직접 설득했어요. 삼성, 현대, 럭키금성(지금의 LG) 같은 기업이 이런 경우에 해당합니다. 이런 기업에 자원을 집중하면서 온갖 혜택을 베풀었기 때문에 박정희가 선택한 기업은 지금 우리가 재벌이라고 부르는 거대 기업으로 성장하게 되었습니다. 선택받은 기업이 아무 노력도 없이 성장에 성공했다고 말하기는 어렵습니다. 박정희 정부 산업정책의 중요한 특징은 지원 대상으로 선정된 기업이 특정 기간에 가시적인 성과를 반드시 달성하도록 강요했다는 것입니다. 국내 시장을 철저하게 보호해 이들 기업에게 일정 규모의 독점 시장을 마련해주는 한편, 해외에서는 각 부문 최첨단 기업과 치열하게 경쟁하도록 독려했지요. 어떤 기업이 경쟁에서 패배하면 박정희 정부는 최고경영자 퇴진 같은 채찍을 엄격하게 적용했고, 성공한 기업에는 더 많은 특혜를 베풀었습니다. 이런 선별적인 산업정책은 분명히 효과가 있었지요.

1961년 쿠데타부터 1979년 시해까지 박정희 집권기는 한국에서 두 차례 산업혁명이 일어난 때입니다. 산업혁명이 처음 시작된 영국에서 거의 두 세기에 걸쳐 일어난 일을 한 세대 만에 이뤄냈으니 '기적'이라 부를 수도 있겠지요. 이렇게 생산력이 빠르게 향상되었으므로 그만큼 국민의 형편도 좋아졌겠지요. 이 시대를 직접 경험한 세대가 곧잘 이야기하듯, 박정희가 쿠데타를 일으킬 무렵 한국은 요즘 아프리카 대륙이나 아시아 일부 지역에서 볼 수 있는 가난이 만연한 나라였어요. 이런 나라가 1979년에 이르면 1인당 국내총생산이 1,770달러에 이를 정도로 부유해졌지요. 그사이 인구가 천만 명 이상 증가했는데도 1인당 국내총생산이 18배나 늘어난 것입니다. 사람들의 처지가 나아졌다는 사실은 기대수명의 변화에서도 확인할 수 있습니다. 1961년 한국인의 기대수명은 56세 정도였어요. 그만큼 살기가 어려웠던 게지요. 1979년에 이르면 이 수치는 66세 정도로 좋아집니다. '잘살아보세'라는 그 시대 노랫가락처럼 박정희 시대가 끝날 무렵이면 많은 한국인이 누구나 노력하면 잘살 수도 있다는 희망을 품게 되었지요.

하지만 박정희 정부가 이런 성취를 이루면서 얼마나 많은 사람에게 희생을 강요했는지도 반드시 기억해야 합니다. 이를테면 가난을 견디다 못해 새로운 희망을 찾아 서독으로 떠났던 수많은 광부와 간호사, 영문도 모른 채 전쟁터로 끌려갔던 베트남 참전 군인이 고국의 부모형제에게 보낸 외화는 기업이 외국에서 새로운 기계를 들여오고 값비싼 원유를 수입하는 데 사용되었습니다. 급격한 산업화로 경제구조가 바뀌면서 농촌을 떠나 도시에서 새롭게 출발하려는 사람이 수없이 많아졌습니다. 찢어지게 가난한 집안에서 태어나 먹고살 길을 찾기 위해 서울행을 택한 어린 소녀들이 완행열차를 타고 서울역에 내리곤 했지요. 이들 가운데 많은 이들이 월급도 없는 식모살이를 하거나 가난한 여공이 되었어요. 정부는 농촌에서 가난을 퇴치해야 한다면서 새마을운동이라는 대규모 근대화 사업을 벌였지만 정작 농촌 주민의 삶은 크게 나아지지 않았습니다. 산업화를 떠받치는 값싼 노동력을 재생산하기 위해 농산품 가격을 낮게 규제했기 때문입니다. 그래서 많은 이들이 결국 도시로 떠났습니다. 이들 가운데 다수가 도시 빈민으로 전락했고요. 지금도 서울이나 부산 같은 대도시에 흔적이 남아 있는 달동네는 이런 아픈 역사를 증언합니다. 정든 고향을 떠나 도시에서 운 좋게 노동자로 자리 잡게 된 이들의 현실도 좋지만은 않았습니다. 생산력과 생산성이 향상된 만큼 임금이 오르는 건 아니었기 때문입니다. 임금을 올려달라거나 노동조건을 개선하라는 요구는 노동조합 결성을 무자비하게 탄압하는 국가의 힘 앞에 좌절하곤 했습니다. 두려움을 무릅쓰고 노동운동에 투신했던 많은 이들이 '빨갱이'로 몰려 옥에 갇혔습니다.

산업혁명 이면의 이런 고된 역사는 박정희 정부가 민주주의에 대한 국민의 열망을 철저하게 억압한 일과 긴밀하게 연관되어 있습니다. 1972년 10월 유신 이후 박정희 정부가 장기집권의 야심을 그대로 드러냈을 때 학생을 중심으로 한 민주화운동이 거세게 일어났지요. 그 시절부터 자유로운 선거 같은 형식적인 민주주의를 성취하게 되는 1987년 6월 항쟁에 이르기까지 10년이 훨씬 넘는 시간이 걸렸고, 그사이 감옥에 갇히거나 심지어 목숨을 잃는 사람도 수없이 많았습니다.

이런 희생에도 어떤 이들은 박정희 정부의 권위주의적인 산업정책이 아니라 더 많은 민주주의를 택했다면 한국 사회가 지금과 같은 번영을 과연 성취할 수 있었겠느냐고 묻습니다. 이는 박정희 정부가 성취한 산업혁명 덕분에 경제적 여유를 갖게 된 중산층이 성장했고, 그 덕분에 민주화운동 역시 성공하지 않았느냐는 이야기와 닿아 있지요. 이런 물음에 답하기는 쉽지 않습니다. 역사에서 만약이라는 질문에 답하기는 참 어려운 것이니까요.

그래도 생산력 향상의 역사를 잠시 살펴본 이 자리에서 말할 수 있는 것은 영국은 물론이요 뒤이어 산업혁명에 성공한 미국과 독일 같은 나라에서도 많은 노동자가 산업혁명에 저항했고, 이들의 끈질긴 저항이 국가와 기업으로 하여금 생존권이나 노동권 같은 인권에 관심을 갖게 만들었다는 사실입니다. 그 덕분에 이들 나라에서는 민주주의가 진전되었고, 20세기 중반 이후에는 기업이 노동자의 기본권을 보장하면서도 동시에 생산력을 향상시킬 수 있는 방법을 모색하게 되었지요. 물론 이런 행복한 결말은 지속되지 않았습니다. 1970년대 오일쇼크를 거친 이후 신자유주의가 득세하면서 노동자들이 성취한 권리가 후퇴하기 시작했으니 말이지요. 그만큼 자본의 힘은 강해지고, 민주주의는 약해졌습니다. 그러니 생산력 향상과 그로 인한 번영은 인류에게 언제나 축복이었다고 말할 수만은 없습니다. 뒤에서 살펴보겠지만, 생산력 향상 덕분에 우리가 지금 누리는 풍요로운 소비사회가 인류 모두에게 좋은 소식이 아닌 것처럼 말이지요.

과학과 기술은 어떻게
오늘의 세계를
만들었을까

2

1

오늘의 세계를 만든, 과학과 기술의 발전

과학 기술에 대한 투자와 그 성과

오늘날 과학과 기술의 발전 속도는 무서울 정도로 빠릅니다. 세계 곳곳의 대학과 연구소, 정부 연구기관에서 일하는 수많은 과학자와 공학자가 매일 실험에 매진하면서 새로운 연구 성과를 내놓고 있고, 거대한 다국적기업부터 작은 벤처기업까지 수없이 많은 회사가 새로운 제품과 기술을 출시하기 위해 전력을 다하고 있지요. 그런 만큼 우리 일상 구석구석까지 과학과 기술의 성과가 깊숙이 들어와 있습니다.

이를테면 컴퓨터와 스마트폰 같은 하드웨어에 여러 가지 소프트웨어를 설치하고, 거의 하루 종일 무선 인터넷망과 연결해 어디서든지 일을 처리하거나 물건을 구입하고, 음악과 동영상을 감상하며, 사람들과 소통하는 것이 아주 자연스러운 일이 되었어요. 이런 일에 우리는 매일 엄청나게 많은 시간을 쓰고 있습니다. 스마트폰을 자주 사용하지 않는다고 생각하는 저 같은 평범한 중년 남성도 하루에 두 시간 이상을 이 기계와 함께하니 말이지요. 여기에다 컴퓨터 앞에서 보내는 시간까지 보태면 하루의 절반은 족히 되지 않을까 싶어요. 개인용 컴퓨터가 우리 사회에 널리 보급된 게 1990년대 초부터이니, 불과 한 세대 사이에 정보통신 기술이 우리 생활방식을 얼마나 근본적으로 바꿔놓았는지를 생각해보면 놀라울 따름이에요.

요즘에는 한 나라가 가진 과학과 기술의 역량이 국력과 직결되어 있다는 믿음이 당연하게 받아들여지고, 그만큼 거의 모든 선진 자본주의 국가가 연구개발에 많은 자원을 투입하고 있어요. OECD(경제협력개발기구) 통계에 따르면, 2018년에 OECD 국가에서 연구개발에 사용한 돈은 총 1조 3천억 달러가 넘어요. 미국에서만 5,500억 달러 이상을 사용했고, 그 뒤를 중국이 바짝 뒤쫓아 5,260억 달러를 투입했지요. 이웃 나라 일본도 1,730억 달러 정도를 썼어요. 한국의 연구개발비는 이런 나라에 비해 규모가 작은 편인데도 950억 달러가 넘지요.

연구개발비의 총액만큼 중요한 지표는 국내총생산 가운데 연구개발비가 차지하는 비중이에요. 역시 2018년 자료를 살펴보면, OECD 국가에서 이 비중은 대략 2.4퍼센트 정도였어요. 미국은 2.8퍼센트 수준이고, 중국은 2.18퍼센트 정도입니다. 일본은 국내총생산의 3.2퍼센트 정도를 연구개발에 쓰고 있고, 놀랍게도 한국은 4.5퍼센트를 투자했어요.

실제로 한국은 이스라엘과 함께 전 세계에서 국내총생산 대비 연구개발비 비중이 가장 높은 나라에 속합니다. 이 수치를 다른 부문의 정부 지출이 국내총생산에서 차지하는 비중과 비교해봐도 흥미롭습니다. 복잡한 남북관계와 동아시아 국제질서 탓에 한국 정부는 오랫동안 국방을 강화하는 데 관심을 쏟았고, 많은 돈을 군비 지출에 사용했지요. 그런데도 2019년 한국의 국방비 지출은 국내총생산의 2.3퍼센트 수준으로 과학 기술에 대한 연구개발보다 낮았어요.

　서양의 과학 기술을 본격적으로 받아들인 이후에 반세기가 조금 넘는 짧은 기간 안에 한국이 얼마나 큰 발전을 이뤄냈는지는 잘 알려져 있습니다. 과학 기술 분야에서도, 어떤 연구자가 '한국의 과학 기술 혁명'이라 부를 정도로 대단한 발전이 있었어요. 1962년에 1인당 국민소득 기준으로 세계 129개 나라 가운데 99위였던 가난한 나라 한국이 지금 선진국이 될 수 있었던 중요한 원동력 가운데 하나가 과학 기술에 대한 투자라는 데는 이견이 별로 없을 듯해요.

　몇 가지 지표가 한국의 과학 기술이 얼마나 성장했는지 잘 보여줍니다. 한국이 연구개발에 투자하는 돈의 총액을 따져보면 2017년에 세계 5위 수준이 되었어요. 과학 기술 인력도 아주 많은 편이에요. 약 39만 명이 과학 기술 분야에 종사하고 있는데 우리보다 인구가 훨씬 많은 미국이나 중국에 미치지는 못하지만, 독일보다 조금 적고 영국이나 프랑스보다는 많은 수준입니다.

　연구개발 성과도 양적으로는 비약적인 발전을 이룬 듯해요. 국제학술지에 실린 논문의 수를 보면, 한국은 2017년에 세계 12위 수준에 이르렀지요. 출원한 특허 수는 더 좋은 성적을 보여 세계 5위에 올랐어요. 이런 여러 지표를 종합해서 평가하는 국제 과학 경쟁력과 기술 경쟁력 순위에서는 각각 3위와 22위를 차지했습니다.

왜 근대 이후 서양 과학 기술의 발전을 살피는가

2부에서는 근대 초부터 지금까지 과학과 기술의 발전상을 짚어보려고 해요. 과학과 기술이 우리가 지금 누리는 풍요의 밑바탕이라 할 생산력에 결정적인 영향을 미친다는 사실을 염두에 둔 것이지요. 더 나아가 우리 일상에 과학 기술이 얼마나 깊이 들어와 있는지 되새겨보면서, 어떻게 이런 일이 일어났는지 생각해보는 것도 필요하다는 점을 고려했어요.

우리가 이야기하는 과학과 기술의 변화는 주로 서양에서 시작되었습니다. 특히 과학혁명이라 부르는 시대부터 빠르게 변화가 일어났어요. 물론 근대 초까지 세계 경제에서 중요한 위치를 차지했던 이슬람 세계나 중국에도 당연히 과학과 기술이 있었지요. 나침반이나 화약처럼 어떤 경우는 서양보다 훨씬 먼저 근대 기술의 성취를 거두기도 했어요. 하지만 이런 지역에서는 근대부터 서양에서 확인할 수 있는 누적적이고 지속적인 과학과 기술의 발전을 찾아보기 어려워요. 통치자뿐만 아니라 엘리트 지식인과 관료는 대개 과학과 기술 문제에 무관심했고, 그런 만큼 과학과 기술의 발전을 이끌어가려는 노력도 부족했지요.

반면에 서양은 근대 이후, 특히 19세기 중반부터 과학과 기술을 결합해 생산력을 크게 향상시켰을 뿐만 아니라 다른 지역을 정복하고 지배하는 군사력을 키웠어요. 생산력과 군사력 간의 결합과 상승작용은 두 차례 세계대전을 끔찍한 전쟁으로 만들기도 했지만, 아이러니하게 이런 전쟁 때문에 서양의 과학과 기술이 더욱 발전하기도 했지요. 그러는 사이 이슬람 세계나 동아시아는 서양 열강의 먹잇감으로 전락하고 말았어요. 그러므로 아시아 여러 나라가 제국주의 세력으로부터 독립해 자주적인 국가를 세우려 할 때 서양 과학 기술을 모방하려는 강한 충동을 느낀 것은 자연스러운 일이었지요.

따라서 2부에서는 주로 근대 이후 서양에서 일어난 과학과 기술 발전의 양상과 특징을 살펴보는 데 집중하려고 해요. 그전에 먼저 이슬람 세계와 동아시아에서 근대가 시작되는 1500년 무렵까지 어떤 성취를 이뤄냈는지 살펴보고, 왜 이들 지역에서 과학과 기술이 계속해서 발전하지 못했는지 검토할 것입니다. 이렇게 할 때 16세기 이후 서양 과학과 기술 발전의 특징이 더 또렷하게 드러날 거라고 여기기 때문이지요.

근대 서양 과학 기술의 발전을 살펴볼 때는 과학과 기술 발전을 별개 현상으로 다루게 될 것입니다. 그럴 수밖에 없는 게 고대 그리스 시대부터 아주 오랫동안 과학과 기술은 독립된 영역이었기 때문이에요. 과학은 엘리트 교양 교육에서 중요한 부분을 차지했고, 수많은 지식인이 과학 탐구를 즐겼지요. 새로운 기술을 내놓는 일은 주로 장인 같은 기술자의 몫이었어요. 이 두 부류 사이에서는 지속적이고 생산적인 대화가 일어나지 않았습니다. 17세기에 새로운 과학을 내세우는 사람들이 나타나서 과학이 인간의 삶을 개선하는 데 유용한 지식을 만들어내야 한다고 강조했는데도 이런 간극은 쉽게 극복되지 않았어요. 그러다 19세기 말에 가서야 과학과 기술이 서로 긴밀하게 연관을 맺기 시작했으니, 그것은 서양이 엄청난 생산력을 갖게 되는 데 결정적인 요인이 되었지요. 장기간에 걸쳐 일어난 이런 변화를 아래에서 살펴보려 합니다.

어떤 분은 우리 이야기가 지나치게 유럽 중심적인 서술이라고 불편해할 수도 있을 듯해요. 이슬람 세계와 동아시아에 대한 서술은 1500년 무렵까지 일어난 일에서 대개 멈춰버리니 말이지요. 사실 그 이후에 이슬람 세계와 동아시아에서 어떤 일이 일어났는지 자세하게 살펴보기에는 지면이 제한되어 있기도 해요. 하지만 더 중요한 이유는 이 글이 자칫 근대 유럽의 과학혁명이 왜 이슬람 세계나 중국에서는 일어나지 않았느냐는 질문에 답하려는 시도가 되어버릴까 걱정했기 때문이에요. "왜 중국은 아닌가?"는 무척 논란이 분분한 물음이지요. 그런데 잠시 생각해볼 점은 이런 질문 자체에 문제가 있지는 않은가, 하는 것입니다. 왜 중국은 아니었는가라고 물을 때 중국이 당연히 유럽과 같은 길을 걸었어야 했는데 그렇지 못했으니 문제라는 생각이 들어가 있을 수도 있다는 것이지요. 이런 질문 방식 자체가 유럽이 걸었던 길을 잣대로 삼아 유럽 바깥 세계의 역사를 되돌아보는, 즉 유럽 중심주의에서 벗어나지 못한 결과가 아닐까 합니다. 중국이나 이슬람 세계에서 과학과 기술이 발전하는 과정을 이 지역의 역사적 맥락에서 살펴보는 일이 훨씬 나을 겁니다. 하지만 아쉽게도 이 책에서 다루기는 어려워요. 여기서 우리가 관심을 갖고 있는 문제는 여러 지역에서 일어난 과학과 기술 변화 그 자체가 아니라, 지난 수백 년 사이에 일어난 변화가 지금 우리 삶과 어떻게 연관되어 있는가, 하는 것이기 때문이지요. 그럴 때 지금 우리 일상이 서양에서 먼저 발전한 과학 기술의 영향 아래 있다는 사실을 부정하기는 어렵습니다. 19세기 이후에 서양 바깥 여러 나라가 서

양 과학 기술을 익히고 추격하는 데 매진했던 것도 이런 현실을
보여줍니다.

2 이슬람 과학 기술의 부흥과 쇠락

중세 이슬람 세계에서 융성한 과학

1500년 무렵, 근대성의 중요한 요소인 과학 분야에서 이슬람 세계가 가장 앞서 있었다는 것은 널리 알려진 사실이에요. 이런 우위가 나타난 배경은 이슬람 세계가 탄생할 무렵까지 거슬러 올라갑니다. 7세기에 이슬람교가 탄생한 이후 이슬람 세계는 근동 지역에서부터 동서로 빠르게 판도를 넓혀 나아갔고, 그 결과 고대 과학 기술의 유산을 흡수하는 데 유리한 위치를 차지했지요.

실제로 이슬람 세계에서는 일찌감치 여러 지역에서 나온 과학 관련 저술을 아라비아어로 번역하는 일이 활발하게 진행되었어요. 이미 8세기에 인도의 천문학과 수학 책들이 번역되었고, 9세기에는 고대 그리스 문헌이 대거 유입되어 번역되었지요. 특히 칼리프 알마문Al-Ma'mun(재위 813~833)은 '지혜의 집'을 설립해서 번역과 과학 연구를 체계적으로 지원했어요. 거기서는 수학에 능통했던 알렉산드리아 과학자들, 예컨대 프톨레마이오스나 유클리드, 아르키메데스의 책들이 번역되었고, 그들보다 먼저 그리스 과학을 집대성한 아리스토텔레스의 여러 저술이 번역·연구되었지요.

번역 사업의 범위는 넓었어요. 그 가운데서도 특히 통치에 쓸모가 있을 것이라고 기대되는 분야, 가령 의학이나 응용수학, 천문학, 점성술, 연금술, 논리학 관련 번역 사업이 활발했지요. 이를테면 의학의 경우 900년에 이르면 그리스 의학의 태두라 할 수 있는 갈레노스의 저술 129편이 번역되기에 이르렀습니다. 이런 성취는 당시 유럽 상황과 비교하면 아주 대단해 보여요. 900년 무렵 서유럽에서 라틴어로 번역된 갈레노스의 책은 세 편뿐이었으니 말이지요.

하지만 이슬람 세계 지식인이 다른 문명에서 생산된 지식을 보전하고 전달하는 데만 관심을 기울였다고 생각해서는 곤란해요. 대략 14세기까지 이슬람 세계에서 활동한 과학자의 수는 그이전 역사에서 학문 활동이 가장 융성했던 고대 그리스에 견줘도 뒤지지 않을 만큼 많았고, 이들이 이룬 성취도 대단했습니다. 예컨대 천문학 분야에서는 1259년에 설립된 마라가 관측소를 중심으로 여러 천문학자가 나타나 프톨레마이오스의 지구 중심설을 뛰어넘는 새로운 모형을 내놓고, 그것을 정확한 관측 데이터로 검증하기도 했어요. 수학에서 이슬람 학자들은 삼각법을 만들어 천문학 발전을 뒷받침했고, 인도에서 아라비아 숫자를 도입하기도 했지요. 9세기 수학자 알크와리즈미가 아라비아 숫자를 받아들이고 수학 지침서『알자브르와 알무카발라』를 썼으니, 거기서 '대수학'algebra이라는 학문 이름이 나왔어요. 광학에서는 이븐 알하이삼이『광학의 서』라는 저서에서 우리가 사물을 볼 수 있는 까닭은 눈이 빛을 내뿜기 때문이라는 오해를 바로잡았고, 지금도 사용되는 암실camera obscura의 원리를 제시했으며, 무지개나 굴절 같은 현상을 설명했습니다.

우즈베키스탄의 사마르칸트에 있는 마드라사.

이슬람 세계에는 이런 학문 활동을 뒷받침하는 제도들이 마련되어 있었어요. 먼저 떠올릴 수 있는 제도는 마드라사madrasa라 불렸던 고등교육 기관이지요. 마드라사는 11세기에 유럽에서 등장하기 시작한 대학과는 조금 달랐어요. 마드라사는 개인 기부를 통해 설립된 교육 시설로 주로 종교 지식과 이슬람법을 가르치는 데 치중했고, 외래 과학으로 분류된 철학과 자연과학을 가르치는 일은 부차적인 것으로 간주했습니다. 게다가 마드라사는 표준 교육 과정을 갖추지도 않았고 학위를 수여하지도 않았어요. 그랬기 때문에 지식을 전수하는 일은 대개 교수와 학생의 친분관계를 바탕으로 이루어졌어요. 학생은 자기가 원하는 공부를 하려면 여러 마드라사에 자리 잡고 있던 교수를 찾아다녀야 했다고 합니다. 이렇듯 유럽 대학과 비교해보면 덜 체계적이지만 과학이 마드라사를 통해서 널리 전파되었다는 사실은 부정하기 어렵습니다. 통치 엘리트가 필요로 하는 논리학이나 산술, 정확한 기도 시간과 메카의 방향을 알아내는 데 꼭 필요했던 기하학과 삼각법, 천문학도 분명히 마드라사에서 가르치고 공부하는 분야였으니까요.

도서관도 자연과학이 융성하는 데 크게 기여했어요. 도서관은 주로 마드라사나 이슬람 사원의 부속 기관으로 이슬람 세계 곳곳에 수백 개나 있었지요. 일찍이 10세기 카이로 왕실 도서관에는 40개의 방마다 여러 주제에 관한 책이 가득했는데, 그 가운데 과학과 관련된 책만 1만 8천여 권이 있었다고 해요. 훗날 도서관은 더욱 많아졌어요. 전성기에 인구가 100만 명에 육박했던 코르도바에는 70곳의 도서관이 있었고, 그 가운데 한 곳은 40만 권이 넘는 장서를 보유하고 있었다고 하지요. 13세기 바그다드에는 30개의 마드라사가 도서관을 갖추고 있었고, 16세기 다마스쿠스에는 150개 마드라사와 부속 도서관이 있었어요. 이슬람 세계의 도서관 규모가 얼마나 컸는지는 비슷한 시기 유럽 도서관의 장서 규모를 살펴보면 분명하게 드러나요. 스콜라 철학의 본산으로 명성을 떨쳤던 14세기 파리대학의 도서관은 단 2천여 권의 책을 소장하고 있었을 뿐이고, 15세기 바티칸 도서관의 장서 규모도 그와 비슷했으니 말입니다.

과학 탐구와 좀 더 직접적으로 연관된 다른 기관들도 이슬람 세계에서 번성했어요. 대표적인 예가 천문관측소입니다. 사실 천문관측소는 거의 모든 고대 문명에서 찾아볼 수 있으니 그렇게

이슬람 세계의 도서관은
자연과학이 융성하는 데
크게 기여했다. 아바스
왕조기 도서관의
학자들(1237).

새롭다고 말할 수 없지만, 이슬람 세계에서는 특히 중요한 역할
을 담당했지요. 무슬림은 매일 다섯 차례 정해진 시각에, 반드시
메카 방향으로 기도를 올려야 했기 때문에 정확한 시각과 방향을
파악하는 일이 중요했어요. 그래서 나라에서 천문학자들을 지원
해 달력을 제작하고, 기도 시간이나 라마단 같은 계율을 지키는
데 필요한 책을 만들었지요. 게다가 왕실에서 점성술이 아주 인
기 있었다는 사실도 천문학 연구 지원과 무관하지 않았어요. 점
성술사의 자격과 의무, 보수를 나라에서 주관하는 시험과 법으로
정할 정도였으니 말이지요. 이런 분위기 속에서 9세기 초부터 천
문관측소가 곳곳에 설립되었습니다. 이런 천문관측소에는 대형
육분의 같은 관측 장비가 설치되었어요. 이를테면 지금의 우즈베
키스탄 사마르칸트에 건립된 천문관측소에는 반지름이 40미터나

되는 3층 규모의 육분의가 설치되어 있었습니다.

이슬람 세계 여러 곳에 설립된 병원도 과학 발달에 기여했어요. 다른 분야에서 그랬듯, 이슬람 의학도 아라비아 전통 의술과 고대 그리스 및 인도, 페르시아 의학이 결합하면서 자리 잡았어요. 8세기부터 활발하게 일어난 번역 사업으로 히포크라테스와 갈레노스의 저술을 포함한 고대 그리스 의학서에 대한 연구가 번성했고, 바닷길과 육로를 이용한 교역 네트워크를 통해 페르시아와 인도의 약물과 향료, 의학 지식을 전수받을 수 있었지요. 이런 바탕 위에서 나라가 지원하는 병원이 여러 군데 건립되면서 의학 연구는 더 활발해졌어요. 역사상 처음으로 병원이 임상뿐만 아니라 교육과 연구 기능을 담당하면서 도서관과 강의실까지 갖추곤 했어요. 그 결과 뛰어난 업적이 여럿 나왔지요. 10세기 의학자 알라지(라틴명 라제스)는 여러 지역의 의학 지식을 집대성한 20권 짜리 『의학대전』을 펴냈고, 11세기에 이븐 시나는 『의학규범』과 『자유의 책』 같은 중요한 저술을 남겼습니다. 이들의 책은 12세기에 라틴어로 번역되어 17세기까지도 유럽 대학에서 기본 교재로 사용될 정도로 수준이 높았지요. 13세기 이븐 알나피스 같은 학자는 갈레노스의 업적을 뛰어넘어 3세기 후 잉글랜드의 윌리엄 하비가 발견하게 될 혈액 순환을 밝히는 저서를 펴내기도 했습니다.

이렇게 이슬람 세계에서 여러 문명의 과학 지식을 흡수하고 실험으로 기존 지식을 확인·수정해서 새로운 지식을 창출하는 활동이 활발하게 일어난 것은 이슬람교가 독서에 바탕을 둔 지식 습득을 강조한 일과 무관하지 않아요. 이슬람 경전 『꾸란』에 기록된 알라의 첫 번째 계율이 "읽어라, 창조주이신 그분의 이름으로"였고, 교조 무함마드가 읽고 쓰기를 배우고 지식인을 존경할 것을 거듭 강조했던 점에서 엿볼 수 있듯이 이슬람교 자체가 지식 습득을 누구나 추구해야 할 목표로 내세웠습니다. 물론 더 직접적인 원동력은 이슬람 통치자가 과학과 기술 지식을 필요로 했다는 데 있었지만요. 아시아에서 북아프리카, 유럽에 이르는 거대한 제국을 다스리는 데 천문학이나 의학, 대수학 같은 학문의 성과가 쓸모 있었던 겁니다. 이를테면 이런 과학은 절기를 파악하는 일이나 거리와 크기를 정확하게 측정하는 일부터 시작해 백성의 생명을 안전하게 지키고 상거래를 육성하고 보호하는 데도 실제로 도움이 되었습니다.

이슬람 세계의 과학과 기술이 더 이상 발전하지 못한 이유

하지만 이슬람 과학이 국가와 종교의 요구를 충족하는 일을 가장 중요한 목표로 삼았다는 점, 그러니까 실용성을 지향했다는 점은 과학과 기술이 발전하는 원동력이면서도 동시에 이슬람 과학 기술이 유럽과는 다른 방향으로 진화하는 까닭이 되기도 했어요. 언제나 외래 학문으로 취급된 과학은 이슬람 세계의 정교한 교육 체계 안에서 독립된 지위를 확보하지 못했고, 과학 지식을 생산하는 과학자의 활동도 대개 통치 엘리트의 후원에 의존해야 했지요. 세계와 우주에 관한 지식이 이슬람 세계의 지식 서열에서 맨 아랫자리에 있었다는 사실도 과학이 독립된 학문으로 발전하는 데 도움이 되지 않았어요. 지식 서열에서 제일 높은 자리를 차지한 것은 이슬람 경전 『꾸란』이었고, 그 아래에 교조 무함마드의 가르침을 담은 『하디스』가 있었으며, 이 두 책에 제시된 율법을 해석하는 법학자의 지식이 다음 단계에 자리 잡고 있었습니다. 이런 세상에서 과학 지식은 계시와 율법이 정해놓은 한계 안에서 사회적으로 쓸모가 있을 때만 인정받을 수 있었습니다. 그러니까 이곳에서 과학 탐구에는 어떤 정해진 한계가 있었다고 하겠지요. 이를테면 산술 같은 학문은 일상적인 상거래나 유언장 작성, 재산 분배 같은 데만 사용되어야 한다는 생각이 널리 받아들여졌습니다.

일종의 도구주의라 부를 수도 있는 이런 접근법은 이슬람 과학이 한때 번성했던 것만큼이나 빠르게 쇠락할 가능성을 품고 있었어요. 통치자나 이슬람 세계에서 제일 중요한 정치 세력이었던 성직자 집단이 어떻게 판단하느냐에 따라서 과학 탐구가 언제든지 부차적인 일로 취급되거나 심지어 불필요한 활동으로 여겨질 수도 있었으니 말이지요.

1500년 즈음에 이르면 바로 이런 일이 실제로 일어나게 됩니다. 예전에는 여러 문명의 지식을 흡수하고 융합해 새로운 지식을 만들어내고, 그것을 다시 다른 문명권에 전달하곤 했던 이슬람 세계는 점점 보수적이고 동질적인 모습을 보이기 시작했던 거지요. 유럽 끝자락 이베리아 반도에서 레콩키스타, 즉 재정복운동을 벌이던 그리스도교 세력과 여러 차례 어려운 싸움을 치러야 했고, 서아시아에서 확장하던 몽골 제국에 맞서 힘겨운 전쟁을 치르면서 이슬람 세계에서 내부를 단속하는 보수주의가 득세했던 것이지요. 그것이 과학 탐구에도 곧바로 영향을 주기 시작했어요.

이런 보수화 경향은 인쇄술과 서적 생산에서 단적으로 드러났어요. 15세기 중반에 구텐베르크『성경』이 출간된 직후부터 유럽은 인쇄혁명이라고 부를 만한 폭발적인 서적 생산 증가를 경험하게 됩니다. 이와 함께 지식이 빠른 속도로 유럽 전역으로 확산되기 시작했지요. 그런데 정확히 그 무렵 이슬람 세계에서는 새로운 활자 인쇄술을 받아들이는 게 아니라, 오히려 인쇄술의 도입을 금지해버려요. 원래부터 이슬람 세계에서는 인쇄물을 통해 지식을 전수하는 일을 탐탁지 않게 여겼어요. 알라의 계시가 무함마드라는 선지자를 통해 전해진 것처럼, 지식 전수도 권위자의 입을 통해 직접 이뤄져야 한다고 믿었기 때문이지요. 책은 바로 이런 권위 있는 인물이 남긴 충실한 기록으로, 흔히 제자에게 내용을 구술하고 그가 받아 적은 내용을 꼼꼼하게 확인하는 과정을 거쳐 출간되곤 했어요. 그랬기 때문에 시장에서 지식이 무차별적으로 사람들 사이에 유통되는 새로운 인쇄 문화를 받아들이기가 쉽지 않았어요. 거기에다 지식을 통제하려는 보수화 움직임까지 나타나면서 인쇄술의 도입이 지연되었던 것이지요. 서양식 인쇄술은 19세기 초에 미국 선교사들이 들여올 때까지 받아들여지지 않았고, 신문처럼 일반 대중을 겨냥한 인쇄물은 19세기 중반에나 나타났어요. 인쇄술 발전이 이렇게 지체되었던 만큼 지식 전파가 광범위하게 일어나기는 어려웠겠지요. 그러다 보니 이슬람 세계에서 과학과 기술 발전은 더딜 수밖에 없었습니다.

3 중국 과학 기술의 성쇠

국가가 과학 기술의 발전을 주도하다

이슬람 과학에서 볼 수 있는 도구적인 성격은 비슷한 시기에 중국에서도 발견할 수 있어요. 이슬람 세계가 정교일치 원리에 바탕을 둔 중앙집권 체제를 추구했던 반면, 중국에는 황제를 정점으로 그 아래에 정밀하고 탄탄하게 짜인 중앙집중적인 관료제가 일찌감치 자리 잡았지요. 이슬람 세계에서 이슬람 신앙이 통치 이념 역할을 했던 것과 유사하게 중국에서는 10세기 송 시대에 등장한 신유학, 우리에게는 주자학이라는 이름으로 잘 알려진 학문 체계가 황제를 중심으로 하는 권력구조를 뒷받침하는 이념 체계가 되었어요.

신유학에 따르면 자연과 인간은 조화롭게 통일을 이루어야 하고, 우주 질서의 조화에 따라 인간 사회 질서도 바뀌어야 해요. 사회 질서가 우주 질서를 따르지 않으면 반드시 혼란과 재앙이 뒤따른다고 믿었지요. 이런 질서 속에서 황제는 우주와 인간 질서를 조화시키라는 하늘의 명령, 그러니까 '천명'을 받은 이로 간주되었어요. 그래서 황제의 언행에 따라 이런 조화가 유지되거나 무너질 수 있다고 생각했지요. 그러므로 중국에서 정치가 해야 할 일은 자연과 인간 사회의 이치를 깊이 탐구한 이들이 황제를 잘 보필해 황제가 덕이 있는 언행으로 우주와 인간 질서 사이의 조화를 유지해나가도록 하는 일이 되었어요. 신유학의 이런 이념은 황제와 주변 관료에게 권력이 집중되는 것을 정당화하는 데 이용되었습니다.

송 시대에 황제 권력과 그것을 떠받치는 관료제는 더욱 강화되었어요. 권력은 황제에게 집중되었고, 황제의 명령은 수만 명에 이르는 관료를 통해 지방 마을까지 전파되고 시행되었지요. 이렇게 중앙 권력이 강화되고 관료의 힘이 세지면서 지식인의 관심은 자연스럽게 관료가 되는 일에 집중되었어요. 그건 물론 과거 시험에 합격하는 것을 뜻했지요. 『역사의 비교』에서 중국 과거 제도가 기본적으로 능력주의를 바탕에 두고 있다고 이야기한 바 있어요. 과거 응시 자격은 원칙적으로 모든 백성에게 주어졌고, 혈연이나 지연과 무관하게 시험 성적만으로 관료를 선발했지요. 과거는 유학 경전에 관한 지식과 시문詩文을 짓는 능력, 행정과 관련된 사안에 대처하는 역량을 주로 평가했어요. 그러니까 흔히 생각하듯 경전을 기계적으로 외우기만 해서는 치를 수 없는 시험이었지요. 그래도 과거가 지식인의 관심사를 특정 분야로 제한했다는 점은 부정하기 어려워요. 과학이나 기술은 관심사에서 밀려날 수밖에 없었지요.

사정이 이렇다 보니 중국에서 과학과 기술에 관련된 활동이 지식인 사회에서 자생적으로 일어나는 경우는 드물었어요. 오히려 그것이 나라를 다스리는 데 필요한 일이라고 여겨질 때 국가의 명령에 따라 일어나곤 했지요. 이슬람 사회에서 그랬듯, 어떤 특정 과학 분야는 나라를 다스리는 일과 직접적으로 연관되므로 유용하다고 판단되었습니다. 천문학이 대표적인 사례가 될 수 있겠지요. 이를테면 연호를 선포하는 일은 황제의 중요한 특권이었으므로 천문 관측은 중국에서도 아주 오랫동안 주요 국가 사업이었어요. 천문 관측과 달력 제작을 전담하는 관청이 따로 있었고, 별도로 시험을 치러 수학사와 천문학자를 뽑기도 했지요. 이들이 태음력과 태양력을 활용해서 19년을 235개월로 나눈 메톤 주기 Metonic cycle를 만들어냈고, 초신성이나 혜성, 태양 흑점 등을 관측해 방대한 기록을 남기기도 했습니다.

중국은 기본적으로 농업사회였기 때문에 기상 관측도 중요하게 여겼어요. 방대한 관개시설의 저수량을 예측하기 위해서 비와 바람, 눈, 오로라, 유성우, 조수에 관한 자료를 축적했고, 지진 발생을 기록했어요. 이미 2세기에 지진을 관측하는 지동의^{地動儀}가 만들어질 정도였지요. 지리학도 비슷한 맥락에서 오랫동안 연구되었습니다. 서양에서는 근대에나 나오는 메르카토르 투사법과 비슷한 투사법을 이용해서 다양한 지도를 제작했던 것이지요. 백성의 건강을 유지하고 생업을 돕는 동·식물학에 관한 지식을 쌓는 데도 국가는 깊이 관여했어요. 나라에서 뽑은 의생에게는 의학 교재를 쓰게 했고, 농업과 연관된 식물학과 동물학 백과사전류도 제작했습니다.

국가는 실용적인 기술 개발에도 깊이 관여했어요. 근대 이전에 흔히 나타나듯, 중국에서도 과학과 기술은 철저하게 분리된 활동이었습니다. 새로운 기술이나 물건을 만들어내고 기존 기술을 개량하는 일은 과학 원리에 대한 탐구와는 별개로, 실제 현장에서 실행과 오류를 거듭 반복하는 실행학습learning by doing에 의

최고最古의 세계지도 〈대명혼일도〉(1389~1391년 무렵).

존했지요.

그런데 같은 시기 유럽 여러 나라와 달리 중국에서는 국가 권력이 특정 수공업 활동을 직접 관장하거나 엄격하게 통제하면서 기술 혁신을 주도하곤 했어요. 이는 상당한 성취를 거두기도 했지요. 이를테면 송나라의 경우가 그랬습니다. 그 시대는 근대 이전 그 어느 곳에서도 비슷한 사례를 찾아보기 어려울 정도로 상업화가 진전되고 공업 생산이 활발했던 때이지요. 철 생산만 보더라도 11세기 송나라의 연간 철 생산량은 12만 톤을 넘었는데,

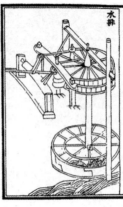

송나라 제철 기술을
계승한 14세기 초
원나라 제철 고로의
모습.

산업혁명이 한창 진행되고 있던 1780년대 영국의 철 생산량이
7만 톤에도 미치지 못했다는 사실에 견줘보면 대단한 성취입니
다. 송나라 제철업은 기술적으로도 세련되어, 예컨대 수력 풀무
와 코크스를 이용해서 철광석을 녹이는 작업 방식이 널리 확산되
어 있었어요.

송 시대에 빠르게 진행된 상업화는 농업 생산력이 크게 향상
되고 인구가 빠르게 늘었기 때문에 가능한 일이었어요. 중국 남
부에서 벼농사가 확산된 일이 특히 중요했는데, 벼농사는 밀보
다 단위 면적당 수확량이 1.5배 정도 많았기 때문에 더 많은 인
구를 부양할 수 있었지요. 바로 이 과정에 국가가 관여했어요. 벼
농사를 장려하기 위해서 정부는 인도차이나 반도에서 조생종 벼
를 도입했고, 계단식 논을 만들고 관개시설을 정비해 경작지를
확대했으며, 모내기 기술이나 새로운 쟁기와 양수기 같은 도구를
도입했어요. 그 결과 생산력이 크게 늘었고, 그만큼 인구도 늘었

지요. 800년 무렵 중국 인구는 5천만 명 정도였는데, 송 시대인 1200년에는 1억 1,500만 명까지 늘었습니다. 이렇게 늘어난 인구 가운데 농업에 종사하지 않는 사람은 제철업이나 광산업 같은 공업 부문과 국내외 교역으로 흘러들어갔지요. 경제가 역동적으로 성장하면서 화폐경제도 널리 확산되었어요. 정부가 발행하는 통화의 양은 997년부터 한 세기가 채 지나기 전에 두 배 이상 늘었고, 동전만으로 통화 수요를 감당할 수 없게 되자 1024년부터 지폐도 발행했어요. 서유럽의 경우와 비교하면 수백 년이나 앞선 것입니다.

상업이 확산되면서 여러 분야에서 기술 혁신이 촉진되었어요. 예컨대 관개기술이 집약된 운하와 제방 건설이 활기를 띠었어요. 중국 기술자들은 이미 7세기 초에 길이 640킬로미터에 이르는 운하를 건설한 적이 있지만, 송 시대인 12세기에 이르면 운항 가능한 수로와 운하의 총연장이 무려 5만 킬로미터나 되었습니다. 몽골의 침입으로 송나라가 멸망한 뒤에도 운하 건설은 계속되어 1327년에는 남부 항저우와 북부 베이징을 잇는 길이 1,760킬로미터의 대운하가 개통되었어요.

이런 교통망 개선 사업은 상업을 더욱 진작했고, 이와 함께 공업도 발전했어요. 이를테면 도자기 제조업 분야에서 중국 정부는 수천 명이 고용된 대규모 작업장을 운영했지요. 근대 이전 제조업에서 가장 큰 몫을 차지했던 직물업도 빠르게 성장했어요. 12세기 송나라는 세금으로 비단 117만 필을 거둬들일 정도였으니 직물업이 얼마나 성행했는지 짐작할 수 있지요. 이런 생산력 발전은 11세기 이후에 물레 사용이 확산되고 심지어 수력을 이용해 누에고치를 풀어 실을 얼레에 감는 기계가 발명되는 등의 기술 혁신에 힘입은 것이었어요.

제지 기술도 향상되었어요. 여기서도 국가의 역할이 두드러지게 나타나는데, 지폐 제작은 물론 행정에 필요한 여러 인쇄물이나 서적 출판을 국가가 주도해 인쇄업 발전을 이끌었던 것이지요. 예컨대 송 태조는 불교 경전을 종합할 것을 명령해 목판 13만 개로 5천 권이 넘는 불경을 출판했고, 명나라 초기에 발간된 백과사전은 거의 천 권에 이를 정도였어요.

화약을 발명하고 군사적으로 이용한 일도 빼놓을 수 없는 성과이지요. 화약은 9세기 중반에 발명된 것으로 알려져 있는데, 처음에는 주로 악귀를 쫓는 불꽃놀이에 사용되다가 송 시대에 이르러 로켓과 유탄, 폭탄, 구포, 총 같은 무기에 활용되기 시작했어요.

송나라 때부터 명나라 초기까지 기술 혁신의 역사를 이야기할 때 빼놓을 수 없는 또 하나의 분야는 조선업과 항해술이에요. 널리 알려진 사건은 나침반의 발명일 테지요. 자석 바늘이 남북을 가리킨다는 사실은 이미 기원전 100년 무렵에 발견되었고, 그때부터 자석 바늘은 풍수를 보는 데 활용되었어요. 나침반의 원형은 서기 1세기 말에 발명된 것으로 알려져 있지만, 항해에 나침반을 이용한 기록은 11세기 말에 처음 나타나요. 11세기 말은 중국이 해상세력으로서 면모를 갖추기 시작한 때이지요. 남송 시대에 이르면 중국은 수백 척의 배와 수천 명의 병력을 거느리게 되었어요. 원 시대에 해군의 규모는 더욱 커져서, 쿠빌라이 칸은 1281년에 4,400척의 배를 이끌고 일본 침공을 도모할 정도

중국 조선업의 발전을 보여주는 송나라 시대의 정크선.

였지요. 명나라 해군도 처음에는 규모가 대단했어요. 1420년에
3,800척의 배를 보유한 것으로 알려져 있으니 말이지요. 그 무
렵 중국은 "갑판이 4층이고, 방수용 격벽이 있으며, 4~6개의 마
스트가 있고, 12개의 대형 범포를 이용하여 천 명이 넘는 사람을
태울 수 있는 커다란 정크선들"을 갖추게 되었습니다.

정화의 원정 그리고 과학 기술의 쇠락

송 시대 이후에 일어난 조선업과 항해술의 발전을 보여주는 유명
한 사례는 명나라 환관 정화鄭和의 해외 원정입니다. 1405년에서
1433년까지 정화는 모두 일곱 차례 항해에 나섰어요. 규모와 범

위에서 몇십 년 뒤에 일어나는 콜럼버스 원정과는 비교할 수 없을 정도로 대단했지요. 첫 번째 원정에서 정화는 67척에 이르는 대규모 정크선단을 이끌고 말레이 군도를 다녀왔고, 두 번째 원정에서는 48척의 배와 2만 7천 명의 인원을 동원해 실론을 정복했어요. 세 번째 여행에서는 수마트라를 정복했고, 네 번째와 다섯 번째 여행에서는 각각 인도와 아라비아, 아비시니아와 외교관계를 수립했지요. 1432년에 시작된 마지막 항해에서 정화의 선단은 자바와 팔렘방, 몰루카 제도, 실론, 캘리컷을 거쳐 호르무즈에 이르는 장거리 여행을 마쳤어요.

정화의 원정은 당시 중국이 누리던 기술과 군사적 우위를 잘 보여주는 일이지만, 그보다 더 흥미로운 사실은 원정이 너무도 갑작스럽게 중단되었다는 점이에요. 이미 원정이 진행되고 있을 때 정부는 선박 제작을 중단했고, 1433년에는 해외 원정을 완전히 중단시켰어요. 왜 갑자기 원정을 중단시켰는지에 대해서는 논란이 분분해요. 한편으로는 정화 같은 환관 세력과 유교 지식인 관료 사이에 권력 갈등이 심각했는데, 결국 환관 세력이 패했기 때문이라는 주장이 있지요. 다른 한편으로는 북방 민족이 준동하면서 중국 정부가 해상 팽창보다는 영토 안정에 집중하는 길을 택할 수밖에 없었다는 이야기도 있어요. 게다가 오래전부터 대운하 건설 사업을 계속해 중국 내 교통망이 크게 개선되어 국내 교역이 번성하자 해외 교역에 관심을 기울일 까닭이 없었다는 주장도 있습니다.

정확한 원인은 더 따져볼 일이지만, 여기서 생각해볼 대목은 이런 갑작스러운 원정 중단이 중국 과학 기술의 역사에 대해 무

정화의 원정을 묘사한 17세기 목판화.

엇을 말해주는가 하는 점이에요. 이슬람 세계의 경우에 대해서 지적했듯이, 중국에서도 과학과 기술의 진화는 국가의 정책 방향과 긴밀하게 연관되어 있었다는 것이지요. 과학 탐구나 기술 혁신이 자율적으로 발전하는 일이 흔치 않았다는 말입니다. 중앙집중적인 관료제가 발달한 중국에서 이런 경향은 더 뚜렷했던 것 같아요. 중국처럼 인구가 많고 생산력이 발전한 나라에서 나라의 힘이 영토 구석구석에 미쳤다는 사실은 중요한 의미를 가집니다. 국가 정책이 발전을 이끌어갈 수도 있지만, 거꾸로 발전을 가로막을 수도 있었다는 것이지요.

실제로 정화의 원정을 단번에 중단시킨 뒤에 명나라가 걸어간 길은 과학이나 기술의 발전을 외면하는 것이었어요. 송나라 때부터 시작되어 원의 지배 시기에도 계속된 상업화와 기술 혁신 대신 명나라를 세운 통치자는 농업 중심의 전통적인 경제체제를 복원하려 했고, 이런 시도를 신유학 이데올로기로 정당화했지요. 이런 분위기 속에서 한때 국가의 지원으로 활력을 보였던 과학 기술 탐구가 중단되었고, 심지어 송나라 때 축적된 과학 기술 지식 가운데 일부는 잊히기도 했어요. 물론 3부에서 언급하겠지만, 밍나라 중기에 상입화가 재개되어 기술에 대한 관심이 일부 나타나기는 하지만요. 중요한 점은 중국에서 과학과 기술 탐구가 자율적으로 또 지속적으로 진행되어 누적적인 발전을 이루는 일에 이르지 못했다는 겁니다.

이런 사례에 비춰볼 때, 이슬람 세계나 동아시아 과학과 기술의 역사를 지배 이데올로기에 따라 진보와 정체를 거듭하는 역사로 생각하고, 비슷한 사례를 지역 여러 나라에서 찾아볼 수도 있을 듯해요. 가령 한반도에서 나타난 과학과 기술 변화도 비슷한 방식으로 서술할 수 있을 테지요. 고려 시대에는 몽골 제국의 영향 아래 중국과 이슬람 과학의 성과를 적극적으로 받아들였고, 조선 시대에도 적어도 세종 시대까지 다른 나라가 성취한 과학 기술의 성과를 풍부하게 이용해 천문학이나 언어학 같은 분야에서 큰 성취를 이뤘어요. 하지만 조선 중기부터 신유학의 위세가 거세지고 유교 지식인들의 관심사가 과학과 기술에서 멀어지면서 국가의 지원은 약화되었지요. 그 결과 조선의 과학과 기술은 18세기에 새로운 이념 체계, 즉 실학이 등장할 때까지 큰 진전을 이루지 못했어요.

하지만 이렇게 정체停滯에 관해서 이야기하는 일은 조금 조심해야 할 일인지도 모르겠어요. '정체'라는 어휘 자체가 같은 시기 서양에서 일어난 변화를 준거로 삼은 것일 수 있으니 말이지요. 우리가 견지해야 할 태도는 한 사회나 문명의 과학 기술 변화를 그곳만의 독특한 역사적 맥락에서 이해해야 할 일이지 특정한 경로가 옳은지를 따져보는 일이 아닐 터입니다. 아시아와 서양의 과학 기술을 서로 견줘보고 어느 쪽이 우월한지 판별하는 게 아니라, 이를테면 아시아와 달리 서양에서 왜 과학 기술이 자율적인 영역으로 번성할 수 있었는지 살펴보는 일이 필요하겠지요.

4

과학혁명의 서막

과학, 자율성을 누리기 시작하다

사실 서양에서도 과학은 오랫동안 자율적인 탐구 영역으로 발전하지 못했어요. 고대 문명이 해체된 뒤 천 년 이상 계속된 서양 중세 문명에서 과학은 신학에 종속되어 있었다고 말할 수 있지요. 물론 중요한 변화도 있었어요. 유럽에서는 대학이라는 독특한 학문 탐구 기관, 그러니까 국가의 영향력에서 어느 정도 자유로운 학문 공간이 여러 곳에서 등장했고, 그곳에서 과학 탐구도 나름대로 발전을 이뤘던 것이지요. 하지만 처음에는 대학에서도 자연철학, 그러니까 천문학이나 기하학, 대수학 등은 학문의 꽃이라 불렸던 신학을 공부하기 위한 준비 과정으로 취급되곤 했어요. 그러다가 12세기부터 아리스토텔레스의 철학이 재발견되고, 그것을 둘러싼 치열한 논쟁이 계속되면서 신학과 철학을 분리하려는 움직임이 일어나요. 그 무렵 등장한 스콜라 철학은 기본적으로 아리스토텔레스의 철학 방법론을 신학 문제에 적용하려는 시도였지만, 일부 철학자들이 교회가 아리스토텔레스 철학의 문제점으로 지적한 것 이외의 철학적 문제에 대해서는 자유롭게 탐구하려 하면서 나타난 현상이지요. 심지어 일부 철학자들은 고전에서 얻는 지식만큼이나 관찰과 실험에 바탕을 둔 지식도 중요하다고 생각했어요.

　여전히 철학 연구는 교회의 영향에서 완전한 자유를 누렸다고 볼 수는 없지만, 적어도 종교와 정치 권위와는 어느 정도 거리를 두면서 나름대로 자율성을 누리는 과학 탐구가 시작되었던 것이지요. 이것이 중세 서양에서 일어난 과학 탐구가 비슷한 시기의 이슬람이나 중국과 조금 달랐던 점일 것입니다. 이런 움직임이 이미 중세에 시작되었기 때문에 16세기부터 나타나는 새로운 경향, 그러니까 자연과학을 신학에서 분리하려는 노력이 더욱 힘을 얻을 수 있었어요. 우리가 과학혁명이라 부르는 일련의 사건은 이런 배경에서 일어났습니다. 그러므로 이제 우리는 과학이 다른 학문과는 구별되는 독립된 학문 분과로 자리 잡아가는 긴 역사를 살펴보아야 할 듯해요. 이 이야기는 물론 '과학혁명'에서부터 시작해야겠지요.

　16세기 초부터 17세기 말까지 자연철학에서 새로운 이념과 이론, 방법론이 연이어 출현해 유럽인의 세계관을 바꿔놓았어요. 더 정확하게 이야기하면, 폴란드의 천문학자 코페르니쿠스 Nicolaus Copernicus(1473~1543)가 태양 중심설의 얼개를 담은 『천체의 회전에 관하여』를 출간한 1543년부터 뉴턴이 『자연철학의 수학적 원리』, 즉 『프린키피아』를 세상에 내놓은 1687년 사이에 이런 변화가 일어났지요. 거의 두 세기에 걸쳐 서서히 진행된 변화를 '혁명'이라 부를 수 있는지에 대해서는 논란이 많습니다. 혁명을 이전 시대와는 뚜렷하게 구분되는 급격한 단절로 이해하거나 단기간에 진행되는 급진적인 변화로 정의한다면, 이 변화는 어쩌면 혁명이라 부르기 어려운 사건인지도 모르지요. 특히 최근에 과학사 연구자들은 중세와의 단절보다는 연속을 강조하므로 이런 의심은 충분히 이해할 수 있어요. 하지만 과학혁명이 끝나는 시점, 그러니까 뉴턴 이후에 과학 탐구가 계속해서 경계를 넓혀 나가면서 새로운 문제를 제시하고 수많은 발견을 이뤄냈다는 점을 생각한다면 분명히 어떤 근본적인 변화, 과거로 되돌아갈 수 없는 변화가 일어났다는 점을 무시하기는 어려울 듯해요.

이 두 세기 사이에 일어난 여러 변화 가운데 특히 세 가지 사건을 좀 더 살펴볼까 해요. 먼저 과학혁명의 서막으로 코페르니쿠스의 태양 중심설이 갖는 의미를 생각해보려고 합니다. 태양 중심설과 비슷한 생각은 저 멀리 고대 그리스 시대에서도 찾을 수 있지만,『성경』에서 비롯하는 우주관이 지배한 천 년 이상 지구가 세계와 우주의 중심이라는 신념은 굳건히 유지되었어요. 이런 견고한 세계관에 균열을 일으킨 것이 바로 태양 중심설이지요. 코페르니쿠스가 태양 중심설을 내놓자 유럽 지식인 사회는 심각한 위기에 빠졌어요. 오랫동안 진리로 받아들였던 것이 차례로 무너지는 경험을 하게 되었기 때문이지요. 특히 새로운 세계로의 탐험이 고대 문헌에 없던 전혀 새로운 지식을 전해준 것이 위기를 증폭했어요. 그리고 이때 '과학을 공부한다는 것'이 정확히 무슨 뜻인지 다시 생각해보는 사람들이 나타났지요. 이런 이들이 과학 탐구를 뒷받침하는 새로운 제도와 규칙을 서서히 만들어갔어요.

우리가 살펴볼 두 번째 사건이 바로 이런 변화입니다. 이 변화의 핵심에는 관찰과 경험에서 데이터를 모으고, 그것에 바탕을 두고 가설을 검증해 일반적인 지식을 이끌어내는 일이 널리 퍼지게 된 것과, 수학이 자연철학의 언어로 자리 잡았다는 것이 있었어요.

이 두 가지 변화를 종합해 세계와 우주가 작동하는 기본 원리를 제시한 사람이 바로 뉴턴이었어요. 그것이 우리가 살펴볼 세 번째 사건이지요. 아래에서는 이 세 가지 사건을 통해 과학혁명의 의미를 되새겨보고, 이것이 18세기 이후에 어떻게 계승되었는지 살펴보겠습니다.

코페르니쿠스의 태양 중심설

먼저 코페르니쿠스부터 이야기해볼까요. 그가 태양 중심설을 내놓기 전에 수천 년 동안 사람들은 태양과 별, 행성이 지구 주위를 회전한다고 굳게 믿었어요. 코페르니쿠스가 살았던 시대에도 이런 믿음은 흔들리지 않았지요. 교회의 가르침은 신의 피조물 가운데 가장 높은 곳에 있는 인간이 살아가는 지구가 당연히 우주의 중심이라는 생각을 뒷받침해주었어요. 게다가 르네상스 시대에 재발견한 고대 그리스의 문헌들도 같은 믿음을 뒷받침해주었지요. 그리스 고전을 보면 지구 중심설을 이론적으로 아주 정교하게 풀어놓은 사례를 쉽게 찾을 수 있었어요. 특히 아리스토텔레스와 프톨레마이오스의 저작이 널리 읽혔습니다.

중세 후기에 재발견되어 '유일한 철학자'라 불릴 정도로 엄청난 지적 영향을 미쳤던 아리스토텔레스는 질서정연한 우주라는 생각을 바탕으로 자연 세계의 구조를 완벽하게 설명했다고 알려져 있었어요.

아리스토텔레스에 따르면, 지구에는 네 가지 원소, 즉 물, 불, 흙, 공기가 있는데 각각 제 위치를 차지하려고 해요. 이를테면 무거운 흙이 한가운데 있고 그 주위를 물과 공기, 불이 둘러싸고 있는 모습을 제시했어요. 흙과 물은 '자연적으로' 직선을 그리면서 우주 중심, 즉 지구를 향해 아래로 움직이는 반면, 공기와 불은 '자연적으로' 직선을 그리면서 중심에서 먼 곳으로, 다시 말해 위로 움직이게 됩니다. 이렇게 제 위치를 찾아가려는 네 가지 원소가 상하 운동을 하면서 끝없이 변화를 만들어내는 반면, 지구를 둘러싸고 있는 우주는 그 어떤 변화도 없이 완전하고 규칙적인 동심원을 그리면서 운동한다고 했지요.

아리스토텔레스가 그린 우주는 관측이나 수학적 추론에 바탕을 둔 것은 아니었어요. 그리스 사람들은 아리스토텔레스 체계만으로는 설명하지 못하는 천체 현상을 발견하곤 했지요. 화성이 일정한 궤도를 따라 움직이면서도 때때로 멈추거나 심지어 뒤로 후진하는 것 같은 모습을 발견하고는 당혹스러워했어요. 천문학에서 역진 운동이라고 부르는 이 현상은 지구에 있는 관찰자가 볼 때 화성이 항성을 기준으로 여러 달에 걸쳐 운동 방향을 뒤집었다가 다시 원래대로 돌아오는 일을 가리키지요. 이런 곤혹스러운 현상을 해결하려고 여러 고대 천문학자가 고심했는데, 수학에 능통했던 알렉산드리아의 자연철학자 프톨레마이오스Claudios Ptolemaeos(100?~170?)가 쓴 『알마게스트』가 문제를 해결한 것처럼 보였어요. 그는 이심원과 주전원, 등각속도점 같은 복잡한 개념을 고안해서, 등각속도점에서 관찰자가 행성을 관찰하면 지구에 대해 일정하게 원 운동을 하는 것으로 보인다는 점을 수학적으로 보여줄 수 있었지요.

아리스토텔레스가 얼개를 제시하고, 프톨레마이오스가 수학적으로 증명한 것 같았던 지구 중심설은 폴란드의 사제로 크라쿠프대학에서 천문학을 연구하던 코페르니쿠스가 뒤집게 되었어요. 코페르니쿠스는 원래 교황청이 유럽의 달력 문제를 해결하려고 불러들였던 여러 천문학자 가운데 한 사람이었지요. 기원전 45년에 율리우스 카이사르가 제정한 율리우스력은 실제 태양년보다 1년에 10분 정도 긴 365와 4분의 1일을 정하고 4년마다 한 번씩 2월에 하루를 추가하는 체계였어요. 이 달력이 오랫동안 유럽에서 쓰였지요. 그런데 16세기에 이르러 달력 날짜와 태양년 사이에 심각한 편차가 나타났어요. 이 문제를 해결하려고 이미 15세기 말에 교황이 달력 개정을 시도했지만 성과를 거두지 못했지요. 1512년에 교황 레오 10세가 다시 한번 이 문제를 내놓으면서 코페르니쿠스를 포함한 여러 천문학자에게 답을 구했어요. 이런 요청을 받아들이면서 코페르니쿠스는 달력 문제를 해결하려면 우선 천문학 이론을 재점검해야 한다고 답했지요.

코페르니쿠스가 볼 때 프톨레마이오스 체계에는 한 가지 심각한 결함이 있었는데, 그 체계가 너무나 복잡하다는 것이었어요. 독실한 그리스도교도였던 그의 눈에는 원에 원을 더하고, 등각속도점 같은 묘수까지 만들어내 우주를 설명하는 일은 마치 하느님이 완벽하게 정돈된 우주를 창조하지 않았다고 말하는 거나 다름없었지요.

한참 이 문제와 씨름한 끝에 코페르니쿠스가 내놓은 해결책은 아주 단순하고 명쾌했어요. 태양을 중심에 놓고 지구를 행성으로 간주하는 것이었지요. 그렇게 해서 훨씬 간단하고 명료한, 그래서 더욱 아름다운 체계를 상상할 수 있었어요. 물론 코페르니쿠스는 실제 관측 결과를 바탕으로 이런 체계를 그려낸 것이 아니었어요. 그가 알고 있는 유클리드 기하학에서 추출한 몇 가지 공리 형식으로 태양 중심설을 제시하고, 그로부터 행성 운동에 대한 몇 가지 명제를 도출했을 뿐이지요.

결과는 놀라웠어요. 오랫동안 천문학자들이 곤혹스러워했던 화성의 역진 운동을 깔끔하게 설명할 수 있었던 겁니다. 이 문제는 지구에 있는 관찰자와 관찰 대상인 행성이 모두 원을 그리며 태양 주위를 돈다고 생각하면 쉽게 설명할 수 있었던 것이에요.

코페르니쿠스 이론은 유럽 지식인 사회에 즉시 반향을 일으키지는 못했어요. 그도 해결하지 못한 문제가 남아 있기도 했습니다. 이를테면 항성 시차, 그러니까 지구가 태양 주위를 돌 때 항성이 관측되는 위치가 변하는 현상에 대해서는 설명하지 못했어요. 사실 시차는 아주 미세하게 나타나기 때문에 맨눈으로 관찰할 수 없는 일이었어요(이 현상은 1838년에야 관측됩니다). 게다가 확신도 없었지요. 자기 이론을 그저 가설일 뿐이라고 겸손하게 이야기했던 거예요. 『천체의 회전에 관하여』를 세상에 내놓은 출판업자도 '이 책의 가설에 관심을 갖는 독자들에게'라고 제목을 붙인 서문에서 코페르니쿠스 이론이 천문학을 탐구하는 데 쓰이는 수학적 도구를 제공할 뿐이라고 선을 그어 논란을 차단하려고 했어요. 이런 사정 탓에 같은 시대 지식인은 코페르니쿠스의 이론을 천문학적 예측에 필요한 추상적인 수학 계산식 정도로만 여겼습니다. 그러니 코페르니쿠스 이론은 하마터면 수많은 천문학

저술 가운데 하나로 잊힐 수도 있었어요. 태양 중심설이 세계관을 뒤흔들어놓을 충격적인 사건이 되는 데는 그 후 여러 천문학자의 노력이 필요했지요.

교회는 왜 과학의 부상을 두려워했나

코페르니쿠스의 가설을 더 정교한 이론으로 다듬으려면 관측과 계산이 필요했어요. 덴마크 천문학자 티코 브라헤Tyco Brahe(1546~1601)가 이런 노력을 기울였지요. 브라헤는 1570년대 중반부터 20년간 자기 영지에 2개의 거대한 성을 세우고 벽면사분의와 혼천의 같은 수십 가지 관측 장비를 설치했어요. 그 덕분에 지금은 초신성이라 불리는 '새로운 별'을 발견하고 혜성을 관찰할 수 있었어요. 오랜 관측 결과에 바탕을 두고 브라헤는 행성이 태양 주위를 돌고, 다시 행성과 태양이 정지 상태에 있는 지구를 회전하는 자기만의 모형을 제시하기도 했지요.

브라헤가 애써 모은 관측 자료는 그의 제자 요하네스 케플러Johannes Kepler(1571~1630)가 코페르니쿠스 이론을 수학적으로 증명하는 데 유용하게 쓰였어요. 케플러는 이미 1596년에 『우주의 신비』라는 책에서 코페르니쿠스 이론의 검증 가능성을 제시했어요. 거기서 그는 인간의 영혼부터 행성 궤도까지 모든 피조물은 수학 법칙에 따라 창조되었고, 따라서 수학을 이해하면 신의 섭리와 우주의 비밀을 꿰뚫어볼 수 있다고 주장했지요. 이런 믿음을 가지고 케플러는 브라헤의 관측 자료와 코페르니쿠스의 수학적 가정 사이에 일치하지 않는 대목을 수학으로 풀어내는 데 6년

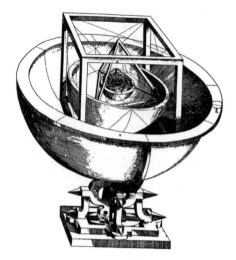

케플러의 『우주의 신비』에 실린
'태양 중심' 모형.

을 보냈어요. 그 결과를 1609년에 출간한 『새로운 천문학』에 담았지요. 케플러는 행성 궤도가 완벽한 원을 이룬다는 오래된 믿음을 과감히 버리고, 지구와 다른 행성이 태양 주위를 타원을 그리며 회전한다는 이론을 제시했어요. 또 행성이 일정한 속도로 회전한다는 코페르니쿠스의 주장을 행성 속도는 태양과의 거리에 따라 다르다는 이론으로 바꿔놓았지요.

케플러가 코페르니쿠스 가설을 좀 더 정연한 이론 체계로 다듬었다면, 태양 중심설을 지식인 사회에 널리 퍼뜨린 사람은 갈릴레이Galileo Galilei(1564~1642)였어요. 이탈리아 파도바대학의 무명 수학자였던 갈릴레이는 1610년 플랑드르 지방에서 발명된 망원경 소식을 접하고 직접 망원경을 만들어 천체 관측을 시작했어요. 같은 해에 발표한 『별 세계의 보고』에서 갈릴레이는 태양

의 흑점과 목성의 위성을 보고해 우주가 완전무결하다는 아리스
토텔레스의 주장을 깨버렸지요. 이 책으로 유명세를 타기 시작
한 덕분에 갈릴레이는 메디치 가문의 후원을 받아 공부에 매진할
수 있게 되었어요. 그는 곧 코페르니쿠스 가설을 퍼뜨리기 시작
했고, 결국 가톨릭교회 신학자들과 충돌했어요. 1616년에는 그
의 저술이 가톨릭교회의 금서 목록에 올랐는데도 친구였던 교황
우르바노 3세가 자신을 지켜줄 거라고 믿고 『프톨레마이오스와
코페르니쿠스의 두 천체 체계에 대한 대화』를 발표해 공개적으
로 태양 중심설을 지지했어요. 그래서 결국 종교재판에 회부되었
지요. 갈릴레이는 오류를 인정하고 앞으로 태양 중심설과 관련된
연구는 물론 그것을 언급조차 하지 않겠다고 약속해서 처형을 피
했지만, 태양 중심설은 이미 널리 화제가 되었어요.

갈릴레이 재판이 보여주듯, 가톨릭교회는 태양 중심설이 널
리 퍼지는 것을 두려워했어요. 종교개혁 이후에 복잡해진 교회
사정 탓도 있었지요. 1517년에 독일 비텐베르크대학의 신학 교
수 마르틴 루터가 면벌부를 비판하면서 시작된 개신교 종교개혁
은 천 년도 넘게 하나로 유지되어온 유럽 그리스도교 세계를 갈
라놓았고, 예전에는 당연하게 받아들여졌던 여러 종교 의례와 교
리에 의문을 던졌어요. 개신교 세력이 확산되면서 갈등이 깊어
지자 가톨릭교회는 교리와 의례의 정통성을 재확인하려 했어요.
1545년에 열린 트리엔트 공의회가 바로 그런 자리였지요. 더 나
아가 예수회 같은 전투적인 종교 조직의 힘을 이용해 교세를 지
키려 했습니다.

갈릴레이 재판은 이런 시대 상황을 함께 고려해야 온전히 이

종교재판에 회부된 갈릴레이. 조제프 니콜라 로베르 플뢰리의 그림(19세기).

해할 수 있어요. 갈릴레이는 자연 세계에 대한 이해와 해석에서 교회가 독점하던 권위에 정면으로 도전했기 때문에 이미 권위에 손상을 입은 가톨릭교회로서는 그냥 내버려둘 수 없었던 것이지요. 가톨릭교회는 인간 세계는 물론 자연 세계에 대한 해석도 신의 계시, 그러니까 교회가 옳다고 판정한 신의 계시에 바탕을 두고 있다는 전통적인 생각을 확인하고 싶었던 것입니다.

사실 코페르니쿠스나 케플러는 물론이고 갈릴레이에게도 교회 권위에 도전하려는 의도는 없었어요. 갈릴레이가 말하고 싶었던 것은 그저 자연철학에 관한 정보를 『성경』에서 찾으려 해서는 안 된다는 것이었지요. 관찰과 수학적 추론으로 인간이 스스로 얻을 수 있는 지식에 『성경』이 더할 수 있는 것은 없다고 생각했던 것이에요. 갈릴레이는 단 한 번도 『성경』이 하느님에게서 영감을 받아 쓰였다는 것을 부정하지 않았지만, 『성경』을 과학적 진리의 원천으로 받아들이면 거기에 담겨 있는 종교적 의미마저 놓치게 될 것이라고 경고했지요.

이런 생각은 전혀 새로운 것이 아니었어요. 이미 4세기에 교부 철학자 아우구스티누스가 비슷한 주장을 내놓은 바 있습니다. 아우구스티누스는 교회가 그리스도교 개종자에게 『성경』의 우주론을 문자 그대로 받아들이라고 강요해서는 안 된다고 했어요. 그렇게 하면 『성경』의 우주론을 선뜻 받아들이지 못하는 사람이 『성경』이 전하는 종교적 메시지까지 되새겨보지 않을 거라는 게 이유였지요.

하지만 교회는 바로 이런 생각, 즉 과학을 공부하는 것이 신학이나 종교적 믿음과 무관하다는 생각을 두려워했어요. 과학이 교회의 통제를 벗어나 순전히 인간의 경험과 이성에 바탕을 두어야 한다고 주장하는 것이었으니 말이지요. 과연 교회는 두려워할 만했어요. 이런 생각에서 17세기 자연철학자는 과학의 새로운 밑바탕으로 '자연'을 주목하게 되었으니까요.

5 '자연'의 발견, 과학의 방법론

'자연'에서 증거를 찾고, 스스로 생각하라

프랜시스 베이컨에서부터 갈릴레이를 거쳐 17세기의 여러 자연
철학자는 '새로운 과학'을 내세웠어요. 이들은 여러 저서를 펴냈
지요. 요즘 학문 구분을 쓰자면, 물리학에서 갈릴레이가 『두 새
로운 과학에 대한 담론과 수학적 논증』을 펴내고, 천문학에서 케
플러가 『새로운 천문학』을, 실험과학에서 로버트 보일이 『새로운
실험과학』을 출간했어요. 보일의 진공 실험이 유명세를 떨치면서
파스칼을 비롯해 여러 자연철학자가 진공에 관한 책을 펴내기도
했지요. 이런 저서에서 '새로운 과학'을 표방하던 자연철학자는
고대부터 전해 내려온, 문헌에 바탕을 둔 연구와는 전혀 다른 새
로운 방법론을 제시하려 했어요.

이들이 내놓은 새로운 방법론은 바로 그 새로움 때문에 주목
받게 되었어요. 그 덕분에 전통적인 지식과 지식을 입증하는 예
전 방법은 아무런 가치도 없다는 주장이 나오기 시작했지요. 심
지어 전통적인 지식은 허위라는 것을 밝혀야 하고, 그런 이유로
폐기해야 한다는 목소리까지 나왔습니다. 17세기 잉글랜드에서
는 이른바 '근대인'과 '고대인' 사이에 논쟁이 치열하게 벌어졌는
데, '근대인' 가운데 목소리를 높이던 일부는 전통적인 과학에는

아무것도 지킬 게 없고, 고대 문헌은 권위에 쉽게 속아 넘어가는 인간의 속성을 보여줄 뿐이라고 단언했어요. 물론 '고대인'도 가만히 있지만은 않았습니다. 이들은 '근대인'이 선조들이 애써 모아놓은 지식에서 아무것도 배우려 하지 않음으로써 자신의 무지를 드러낼 뿐이라고 답했어요.

'새로운 과학'을 내세운 이들 가운데 베이컨이 가장 단호하게 전통과의 결별을 선언했어요. 전통적인 자연철학은 전혀 쓸모가 없기 때문에 "더 나은 계획에 바탕을 두고 모든 것을 새롭게 시작하는 일, 그리고 적절한 기초 위에 과학과 기예, 모든 인간 지식을 완전히 다시 세우는 일을 시작하는 (…) 길만이 있을 뿐"이라고 단언했지요.

베이컨과 함께 근대 과학 방법론의 기초를 다진 인물로 평가받는 데카르트도 비슷한 생각을 드러낸 바 있어요. 그가 볼 때, 당시 철학이라 불리던 학문은 어떤 가치 있는 지식도 창출하지 못했어요. 그는 차라리 "난로가 지펴진 방"에 혼자 틀어박혀 이제까지 읽었던 모든 철학책을 치워버리고, 처음부터 다시 시작하는 게 낫다고 생각했지요. 잉글랜드의 실험과학자 헨리 파워는 더 과격했어요. 그에 따르면, "모든 낡은 쓰레기는 치워버려야만 하고, 썩은 건축물은 무너뜨려야 한다는 것을 알게 되었다. (…) 지금은 결코 무너뜨릴 수 없는 좀 더 장엄한 철학의 기초를 놓아야만 할 때"였지요.

베이컨이나 데카르트의 과격한 논조와 달리 코페르니쿠스나 해부학자 베살리우스 같은 과학자는 전통과 완전히 결별했다기보다는 왜곡되지 않은 고대인의 순수한 지식에서 영감을 얻었다고 분명히 말했어요. 사실 고대부터 내려오는 유산을 싹 무시하고 새로운 과학을 하는 일은 불가능할 수도 있지요. 그렇다면 17세기에 '새로운 과학'을 내세운 이들은 왜 그렇게 전통에 적대적이었을까요? 답은 의외로 간단해요. 너무나 오랫동안 사람들이 지식의 근거를 엉뚱한 곳에서 찾았다는 것이지요. 이들이 볼 때, 전통적인 지식은 자연이라는 실재에서 발견할 수 있는 증거가 아니라 인간이 쓴 책이라는 권위에 기대고 있었어요. 자연 세계의 진리에 접근하려면 책의 권위에 의존할 게 아니라 인간의 이성이라는 권위와 자연이라는 실재의 증거를 참조해야 하는데 말이지요.

새로운 과학자들은 지식의 바탕이 되어야 할 자연을 '자연이라는 책'Nature's Book이라고 불렀어요. 가령 데카르트가 자기 스스로를 가둔 일은 기존 권위의 영향력에서 철저히 벗어나 완전한 혼자가 되어 "나 자신 속 또는 자연이라는 위대한 책에서 찾을 수 있는 것이 아니라면 다른 어떤 지식도 구하지 않겠다"는 결의를 실천하려는 것이었어요. 윌리엄 하비는 "(특히) 자연이라는 책은 너무 활짝 열려 있고 아주 쉽게 참조할 수 있으므로, 사물 그 자체를 검토하지 않고서 다른 사람의 논평으로부터 가르침을 받으려 하는 것"은 "완전히 잘못된" 일이라고 말했지요.

이렇듯 '자연이라는 책'은 새로운 과학을 추구했던 자연철학자가 자신을 예전 철학자들과 구분하는 핵심적인 기준이 되었어요. 일찍이 갈릴레이도 같은 취지로 이렇게 말한 바 있지요. "철학은 우리 눈앞에 끊임없이 열려 있는 우주라는 이 거대한 책에 쓰여 있다. (…) 그것은 수학이라는 언어로 쓰여 있고, 그 문자는 삼각형과 원, 기타 도형으로서, 그것이 없다면 인간은 단 한 단어도 이해할 수 없다."

17세기 '근대인'의 이런 증언은 이렇게 요약할 수 있어요. 인간의 증언에 의존하지 말고 자연의 증언에 의존하라. 인간의 말이 아니라 사물을 지식의 근원으로 삼으라. 다른 누구의 말보다 자신의 눈과 이성이 목격한 증거를 우선시하라. 바로 이런 주장에서 우리는 근대 경험주의, 그러니까 진정한 지식이란 직접적인 감각 경험에서 비롯하고 또 그래야만 한다는 생각의 뿌리를 찾을 수 있어요. 여기에서 또한 지식의 형성이 갖는 사회적 측면을 불신하는 근대적인 태도도 발견할 수 있지요. 정말로 자연 세계에 관한 진리를 얻고자 한다면, 전통은 잊고 권위는 무시해야 할 것이며, 다른 사람들이 하는 말은 의심하고 눈을 크게 뜬 채 홀로 들판을 헤매보라는 것이지요.

그래서 존 로크는 이렇게 말합니다. "다른 사람의 눈으로 보고자 하는 것은 다른 사람의 머리로 이해하는 것과 같다. 우리는 진리와 이성에 대해 스스로 고찰하고 이해한 만큼만 참지식을 얻게 된다. (…) 과학에서는 누구나 자신이 알고 파악한 만큼 얻게 된다. 우리가 믿고, 또 신뢰하며 받아들이는 것은 오직 망가진 파편일 뿐이다."

'새로운 과학'이 등장한 세 가지 배경

17세기에 '새로운 과학'을 내세우던 이들이 오래된 텍스트의 권위가 아니라 '자연이라는 책'으로 눈을 돌리게 된 까닭은 무엇이었을까요? 이 물음에 답하려면 시간을 거슬러 올라가 지금 우리가 자연과학이라 부르는 학문 분야에서 일어난 변화를 넘어 유럽 지식 세계 전반에 일어난 커다란 변화를 살펴봐야 해요. 특히 세 가지 사건이 영향을 주었다고 볼 수 있지요. 하나는 르네상스와 인문주의라는 문화운동입니다. 다른 하나는 유럽 종교계를 뒤흔들었던 개신교 종교개혁이라는 사건입니다. 마지막으로 염두에 두어야 할 사건은 1492년 콜럼버스의 항해에서부터 앞다투어 일어난 유럽의 해상 진출과 세계의 발견이라는 사건입니다.

먼저 이탈리아에서 시작되어 유럽 곳곳으로 퍼져나간 르네상스와 인문주의의 영향을 잠시 생각해보도록 하지요. 잘 알려진 것처럼, 르네상스는 오랫동안 유럽인이 잊고 있던 고전고대 그리스와 로마 문명을 재발견하고 계승하려는 문화운동이었어요. 인문주의는 거칠게 말하자면 사람이 사람답게 살아가는 데 필요한 지식과 식견을 가르치는 일종의 교과 과정 같은 것이었다고 볼 수 있습니다. 사람이 덕성virtue을 갖추려면 인간 본성과 역사를 깊이 이해해야 하는데, 그러려면 문학이나 도덕철학, 역사 같은 분야를 공부해야 한다는 것이었지요. 이 두 흐름은 밀접하게 연관되어 있었어요. 멀리는 12세기에 이슬람 세계에서 재수입된 아리스토텔레스의 문헌부터 시작해서 수많은 고대 문헌이 재발견되었고, 그 문헌을 살펴보는 가운데 고대 문명의 유산을 되살리려는 르네상스 운동이 시작되었고, 동시에 이런 문헌이 인문주의가 시작되는 밑바탕을 이루었으니 말이지요.

이 두 흐름을 하나로 묶어준 활동이 문헌학이나 문헌 비평이었어요. 로렌초 발라 같은 인문주의자는 고전 문헌 비평이라는 방법론을 개척했습니다. 그는 로마 황제 콘스탄티누스의 기진장寄進狀이 8세기 중반에서 9세기 중반 사이에 날조된 것임을 밝혔지요. 이 문서는 교황이 영적 문제뿐만 아니라 세속 문제에서도 권위를 갖는다는 주장의 근거로 오랫동안 활용되었기 때문에, 발라의 발견은 상당한 반향을 일으켰어요. 발라와 마찬가지로 여러 인문주의자가 다양한 문헌 비평 방법을 동원해 우리가 고전으로 취급하는 많은 문헌, 특히 손으로 베껴 쓴 필사본이 실제로는 여러 시대에 많은 사람을 거치면서 내용이 추가되거나 생략된 것이라는 사실을 일깨워주었어요.

더 나아가 인문주의자는 이렇게 오염된 텍스트에서 순수한 본래 텍스트를 되살리는 일을 목표로 삼았습니다. 그러다가 일부 인문주의자는 한 걸음 더 나아갔어요. 태곳적부터 내려오는, 이른바 '진리'라는 것조차도 자연에서 얻을 수 있는 증거로 뒷받침해야만 확신할 수 있다고 생각하게 된 것이지요. 그렇게 하지 않으면 그리스와 로마의 수많은 필사본 가운데 무엇이 믿을 만한 것인지 결정하기 어려웠던 탓이에요.

이런 문제가 두드러지게 나타났던 분야가 자연사natural history 였어요. 이 분야에서는 동식물에 관한 고대 필사본들이 믿을 만한가라는 문제를 넘어서, 널리 받아들여지는 필사본이 실재를 제대로 드러내는가라는 물음까지 제기되었으니까요. 인간의 역사를 기록한 다양한 필사본이 믿을 만한가라는 물음에 답하는 방법은 여러 문헌을 꼼꼼하게 대조해보는 것이었지만, 식물학과 동물학 분야에서는 문헌이 아니라 실제로 살아 있는 대상을 직접 관찰해보고 그 결과를 문헌과 비교해볼 수 있었지요. 사실 이런 생각은 고대인이 권한 방법이기도 했어요. 아리스토텔레스 자신이 자연 세계에 대한 면밀한 관찰자였고, 고대 의학의 태두였던 갈레노스도 식물과 동물, 금속 같은 물질을 자주 관찰하라고 권했으니 말이지요. 르네상스 시대 식물학자들은 이런 조언을 충실하게 받아들였을 뿐만 아니라, 고대 저술가와는 달리 자신이 관찰한 식물을 면밀하게 묘사하는 동시에 그림으로도 남겼어요.

'자연이라는 책'에 대한 관심을 불러일으킨 원동력으로 개신교 종교개혁이 미친 영향도 생각할 수 있어요. 마르틴 루터의 「95개조 반박문」으로 시작된 종교개혁은 자연철학에서 일어나던 변화와 연관이 없다고 생각할 수도 있습니다. 논란은 교리와 의례에 집중되었으니까요. 하지만 종교개혁도 '자연이라는 책'에 대한 관심이 확산되는 데 기여한 면이 있어요. 개혁가들이 믿음의 근원으로 『성경』과 '자연이라는 책'을 꼽은 겁니다. 그리스도교에 관한 수많은 텍스트가 모두 인간의 손을 거친 것이라면, 『성경』과 '자연이라는 책'은 신이 그 존재와 속성을 드러내고 신의 의도를 담아 썼다는 것이지요. 루터가 '오직 『성경』으로만'이라는 구호를 내세웠을 때, 그를 따르게 된 수많은 사람들은 하느님의 섭리를 깨닫고 하느님과 직접 소통하려면 성직자와 교황의 해석에 의존하지 말고 직접 『성경』을 읽어야 한다고 생각하게 되었습니다. 마찬가지로 제도화된 권위에 바탕을 둔 전통적인 해석에 얽매이지 말고 스스로 '자연이라는 책'을 읽어야 진리에 이를 수 있다는 주장도 힘을 얻게 됩니다.

고대 문헌의 권위에 물음을 던지게 된 또 다른 중요한 계기는 유럽인의 해상 진출이었어요. 1492년 10월 어느 날 밤, 콜럼버스는 아메리카를 발견했지요. 바이킹 이후 처음으로 아메리카에 발을 딛게 된 유럽인이었습니다. 콜럼버스는 자기가 발견한 곳이 아시아 일부라고 생각했고, 죽을 때까지도 그렇게 믿었어요. 하지만 아메리고 베스푸치가 자신의 항해 경험을 기록한 편지가 1504년에 출간되어 선풍적인 인기를 끌면서 정말로 새로운 대륙이 '발견'되었다는 사실이 널리 받아들여지게 되었지요. 몇 년 후 독일 지도 제작자 마르틴 발트제뮐러가 이곳을 아메리카라고 부르면서 콜럼버스의 발견은 더욱 중요한 사건이 되었어요. 유럽이 세계를 '발견'하는 긴 여정이 이렇게 시작됩니다.

사실 '발견'이라는 낱말은 우리 시각에서 보면 적절하지 않을 수도 있어요. 이제까지 전혀 알려지지 않은 새로운 것을 찾아낸다는 뜻이니까요. 전형적인 유럽 중심적인 어휘 선택이지요. 하지만 '발견'을 발견한 것은 적어도 유럽 지식인에게는 충격 그 자체였어요. 세상에서 알아야 할 모든 지식은 『성경』이나 고대 문헌에 담겨 있다고 믿었던 이들에게 어떤 문헌에도 나오지 않는 새로운 무엇을 찾아낼 수 있다는 것은 경이로운 일이었으니까요. 유럽 탐험가들이 속속 새로운 세계를 찾아 떠나고, 이들이 자신의 경험을 책으로 펴내면서 고대 문헌에 대한 의심은 점점 커졌어요. 그러면서 인간의 경험이야말로 지식의 근원이라는 생각이 더 널리 받아들여지게 되었지요.

이렇듯 르네상스 운동부터 개신교 종교개혁, 유럽의 해상 진출 같은 근대 초 유럽의 중요한 변화가 일부 자연철학자들이 '새로운 과학'을 주장하게 된 배경을 이뤘어요. '새로운 과학'은 인간이 남긴 불완전한 기록과 그 권위에 의지하기보다는 경험과 이성을 지식의 근원으로 강조했습니다. 이제까지 전혀 알려지지 않은 새로운 무엇을 '발견'할 수 있다는 생각이 널리 퍼지면서 지식의 역사도 새롭게 바라볼 수 있게 되었습니다. 지식인의 책무는 이제 역사에 묻힌 과거 지식을 발굴해내는 게 아니라 새로운 지식을 '발견'하는 일이 되었지요. 이런 생각은 훗날 새로운 역사관이 등장하는 데도 보탬이 되었어요. 인간의 역사란 흥망성쇠를 반복하는 순환이 아니라, 시간이 흐르면서 계속 진보한다는 단선적인 역사관이 자리 잡는 데 도움이 된 것이지요.

'유용한 지식'을 만드는 과학의 방법론

'새로운 과학'을 내세운 이들은 경험에 바탕을 두고 과학 탐구의 원칙과 목표를 다시 세우려 했어요. 그러면서 이들은 과학 탐구의 적절한 기준과 가설의 증명 방법을 제시했지요. 더 나아가 이런 자연철학자들은 자연 세계에 관한 탐구 가운데 유용한 부분이 어디인지 밝히고, 이런 노력을 실천할 수 있는 구체적인 방법을 보여주려 했어요. 프랜시스 베이컨Francis Bacon(1561~1626)과 르네 데카르트René Descartes(1596~1650)가 특히 영향을 미쳤습니다. 당대 최고 법률가로 명성이 높았던 베이컨은 새로운 과학적 발견을 내놓지는 못했지만 참신한 과학 방법론을 제시했어요. 『신기관』Novum Organum(1620)에서 그가 '우상'이라 부른 기존 지식, 그러니까 경험이 아니라 전래된 문헌에 의존하는 습관을 질타했습니다. 그러면서 엄청나게 다양한, 그래서 때로는 서로 충돌하는 듯한, 인간 경험에서 어떻게 지식을 끌어내는가 하는 문제와 씨름했지

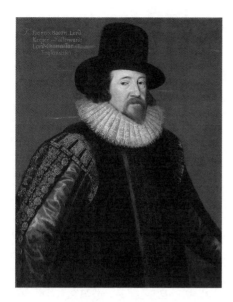

'새로운 과학'의 선구자 프랜시스
베이컨. 파울 판 소머르 그림(1617).

요. 그가 내린 결론은 인간의 감각기관에 의한 관찰과 실험으로
자연현상에 대한 방대한 증거를 수집하고 거기서 일반적인 결론
을 끌어내는 것이었어요. 우리가 흔히 '귀납적 방법론'이라고 부
르는 것이지요.

더욱이 베이컨은 이렇게 얻은 지식이 실제 생활에 도움을 주
는 '유용한 지식'이 되어야 한다고 주장했어요. 화약이나 나침반,
비단, 인쇄술을 예로 들면서, 그는 과학 탐구를 통해 이렇게 유용
한 장치와 기술을 내놔야 한다고 이야기했지요. 그러려면 한 가
지 조건이 충족되어야 했습니다. 유용한 지식을 창출하는 데는
연구자들 간의 활발한 협력이 반드시 필요한데, 이런 일이 일어
나려면 협력을 뒷받침하는 제도를 마련해야 한다는 것이었어요.

연구자는 자신의 실험 과정과 결과를 세밀하게 기록해 동료 연구자에게 전해주고, 동료들이 똑같거나 비슷한 실험을 반복해 애초 실험과 동일한 결과를 얻을 때에야 비로소 확실한 지식을 얻을 수 있다고 믿었기 때문이에요. 『새로운 아틀란티스』(1626)라는 미완성 저술에서 베이컨은 과학이 지배하는 유토피아를 제시합니다. 그곳에는 '솔로몬의 집'이라는 작업장이 있어 노동자 가운데 천부적인 재능을 가진 이들이 끝없이 실험을 수행하는 한편, 좀 더 연륜 있는 연구자가 이 실험 결과에서 일반적인 결론을 도출해요. 이런 협업으로 새롭고 유용한 지식을 계속 만들어낼 때 인간이 훨씬 더 편리한 삶을 누릴 수 있다는 것이었어요.

과학이 실생활에 쓸모 있는 지식을 제공해야 한다는 베이컨의 주장에 프랑스 출신 철학자 데카르트도 공감했어요. 과학 지식은 소수 통치자나 철학자가 아니라 '만인의 보편적인 이익을 위해' 사용되어야 한다고 믿었지요. 하지만 과학 지식을 얻는 방법에 대해서는 베이컨과 생각이 달랐어요. 1637년에 출간한 『방법서설』에서 데카르트는 지금까지 알려진 모든 지식의 밑바탕에 있는 전제와 그것에 이르는 추론 과정을 어떻게 의심하게 되었는지 이야기해요. 그가 따른 한 가지 원칙은 "자신이 진리라고 완전히 확신하기 전에는 무엇도 절대 진리로 받아들이지 않는다"는 것, 그러니까 철저한 회의였지요. 이런 회의적인 태도로 무장한 채 의심에 의심을 거듭한 결과, 그는 결국 존재하고 있는 자기 자신 말고는 아무것도 확실치 않다는 결론에 이르렀어요. "나는 생각한다. 그러므로 존재한다"Cogito ergo sum라는 유명한 명제가 이렇게 나왔지요. 이런 생각은 가설을 세우고, 순수한 논리와 수학

방법론적 회의와 연역적 추론으로
유명한 르네 데카르트. 프란스
할스 그림(1649).

추론으로 결론을 이끌어내는 것만이 과학적 진보를 이루는 길이
라는 주장으로 이어져요.

이런 생각에서 데카르트주의가 나오지요. 데카르트에 따르
면, 세계는 정신과 물질로 나뉘어 있어요. 사상과 지식은 물질 그
자체의 속성에서 나오는 게 아니라 인간이 지적 활동으로 '발견'
하는 것이지요. 이를테면 무수한 입자로 이루어진 물질은 고대
사상가나 중세 철학자가 이야기한 것처럼 그 자체의 속성이나 신
의 개입 덕분에 조화를 이루는 게 아니라 수학적인 법칙의 지배
를 받아요. 이런 생각으로부터 데카르트는 하느님에 관한 새로운
주장을 끌어냅니다. 신이 만물의 창조주라는 점은 그도 인정해
요. 하지만 하느님은 자신이 창조한 세계에 더 이상 간섭하지 않

지요. 신은 마치 시계 제작자처럼 1분 1초의 오차도 없이 정확하게 작동하는 세계를 만들어놓았을 뿐이에요. 이 세계에서 인간은 연역적 추론을 바탕으로 이 완벽한 '기계' 아래에서 작동하는 수학 법칙을 발견하고, 그걸 이용해 자연 세계를 바꿀 수 있는 존재로 이해되지요. 이는 가톨릭이건 개신교이건 간에 교회로서는 받아들이기 어려운 파격적인 생각이었어요. 종교에 대한 근본적인 의심을 낳을 수 있기 때문이지요. 그래서 데카르트는 교회의 탄압을 두려워하게 되었고, 당시 유럽에서 가장 자유로웠던 네덜란드에 20년이나 머물러야 했어요.

베이컨과 데카르트가 역설한 유용한 지식의 필요성과 새로운 과학 방법론은 17세기 과학자들에게 큰 영감을 주었어요. 이들의 탐구 방향은 두 사람이 제시한 방법론 가운데 무엇을 따르느냐에 따라 두 갈래로 나뉘었어요. 한편에서는 주로 잉글랜드 과학자들이 베이컨이 제시한 귀납적 추론 방법을 따라 실험과학에 매진했습니다. 다른 한편에서는 프랑스와 북유럽의 과학자들이 데카르트의 연역적 추론 방법을 발전시켰어요. 흔히 잉글랜드 경험주의와 대륙 관념론을 나누고, 경험주의의 실용성과 관념론의 추상성을 이야기하는 것도 이런 움직임에서 비롯해요.

하지만 이런 구분에 지나치게 얽매일 필요는 없어요. 데카르트 자신이 과학의 실용성을 강조했던 것처럼 그의 연역적 방법론을 따랐던 사람들도 추상적인 과학 탐구를 실제 생활에 응용하는 데 관심을 보였습니다. 이를테면 네덜란드의 물리학자이자 천문학자였던 크리스티안 하위언스는 데카르트를 따랐지만, 행성의 궤도 운동을 설명하려고 수학 증명과 실험을 동시에 이용했고,

진자시계를 발명하기도 했어요. 프랑스 수학자 블레즈 파스칼은 확률이론 연구를 중심으로 수학을 신학에 적용하는 데 주로 관심이 있었지만, 계산기를 만든 발명가이기도 했지요.

실험과 관찰을 통해 얻은 지식을 공유하다

17세기 잉글랜드 과학자들은 스스로를 베이컨의 후예로 여기고 실험과 관찰을 다른 어떤 나라 과학자들보다도 중요하게 여겼습니다. 예전에는 연금술사가 주로 애용했던 실험실을 과학 탐구에 필수적인 공간으로 생각했고, 실험실에서 얻은 결론을 경험 법칙으로 받아들이기 시작했어요. 이런 과학자들 가운데 흥미로운 사례가 윌리엄 하비William Harvey(1578~1657)의 경우예요.

하비는 살아 있는 동물을 해부해서 심장에서 뿜어져 나오는 피가 동맥을 통해 몸 곳곳으로 퍼져나간 뒤 다시 정맥을 타고 심장으로 되돌아오는 혈액 순환을 확인했습니다. 특히 흥미로운 점은 그가 계량적인 방법을 사용해 이 현상을 증명했다는 것입니다. 그는 반복된 실험을 통해 심장에서 나오는 혈액량이 사람의 몸무게를 넘는다는 것을 계산한 후에 혈액 순환이 아니라면 이 사실을 설명할 길이 없다고 했지요. 하비의 경우와 비슷한 사례는 많았어요.

이를테면 화학 분야에서 로버트 보일Robert Boyle(1627~1691)이 공기 펌프를 고안해 일정한 온도에서 기체의 부피는 기체에 가하는 압력에 비례해 감소한다는 '보일의 법칙'을 발견했어요. 로버트 훅Robert Hooke(1635~1703)은 현미경으로 식물 세포 구조를 연

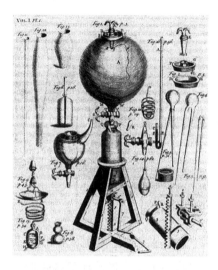

보일의 공기 펌프 실험 장치.

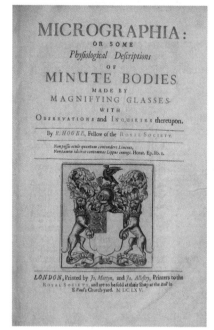

로버트 훅의 책 『마이크로그라피아』(1665).

구해서 실험과학이 진보하는 데 기여했지요. 로버트 훅은 『마이크로그라피아』(1665)에서 코페르니쿠스부터 자기 시대까지 일어난 과학의 진보, 특히 관찰과 실험이 보여준 가능성을 자랑스럽게 이야기해요. 좀 길지만, 한 대목을 살펴보면 좋겠어요(니얼 퍼거슨의 책에서 재인용한 것입니다).

> 망원경이 발명되어 이제 아무리 멀리 있는 것도 볼 수 있게 되었다. 게다가 현미경 덕분에 아무리 작은 것도 우리의 연구 범위를 벗어날 수 없게 되었다. 이렇듯 우리 앞에는 우리가 이해해야 할 새로운 시각 세계가 한없이 펼쳐져 있다. (…) 비밀스러운 자연의 섭리를 낱낱이 밝혀낼 수 없을지도 모른다. 그러니 철저히 연구하여 손해 볼 것이 무엇이겠는가? 토론과 논쟁 속 주장은 곧 노력을 요하는 실질적인 노동으로 바뀔 것이다. 견해라는 온갖 달콤한 망상, 뇌가 고안해낸 사치인 우주의 형이상학적 본질은 곧 사라지고, 확고한 역사, 실험, 연구가 그 자리를 대신할 것이다.

훅의 이야기를 들어보면 베이컨이 제안한 새로운 과학의 지향점과 방법을 잘 이해할 수 있어요. 여기서 실험과 관찰은 "견해라는 온갖 달콤한 망상"을 피하고, 대신 더 분명한 지식, 그것도 실제 생활에 쓸 수 있는 지식을 만들어내는 수단이라고 하지요. 바꿔 말하면, 이런 주장은 신이 세상을 창조한 까닭이나 창조의 원리처럼 자칫 사변적인 논쟁으로 번질 수 있는 주제는 피하면서 자연 세계의 작동 원리를 묘사하는 데 힘을 쓰자는 말이기도 해요. 그렇게 할 때, 자연 세계를 통제하고 예측할 수 있는 힘을 얻을 수 있다는 것이었지요. 그러므로 훅 같은 사람에게는 '왜'라는 질문보다 '어떻게'라는 질문이 더 중요했어요. 물론 방금 인용한 훅의 말에는 이런 새로운 철학을 실제로 어떻게 수행하는가에 대한 답은 들어 있지 않아요.

사실 이 질문에 대해서는 베이컨이 일찌감치 명쾌한 답을 내놓았지요. 핵심은 실험과 관찰을 수행하고 그 결과를 동료들과 적극적으로 공유하는 것이었어요. 그러면 이들이 비슷한 실험과 관찰을 반복해 충분한 데이터를 축적해요. 마지막으로 이 데이터에서 일반적인 결론을 끌어내지요. 그러니 과학은 이제 어떤 천재 한 사람에게 의존하는 일이 아니라 여러 연구자가 힘을 모아 수행하는 집단 활동이 되었어요.

이런 이상은 보일과 훅이 힘을 합쳐 세운 왕립협회에서 어느 정도 실현되었어요. 1662년에 '자연 지식 개선을 위한 런던왕립협회'를 설립한 일은 당시 정치 상황과 거기에 대한 과학자의 대응이 맞물려 일어난 것이었지요. 17세기 초중반에 잉글랜드는 한편으로는 종교 문제를 둘러싼 청교도*와 국왕 찰스 1세 사이의 갈등으로, 다른 한편으로는 국왕이 행사하는 대권prerogatives의 적법한 범위를 둘러싼 정치세력 간의 갈등으로 내란과 혁명을 겪었어요. 그 결과 찰스 1세의 처형이라는 상상조차 하기 어려운

■　　　원래 청교도라는 명칭은 잉글랜드 국교회 신도 가운데 잉글랜드 교회가 교리나 의례에서 대륙 개신교 교회의 예를 충실하게 따라야 한다고 믿는 세력을 일컫는 말이었어요. 이들과 대립하던 세력이 이들의 신앙심을 비아냥거리려고 이런 명칭을 만들어냈지요.

일이 일어났고, 잉글랜드는 국왕이 없는 정치체제, 그러니까 공화국이 되었습니다.

이런 정치적 격변이 일어나고 있을 때 유럽 대륙 여러 나라들은 가톨릭과 개신교 세력으로 나뉘어 30년 전쟁(1618~1648)을 치르고 있었어요. 잉글랜드 내란과 30년 전쟁에는 종교 문제, 이를테면 창조 원리와 구원의 길, 절대적 지식을 대변하는 권위 같은 문제가 걸려 있었어요. 이런 혼란이 거듭되면서 과연 절대적인 진리라는 게 있느냐는 깊은 회의가 퍼져나갔지요. 30년 전쟁은 1648년 베스트팔렌 조약이 체결되면서 끝났고, 잉글랜드의 정치적 혼란도 1660년에 찰스 2세가 왕위에 오르면서 마무리되었습니다. 하지만 지식의 근원이나 지식 창출과 종교와 정치적 권위 사이의 관계 같은 복잡한 문제는 여전히 남아 있었어요. 유럽 사회에 널리 퍼져 있던 정치와 종교 갈등을 해소하고 평화와 안정을 회복하려면 지식인은 이런 문제에 대한 만족할 만한 답을 내놔야 했지요.

왕립협회는 바로 이런 시대의 요구에 답하려 했어요. 찰스 2세와 여러 귀족을 후원자로 확보하고 대학 안팎에서 활동하던 저명한 자연철학자들을 회원으로 끌어들인 왕립협회 설립자들, 특히 보일은 협회가 질서와 합의를 열망하는 잉글랜드인의 요구를 충족하는 데 적합한 도구라 믿었지요. 베이컨이 제안한 연구자들 간의 협력을 통한 새로운 지식의 창출, 그리고 왕권과 잉글랜드 국교회의 권위 회복, 이 두 과업을 왕립협회가 동시에 이루어낼 수 있다고 생각했던 것입니다. 그렇게 되면 잉글랜드 사회에서 과학자의 위상과 역할을 새로 정립할 수 있다는 계산도 있었어요.

보일과 동료들이 내놓은 해답은 대강 이런 것이었어요. 왕립 협회에 속한 과학자는 정치나 종교 영역에 자리 잡고 있는 권위에 근본적으로 문제를 제기할 수도 있는 사변적인 질문을 피하는 한편 자연 세계의 작동 원리에 대한 경험적인 연구로 누구나 동의할 수 있는 '사실'을 확립하는 데 주력한다는 것이지요. 이를 위해 협회 회원은 실험을 수행하고 그 결과를 기록해 동료에게 알려요. 다른 연구자는 동료의 연구 결과를 검토하고 비판도 하지요. 신사적인 토론으로 이런 과정을 계속해서 반복하면 마침내 사실과 사실이 아닌 것을 구분할 수 있게 됩니다. 이렇게 누구나 선뜻 수긍할 수 있는 '사실'을 확립하는 것이지요. 이런 확실한 사실이 인류의 처지를 개선하려는 노력을 뒷받침하고, 궁극적으로 사회의 질서와 안정도 가져오리라고 기대했어요.

흥미롭게도 유럽 대륙에서도 거의 같은 시기에 비슷한 움직임이 일어나요. 1666년에 프랑스에서 과학 아카데미가 설립되었고, 뒤이어 프로이센과 러시아, 스웨덴에서도 같은 연구 기관이 만들어졌어요. 국가가 아니라 뜻이 통하는 사람들이 자발적으로 모여 결성한 사적인 연구 모임도 유럽과 유럽 제국의 식민지에서 속속 등장했지요.■ 이런 여러 연구 기관과 협회는 과학자에게 일자리를 제공하거나 과학자의 현장답사와 연구를 재정적으로 지원하고, 연구 결과의 출판을 주선했어요. 새로운 지식을 널리 알

■　　예컨대 영국령 북아메리카 식민지에서 벤저민 프랭클린이 1743년에 세운 미국철학협회는 지금도 미국에서 가장 저명한 학술 단체로 남아 있습니다.

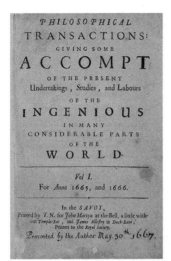

과학 지식과 정보를 공유하기 위해 잉글랜드
왕립협회가 발간한 『왕립협회보』 1호(1665).

리는 일에도 열의를 보였습니다. 공개 강연이나 공개 실험이 흔
해졌던 것이지요. 과학을 공부하는 지식인에게 더 중요한 일은
왕립협회처럼 정기간행물을 내서 지식과 정보가 활발하게 유통
되게끔 도움을 주는 것이었어요. 중세나 르네상스 시대에도 유럽
전역에 걸친 개인적인 서신 교환 네트워크가 작동하기는 했지만,
이제 과학자들은 『왕립협회보』나 파리 과학 아카데미와 밀접하게
연관되어 있던 『지식인 저널』Journal des sçavans 같은 정기간행물의
지면을 이용해서 지식을 나누고 서로 토론하게 되었어요. 요즘
논문이 과학계의 가장 중요한 지식 전달 통로로 자리 잡게 된 것
은 17세기 중반부터 일어난 이런 변화에 빚을 지고 있지요.

6 뉴턴, '새로운 과학'을 종합하다

'새로운 과학'이 이뤄낸 성취의 절정

지금까지 16세기부터 17세기 중반까지 유럽에서 '새로운 과학'이 출현하는 과정을 살펴봤어요. 코페르니쿠스의 태양 중심설을 증명하고 널리 퍼뜨리려는 케플러와 갈릴레이의 노력은 훗날 독일 철학자 칸트가 말한 대로 유럽인의 전통적인 우주관을 송두리째 흔들어놓았던, 그야말로 '혁명'이었어요. 갈릴레이의 이야기에서 볼 수 있는 것처럼, 이런 노력은 학문의 제왕으로 오랫동안 군림했던 신학의 지배로부터 자연철학을 분리하고, 그것을 인간 이성의 고유한 활동으로 재정립하려는 시도이기도 했지요. 이 시도는 베이컨과 데카르트 같은 이들이 과학 방법론을 다시 세우면서 제 모습을 갖춰갔어요. 이 두 사람에게서 영감을 얻은 자연철학자들은 한편으로는 소모적인 신학 논쟁에서 과학을 떼어놓고, 다른 한편으로는 수학적 추론으로 세계를 엄밀하게 재해석하려 했지요.

이런 시도는 17세기 중반 잉글랜드와 유럽 대륙에서 정치 격변과 전쟁의 와중에서 더욱 중요해졌어요. 피비린내 나는 내란과 국제전을 치르고 난 후 유럽 지식인들은 종교처럼 영원히 해결할 수 없을 것 같은 문제를 두고 더 이상 다툼을 벌이지 않는 사회를 꿈꾸기 시작했어요. 왕립협회 같은 새로운 조직은 신학과 과학의 영역을 분명하게 구분하고, 신학의 영역은 제쳐둔 채 과학 탐구가 인류의 삶을 개선하는 데 보탬이 되도록 힘을 쏟았고, 이런 연구를 뒷받침하는 제도적인 틀을 만들었지요.

이런 여러 변화를 거쳐 탄생한 새로운 과학으로 이뤄낼 수 있는 성취의 절정을 보여준 사람이 바로 아이작 뉴턴Isaac Newton (1642~1727)입니다. 케임브리지대학에서 거의 은둔자처럼 살았던 이름 없는 수학자 뉴턴은 데카르트와 마찬가지로 자연을 묘사하는 가장 좋은 수단이 수학이라고 믿었어요. 동시에 그는 베이컨에게서 시작된 잉글랜드 과학이 강조한 실험과 관찰의 중요성도 잘 알고 있었지요. 거기다가 거의 편집증에 가까운 괴팍한 그의 성격도 한몫했어요. 그는 빛의 성질 같은 문제를 두고 몇 달, 아니 몇 년씩 끼니도 거르면서 씨름하곤 했지요. 과학자로서 빼어난 성취를 이루는 데 도움이 되었던 또 다른 자질은 어떤 문제를 여러 개의 작은 물음으로 쪼개는 능력이었어요. 문제를 잘게 쪼개서 각각을 면밀하게 검토하면서, 이런 검토에 필요한 실험을 수행하고, 실험 도구가 없으면 직접 도구를 제작하곤 했지요. 빛과 색의 본질을 탐구하려고 프리즘을 개량했던 일이나 궤도 문제를 수학적으로 풀어낼 도구가 마땅치 않아 미적분을 고안한 것이 그런 경우였어요.

거의 무명이던 뉴턴이 지식인 사회에서 이름을 알리게 된 것은 왕립협회 덕분이었어요. 뉴턴은 1672년에 광학에 관한 연구 결과를 왕립협회에 제출했고, 이를 두고 왕립협회 창립자 로버트 훅과 격렬하게 논쟁을 벌였어요. 당시 과학계 거물이던 훅과 겨루면서 큰 상처를 입은 뉴턴은 본래 성격대로 케임브리지에 은둔하면서 연금술과 신학 연구에 몰두했습니다. 그런 뉴턴이 훅과의 논쟁에서 떠오른 천체 궤도 문제로 되돌아오게 된 것은 몇 안 되는 친구 중 하나였던 천문학자 에드먼드 핼리Edmund Halley(1656~1742)와 건축가 크리스토퍼 렌Christopher Wren(1632~1723) 덕분이었어요. 특히 핼리의 영향이 결정적이었지요. 핼리는 행성 궤도 운동에 관한 훅의 설명에 만족하지 못했던 터라 직접 케임브리지로 가서 이 문제에 대한 뉴턴의 생각을 다시 물었어요. 그러자 뉴턴은 이미 1666년에 행성 궤도가 타원을 그리는 문제에 대해 수학 계산을 마쳤다고 답했지요. 몇 달 뒤 뉴턴은 핼리에게 '궤도를 도는 천체의 운동에 관하여'라는 짧은 글을 보냈습니다.

그 후 여러 해에 걸쳐 뉴턴은 핼리에게 보낸 1666년의 계산 결과를 바탕으로 개념을 가다듬고 계산 오류를 바로잡았어요. 그 무렵 뉴턴은 갈릴레이가 제시한 관성 개념을 검토해 두 물체가 접촉할 때 같은 힘이 양방향으로 작용한다는 것을 시사하는 중력에 관한 연구를 진행해놓은 상태였지요. 그래서 뉴턴은 핼리와 이야기를 나눈 후에 운동 문제를 설명하는 간단명료한 수학적 표현을 찾는 데 매진했어요. 그는 물체가 움직이는 지구를 향해 낙하하는 현상뿐만 아니라, 지구를 포함한 여러 행성이 어떻게 일정하게 움직이는지도 수학적으로 풀어보려 했지요.

사례 연구와 계산을 수없이 반복한 끝에 뉴턴이 내놓은 설명은 아주 단순해 보였어요. 중력은 두 물체의 질량을 곱한 값에 비례하고, 두 물체 사이의 거리를 제곱한 것에 반비례한다는 공식을 제안한 겁니다. 이렇게 보편적인 운동법칙을 수학으로 표현

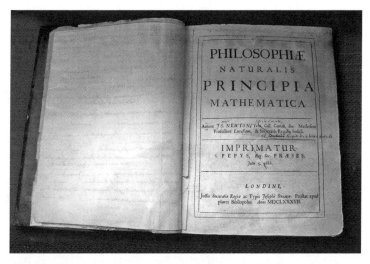

뉴턴의 『프린키피아』. 이 책은 뉴턴 자신이 소장하고 있던 원본으로 그가 수정한 대목이
포함되어 있다.

명예혁명 직후 하원의원을 지내던
46세의 뉴턴. 고드프리 넬러
그림(1689).

하는 일에 매달린 끝에 뉴턴은 1687년에 『자연철학의 수학적 원리』, 즉 『프린키피아』를 출간하게 됩니다. 이 책은 출간 즉시 엄청난 반향을 일으켰고, 뉴턴은 과학계를 넘어 지식인 사회에서 명사가 되었지요.

『프린키피아』가 큰 성공을 거둔 덕분에 뉴턴은 1688년 명예혁명 이후 잉글랜드 왕실의 후원을 받게 되었어요. 과학계에서 거둔 명성과 함께 활발한 정치활동 덕분이었지요. 가톨릭교도를 케임브리지대학 교수로 임명하려 했던 제임스 2세에 맞선 대학의 싸움에 뉴턴이 적극적으로 참여했거든요. 이 일을 계기로 뉴턴은 네덜란드 오라녜 공Prins van Oranje과 그의 아내 메리를 새로운 국왕으로 세우는 1688년 의회에서 케임브리지대학을 대표하게 되었어요. 왕실에 큰 도움이 되는 일을 하면 관직이나 연금으로 상을 내리던 당시 관행에 따라 뉴턴은 1696년에 조폐국 감독으로, 1699년에 조폐국장에 임명되어 넉넉한 보수와 명예를 누리게 되었습니다. 1704년에는 크리스토퍼 렌에 이어 왕립협회 회장이 되는 영예를 누리기도 했어요.

그 무렵 뉴턴은 누가 먼저 미적분을 발견했는가를 두고 라이프니츠와 다투고 있었는데, 이 싸움에서 왕립협회 회장이라는 막강한 지위를 이용하기도 했습니다. 이렇게 세속적으로 성공을 거뒀지만 뉴턴은 연구를 멈추지 않았어요. 왕립협회 회장 자리에 오를 무렵 뉴턴은 『광학』을 출간했지요. 나중에 『프린키피아』보다도 훨씬 널리 읽히게 될 이 책에서 뉴턴은 빛이 원색으로 구성되어 있으며, 빛은 파동이 아니라 입자라는 가설을 발표해 큰 파장을 불러일으켰습니다.

과학, 국가와 종교로부터 자유로워지기 시작하다

실험과학과 수학적 추론을 결합해 새로운 과학의 가능성을 보여 준 뉴턴은 18세기 초가 되면 국민 영웅으로 추앙받았어요. 그가 사망한 후에 웨스트민스터 사원에 안장되었다는 사실이 이를 잘 보여주지요. 웨스트민스터 사원에는 아무나 묻힐 수 없어요. 국 왕이나 잉글랜드에 특별히 기여했다고 널리 인정받은 극소수만 그곳에 안장됩니다. 정치나 종교 지도자에 비해 지위가 낮다고 여겨졌던 일개 과학자가 여기에 묻힌 것은, 뉴턴이 영국 사회에 서 차지한 위상뿐만 아니라 영국인이 영국 과학의 진보를 얼마나 자랑스러워했는지 잘 보여준다고 하겠습니다. 더 넓게 보면, 그 것은 당시 유럽의 패권을 두고 프랑스와 치열하게 경쟁하던 상황 과 연관된 일이기도 했어요. 1815년까지 계속되는 이 역사적인 대결에서 영국인은 자기 나라의 헌정질서를 프랑스 절대주의 체 제와 비교하면서 영국인이 누리는 자유야말로 경제적 번영이나 지적 성취를 낳는 원동력이라고 주장하곤 했지요. 뉴턴은 이런 주장을 뒷받침하는 아주 좋은 사례가 되었던 셈입니다.

사실 뉴턴의 명성은 영국 사회를 넘어 유럽 전역으로 퍼져나 갔어요. 이성의 힘을 무한히 신뢰하면서 자유와 진보를 갈망하던 많은 유럽인에게 뉴턴은 자유로운 지식 탐구와 그것을 바탕으로 한 문명 진보의 가능성을 가장 잘 보여주는 사례처럼 보였기 때 문이지요. 이미 뉴턴이 『프린키피아』를 출간할 무렵에 핼리는 이 런 생각을 드러낸 바 있어요. 서문에 붙인 송시에서 핼리는 "이 성의 빛 속에서, 무지의 구름/ 마침내 과학에 의해 걷혔다"라고 노래했지요. 핼리에게 뉴턴은 다가올 '빛의 시대', 그러니까 계몽 시대를 열어젖힌 선각자였던 셈입니다.

18세기 초 영국의 저명한 시인 알렉산더 포프가 보낸 찬사는 더욱 화려했어요.

> 자연과 자연법칙들은 어둠 속에 있었네.
> 그때에 신께서 말씀하시길, 뉴턴이 있으라, 하시니 모든 것이 밝아졌네.

코페르니쿠스의 태양 중심설에서 뉴턴의 물리학까지, 과학혁 명은 서양에서 과학이 국가나 종교 권력으로부터 어느 정도 자유 로운 탐구 활동으로 자리 잡아가던 과정이라고 볼 수 있어요. 동 시에 그것은 새로운 탐구 방법과 목표를 제시한 일이기도 했지 요. 하느님의 창조 원리나 우주 탄생의 비밀처럼 인류가 오랫동 안 씨름해오던 문제를 완전히 외면하지는 않았지만, 서양에서 과 학은 이제 실험과 관찰, 또는 연역적 추론으로 문제를 해결하기 위해 하나의 문제를 여러 개의 하위 질문으로 해체하기 시작했어 요. 그러면서 신의 계시나 옛 권위자가 진리라고 부른 것을 증명 하는 일보다는 이제까지 알려지지 않은 새로운 사실을 발견하고 앞으로 일어날 일을 예측하는 데 관심을 보였지요.

과학자들은 새로운 지식이 인류의 삶을 개선하는 데 쓸모가 있을 것이라고 굳게 믿었어요. 물론 유용한 지식을 추구하는 일 이 새로운 현상은 아닙니다. 아주 오랫동안 이슬람 세계와 중국 의 과학자나 기술자들은 통치에 도움이 될 지식을 찾는 데 주력했으니 말이지요. 과학혁명 시대 서양 과학자가 달랐던 점은 이들이 과학의 유용성을 국가 이익이라는 좁은 테두리 안에서 생각하지 않았다는 데 있어요. 같은 시대에 자유주의 이념이 모습을 갖춰가고 영국에서는 자본주의가 발전하면서 사람들이 개인의 풍요라는 문제에 새로운 관심을 갖게 되었는데, 그것이 과학 탐구에도 영향을 주었습니다. 과학과 기술은 한편으로는 개인과 사회의 물질적 풍요를 뒷받침하는 수단으로, 다른 한편으로는 인간 지성의 힘을 벼리는 길로 각광받은 것이지요.

근대에 등장한 서양 과학이 유용한 지식을 추구했기 때문에 많은 이들이 뉴턴이 종합한 과학이 18세기 중반부터 영국에서 일어난 산업혁명과 어떻게든 연관되어 있었을 것이라고 생각합니다. 이렇게 과학과 기술이 긴밀하게 연관되는 현상도 서양에서만 찾아볼 수 있는 현상이 아니지요. 제국을 다스리는 데 필요한 과학 기술 탐구를 성원했던 이슬람 세계나 중국에서 더 흔히 찾아볼 수 있는 일이었어요. 서양에서는 사정이 좀 달랐지요. 중세부터 과학과 기술이 서서히 분리되기 시작한 것입니다. 베이컨이 '솔로몬의 집'을 구상하면서 과학자와 기술자 사이의 긴밀한 분업을 상상하기는 했지만 대체로 과학 진보와 기술 발전은 별개로 일어났어요. 숙련된 장인이 하는 일의 이면에서 작동하는 과학 원리를 탐구하려는 노력도 흔치 않았고, 반대로 과학자의 발견을 이용해 새로운 기술이나 제품을 만들어내려는 시도도 별로 없었습니다.

그렇다면 산업혁명 시대에는 상황이 어땠을까요. 이 문제를 살펴보려면 우선 산업혁명 시대에 일어난 몇 가지 중요한 기술

혁신을 간단하게라도 살펴봐야 합니다. 그런 후에 다시 과학과
기술의 결합이라는 문제로 돌아가도록 하지요.

7 근대 과학과 기술 혁신의 관계

증기기관 새로운 시대를 열다

첫 번째 산업혁명에서 가장 유명한 발명품은 물론 증기기관이지요. 그 덕분에 인류가 기계장치를 이용해 운동에너지를 대량으로 만들어낼 수 있게 되었으니, 아주 중요한 사건입니다. 그것은 또한 인류가 오랫동안 의존했던 태양 중심 에너지 체제에서 화석연료를 바탕으로 한 에너지 체제로 전환하는 분기점이기도 했어요. 1부에서 이미 살펴본 것처럼, 석탄을 본격적으로 사용하기 시작하면서 사람이 쓰는 에너지 총량이 크게 늘었어요. 잉글랜드에서는 16세기 중반부터 두 세기 만에 거의 네 배나 늘었지요.

이렇게 보면 석탄을 이용한 증기기관의 발명과 개선은 요즘 많이 이야기하는 인류세Anthropocene가 시작된 시점이라고 말할 수 있을지도 모르겠어요. 이 개념은 우리가 지금 살고 있는 지질학 시대인 충적세Holocene 가운데 인류가 환경에 압도적으로 큰 영향을 미친 시대를 가리키는 것이지요. 물론 그 영향이 반드시 좋은 결과만 낳은 것은 아닙니다. 지금 우리는 심각한 기후 변화에 직면하고 있지요. 이런 변화가 일어나는 근원에 인간의 여러 활동이 있으므로 지질학 시대 구분에 아예 '인간'이라는 말을 넣는 게 좋겠다고 생각해서 '인류세'라는 개념을 만들어낸 것이지요. 인류세 개념에 대해서는 꽤 논란이 분분하지만, 여기서 우리가 강조하려는 것은 단순해요. 증기기관과 석탄 사용이 인류 역사에서 아주 중요한 사건이었다는 것이지요.

사람들이 증기기관의 원리를 이야기한 것은 오래전부터였어요. 하지만 17세기 말이 되면 증기기관을 실제로 만들어 깊은 탄광 갱도에서 물을 퍼 올리는 데 사용해보려는 생각이 나타나요. 1689년에 토머스 세이버리가 만든 최초의 증기기관은 기압과 진공상태라는 과학 원리를 이용한 기계장치였지만 실제로 광산에서 쓰지는 못했어요. 이 일은 10년쯤 지나 토머스 뉴커먼이 배관공 존 켈리와 함께 증기기관을 만들면서 일어나지요. 흥미롭게도 뉴커먼은 세이버리의 엔진이 작동하는 과학 원리를 전혀 모른 채 증기기관을 만들었어요. 뉴커먼의 증기기관은 석탄을 태워 증기를 만들어 실린더에 넣고, 이 실린더를 차가운 물로 식히면 증기가 응결되면서 진공이 만들어지는 원리를 이용했지요. 이때 실린더 마개에 연결해놓은 피스톤이 피스톤 외부 표면에 미치는 대기압 때문에 아래로 움직이게 되는데, 피스톤이 최저점에 닿으면 증기가 다시 실린더에 주입되어 피스톤을 위로 움직이게 만들어요. 이런 상하 왕복 운동을 반복하면, 이를테면 탄광 바닥에 고인 물을 퍼 올릴 수 있지요.

하지만 뉴커먼의 증기기관에는 한 가지 심각한 결함이 있었어요. 효율이 아주 좋지 않았던 것이지요. 커다란 실린더를 데우고 식히는 과정을 반복하려면 열 손실도 많고 그만큼 석탄도 많이 들어갔기 때문입니다. 그래서 뉴커먼의 증기기관은 석탄을 쉽고 싸게 구할 수 있는 탄광에서나 사용될 수 있었어요.

뉴커먼 증기기관의 효율을 높여 증기기관이 널리 사용될 수 있도록 만든 사람이 바로 제임스 와트예요. 와트도 정식 과학 교육을 받은 사람이 아니었어요. 런던에서 교육용 과학 기구를 제작하는 일을 1년 정도 배웠을 뿐이지요. 도제 기간을 다 마치지 못해서 와트는 자기 가게를 차릴 수 없었어요. 나중에 글래스고 대학에서 천문 관측 기구를 관리하는 조건으로 대학 안에 겨우 자기 작업장을 차릴 수 있었지요. 거기서 와트는 증기기관에 관심을 갖게 되었어요. 처음에는 대학에 있던 증기기관을 수리하면서 실험을 계속했는데, 연료를 태워 얻는 에너지의 80퍼센트가 실린더를 가열할 때 낭비된다는 사실을 알게 되었습니다. 실린더 안에서 만들어지는 고온 증기가 냉각수에 의해 응결되기 때문이었습니다.

오랜 연구 끝에 와트는 이 문제를 해결하는 방법을 찾았어요. 실린더 바깥에 별도로 용기를 설치해 그 안에서 증기를 응축시키는 한편 실린더는 증기기관이 작동하는 내내 뜨거운 온도를 유지하게 만드는 것이었지요. 이렇게 해서 와트의 분리응축식 증기기관이 탄생해요. 와트는 이 장치를 가지고 1769년에 특허를 얻었지요. 1782년에는 피스톤의 상하 왕복 운동을 회전 운동으로 바꿔주는 2행정기관으로 또 하나의 특허를 얻었고, 1784년에는 유성 톱니바퀴와 응축기, 평행 운동, 회전 굴대 엔진 같은 부품을 통합해 새로운 증기기관을 만들어 특허를 따냈어요.

와트가 증기기관 개량에 성공할 수 있었던 여러 요인 가운데 하나로 지목되는 것은 그가 대학에서 과학 지식을 접할 수 있었다는 것이에요. 특히 논란이 많았던 문제는 당시 글래스고대학 화학 석좌교수로 잠열latent heat 개념을 창안한 조지프 블랙과의 교류입니다. 와트가 블랙 교수와 친하게 지냈다는 데는 이견이 없어요. 하지만 와트가 열에 관한 블랙의 연구를 접한 뒤에야 기존 증기기관의 열 손실 문제를 알게 되었다는 주장에 대해서는 논쟁이 있지요. 19세기 중반에는 와트의 기록을 바탕으로 와트 혼자서 증기기관을 제작했다는 주장이 널리 받아들여졌어요. 하지만 20세기 초에 블랙에 관한 연구가 활발하게 진행되면서 와트의 개량이 대개 블랙의 잠열 이론에서 영향을 받았다는 해석이 널리 퍼졌지요. 최근에는 다시 와트의 독창적인 연구가 더 주목받지만, 아무튼 이 문제는 미결로 남았어요.

이런 논란에도 한 가지 분명한 사실은 와트가 글래스고대학이라는 18세기 최고 명문 대학에서 일하고 있었고, 거기서 블랙 같은 과학자와 교류하면서 지적인 영감을 받았을 것이라는 점이에요. 산업혁명 시기까지도 이런 교류는 아주 드물었기 때문에 중요한 변화라 할 수 있습니다. 이런 교류가 와트의 분리응축식 증기기관의 과학적 원리를 설명하는 데까지 발전하지는 못했지만 말이지요. 이 일은 19세기에 열역학이 발전한 이후에야 일어나요.

증기기관을 제작하는 데는 큰돈이 들어갑니다. 자본이 필요하지요. 가난한 와트는 1775년에야 제대로 된 동업자를 만날 수 있었는데, 버밍엄에서 철물 제조업자로 유명했던 매슈 볼턴이었어요. 철물업계에서 오랫동안 일했던 볼턴 덕분에 와트는 숙련된 수공업자들의 도움을 받아 고압을 견뎌낼 수 있는 피스톤과 실린더를 제작할 수 있었어요. 볼턴과 와트의 회사는 증기기

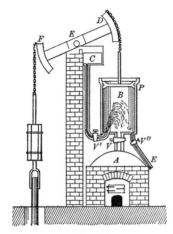

토머스 뉴커먼의 증기기관(1712).

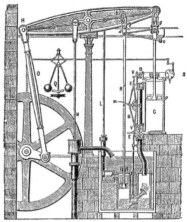

제임스 와트의 증기기관(1784).

관을 제작해 설치해주고 사용료를 받는 식으로 돈을 벌었어요. 1800년까지 496대를 팔았지요. 장사 수완이 좋았던 와트이지만 1780년대 이후에 증기기관의 효율과 동력을 크게 개선하지는 못했어요.

이렇게 개량이 더디게 일어난 까닭은 와트가 특허권을 아주 공격적으로 행사해 다른 발명가나 기술자가 증기기관 개량 작업에 뛰어드는 것을 막았기 때문입니다. 와트의 특허는 1800년에야 만료되었는데, 그사이 볼턴과 와트는 특허 침해를 이유로 여러 건의 소송을 걸었어요. 그래서 와트의 특허권이 소멸된 후에야 증기기관의 효율과 동력을 높이고 크기를 줄이는 작업이 본격적으로 진행될 수 있었지요. 단적인 예로, 증기기관이 만들어내는 동력은 1800년 이후에 매년 4천 마력씩 증가했어요. 열효율은 와트가 특허를 보유하고 있던 기간에는 거의 변화가 없었지만, 1810년부터 1835년 사이에는 다섯 배가 향상되었지요.

19세기 초에 증기기관 개량에 매달린 여러 발명가가 특히 관심을 기울인 부분은 증기기관의 크기를 줄이면서도 고압 증기로 엔진의 힘을 키우는 것이었어요. 와트의 증기기관은 대기압으로 피스톤을 움직이는 방식이라 크기도 컸고, 높은 증기압을 견디지 못했지요. 크기가 작으면서도 고압을 견디는 증기기관이 나오자 이것을 교통수단에 이용하려는 시도가 나타났어요. 리처드 트레비식Richard Trevithick(1771~1833)이 1804년에 최초의 증기기관차를 세상에 내놓았습니다. 하지만 트레비식 기관차는 너무 무거워서 철로가 견디지 못했고, 도로용으로 만든 기관차는 보일러가 터지는 바람에 실패하고 말았어요. 그래도 비슷한 노력은 계속되었어요. 그 결과, 1825년에 스톡턴과 달링턴을 잇는 철도가 개통되면서 증기기관 기차 시대가 시작되었지요. 특히 조지 스티븐슨 George Stephenson(1781~1848)이 1829년에 열린 증기기관차 경주에 자신이 만든 '로켓'을 출품하면서 유명해졌어요. 주최자가 내건 조건은 증기기관의 무게가 5톤 이하여야 하고 적어도 시속 10마일 이상의 속도를 내야 한다는 것이었지요.

증기기관차는 비슷한 시기에 발명된 증기선과 함께 증기기관의 잠재력을 보여주었어요. 이런 발명품을 직접 눈으로 보게 된 그 시대 사람들은 정말 새로운 시대에 살고 있다는 사실을 실감할 수 있었지요. 이런 모든 일이 증기기관 덕분이었으니 제임스 와트가 영국에서 국민 영웅이 된 것도 놀랍지만은 않아요.

이를테면 당시 유명한 정치인이던 윌리엄 허스킨슨은 스티븐

리처드 트레비식이 만든 증기기관차 '뉴캐슬'(1804).

조지 스티븐슨이 만든 증기기관차 '로켓'(1829).

슨의 '로켓' 기관차에 부딪혀 부상을 입어 유명해졌는데, 그런데도 그는 와트에 대한 칭송을 멈추지 않았지요. 어느 자리에서 그는 "영국인으로서 우리는 그(와트)의 천재성이 낳은 결과를 보면서, 그가 사는 나라에 우리도 살고 있다는 기쁨을 느낄 수밖에 없습니다"라고 말했어요.

실제로 18세기에서 19세기로 넘어가는 시기에 증기기관은 빠르게 퍼져나갔습니다. 와트의 회사만 하더라도 1794년부터 1824년까지 1,164대의 증기기관을 제작할 정도였지요. 증기기관은 특히 교통수단을 움직이는 동력원으로 널리 사용되었어요. 1800년대 초에 개발된 증기선은 처음에는 내륙 수로에서 이용되다가 1813년 이후 해양 항해에 사용되기 시작했고, 1838년에 이르면 대서양을 횡단하는 증기선이 등장했지요. 철도는 영국에서 1830년대 중반부터 본격적으로 부설되기 시작했고, 유럽 대륙과 미국에서도 비슷한 시기에 철도 시대가 열렸어요.

기술 혁신 산업혁명을 이끌다

증기기관의 발명과 개량이 산업혁명의 시대정신을 압축적으로 보여주는 사건으로 그 시대 사람들에게 강렬한 인상을 남긴 것은 사실이지만, 그 시대에 영국의 생산력 발전을 이끈 발명과 개선은 아주 여러 분야에서 일어났어요. 특히 우리에게 잘 알려진 것은 산업혁명의 핵심 부문이었던 면직물 공업에서 나타난 일련의 발명품이라 할 수 있지요. 이 분야에서 일어난 혁신의 특징은 원면에서 실을 뽑아내는 방적 분야와 실로 옷감을 짜는 직조 분야

가운데 어느 한 분야에서 혁신이 일어나면 시간차를 두고 다른 분야에서 그에 대응하는 혁신이 연이어 일어났다는 점이에요. 일종의 도전과 응전이 반복된 역사라고 볼 수 있는데, 기술 혁신이 상호보완적으로 일어난 사례라 하겠지요.

시작은 무척 소박했어요. 존 케이라는 시계공이 1733년에 직조기에서 씨실이 바퀴를 타고 날실 사이를 통과하도록 만든 플라잉 셔틀을 개발한 일이었지요. 아주 간단한 장치였지만 플라잉 셔틀은 직조 분야의 생산성을 개선했고, 그 결과 실을 뽑아내는 방적 과정에서 지체가 일어났어요. 그러자 1760년대와 1770년 대에 여러 장인과 기술자가 방적 과정을 기계화하려는 노력을 기울이게 되었습니다. 그래서 탄생한 것이 제임스 하그리브스의 제니 방적기였어요. 간단하게 말하면, 8개의 방추를 달고 있는 물레를 한 사람이 돌릴 수 있게 만들어준 장치였지요. 제니 방적기는 손으로 물레를 돌리는 일을 좀 더 빠르게 만들어준 장치였을 뿐이지만, 1769년에 리처드 아크라이트Richard Arkwright (1732~1792)가 특허를 낸 방적기는 수력을 이용했어요. 아크라이트는 천 개 이상의 추를 달고 있는 수력 방적기를 설치한 공장을 지어 기계화를 앞당겼지요.

1779년에는 새뮤얼 크럼프턴Samuel Crompton(1753~1827)이 제니 방적기와 수력 방적기의 특징을 결합해 여러 개의 방추를 장착하고 수력으로 가동하는 물레를 만들어냈어요. 두 기계의 특징을 합쳐놓았다고 해서 뮬mule, 그러니까 노새라고 불린 크럼프턴의 기계는 모든 종류의 옷감에 적합한 가늘고 질긴 실을 빠른 속도로 뽑아냈기 때문에 아주 널리 사용되었지요. 그 결과 방적 부

Fig. 5404.

Arkwright's Water-Frame.

| 리처드 아크라이트가 발명한 수력 방적기. | 새뮤얼 크럼프턴이 개발한 뮬 방적기. |

문의 생산성이 크게 향상되었어요. 이를테면 100파운드의 원면에서 실을 뽑아내는 데 걸리는 시간을 살펴보면, 인도 수공업자는 약 5만 시간이 걸렸던 반면 18세기 말 동력 뮬 방적기는 단 300시간 안에 끝낼 수 있었으니까요.

이렇게 방적 분야에서 기술 혁신이 계속되자 방적 분야와 직조 분야 사이에 커다란 격차가 생겨났어요. 여전히 손기술에 의존하고 있던 직조 분야가 실 생산량을 따라가지 못했던 거지요. 그 덕분에 직조공은 전례 없는 호황을 누리기도 했어요. 그러다가 1785년에 에드먼드 카트라이트Edmund Cartwright(1743~1823)가 수력으로 구동축과 벨트, 기어를 돌리는 동력 직기를 개발해 특허를 땄어요. 카트라이트는 1792년까지 여러 개의 특허를 연달아 따내면서 동력 직기를 개량했지요. 19세기 초에는 수력 대신

에드먼드 카트라이트가 발명한 역직기.

증기기관을 이용한 역직기power loom를 발명했어요. 이로써 직조 분야의 기계화가 마무리되었지요.

처음에는 직조공의 강력한 저항 때문에 기계가 빠르게 도입되지 못했지만, 동력 직기의 생산성 향상은 이런 저항을 뛰어넘기에 충분했습니다. 기계화 덕분에 직조 부문 노동 생산성이 1764년에서 1812년 사이에 200배나 향상될 정도였으니까요. 기계화는 1820년대에 아주 빠르게 진행되었어요. 1813년만 하더라도 영국에 동력 직기는 2,400대 정도였는데, 1833년에 이르면 무려 10만 대까지 늘어납니다. 그러자 손기술을 썼던 직조공들은 대개 일자리를 잃었어요. 수많은 직조공이 미국 같은 곳으로 이민을 떠나게 되는데, 그 가운데는 훗날 미국의 강철왕으로 불리게 되는 앤드루 카네기의 아버지도 있었지요.

산업혁명을 대표하는 또 다른 공업 분야는 제철업입니다. 이 부문은 영국 정부나 의회의 입장에서 보면 발전이 아주 시급한 분야였어요. 철광석을 녹여 철을 만드는 데는 연료가 많이 들어가는데, 오랫동안 땔감을 썼어요. 그런데 영국에서는 이미 16세기부터 땔감 부족 현상이 나타났으니, 제철업에 쓸 만큼 충분한 연료가 없었어요. 게다가 질 좋은 철광석도 풍부하지 않았기 때문에 제철업을 육성할 만한 조건이 아니었지요. 그래서 철광석과 땔감이 풍부한 스웨덴 같은 나라에서 철을 대량으로 수입해야 했고, 그만큼 무역 적자도 누적되었어요. 땔감이 풍부한 북아메리카 식민지에서 제철업을 육성해보려는 시도도 있었지만 스웨덴만큼 좋은 철광석이 없었기 때문에 대안이 되어주지 못했어요. 물론 영국에 풍부하게 매장되어 있던 석탄을 이용할 수만 있다면 연료 문제는 해결할 수 있었을 테지요. 실제로 17세기에 석탄을 연료로 사용하려는 시도가 계속 일어났는데, 별다른 성과를 거두지 못했어요. 중국의 제철공은 이미 11세기에 석탄을 연료로 철광석을 녹이는 법을 개발하는 데 성공했지만, 영국에서는 18세기 초가 되어야 이 기술을 완성할 수 있었지요. 제철공이었던 에이브러햄 다비Abraham Darby(1678~1717)가 나무 땔감 대신에 석탄 부산물인 코크스를 용광로에 넣어 철을 만드는 방법을 발견한 것입니다.

코크스를 이용하면서 철광석을 녹이는 데 들어가는 연료비는 크게 줄어들었어요. 하지만 이 방법으로 얻는 선철은 그 자체로는 쓸모가 없다는 게 문제였지요. 선철을 연철로 바꿔줘야 했는데, 이 과정에는 여전히 숯이 필요했어요. 그런데 연철은 탄소가 거의 들어 있지 않아 부드러웠기 때문에 생산비는 높은 반면 강도가 조금 떨어지는 단점이 있었어요.■ 이런 문제점을 해결한 사람이 랭커스터 출신 해군 납품업자 헨리 코트 Henry Cort(1740~1800)였지요. 코트가 개발한 공정은 교반법攪拌法(puddling process)이라 불리는데, 숯 대신에 코크스로 선철을 녹인 다음, 그 용액을 철봉으로 휘저어 불순물을 없애는 방법이었어요. 더 나아가 코트는 녹인 철을 롤러 사이로 통과시켜 불순물을 짜내는 법, 그러니까 압연법도 개발했지요. 이런 새로운 방법을 도입하면서 코트는 와트의 증기기관으로 용광로에 뜨거운 바람을 불어넣고 롤러를 가동했어요. 증기기관과 석탄이 새로운 혁신을 자극한 사례로 볼 수 있겠지요. 코트의 혁신 덕택에 영국은 오랫동안 염원하던 철 수입 대체에 성공해 유럽 최대 제철 국가가 되었어요. 18세기 전반기만 해도 영국 제철업의 생산 규모는 스웨덴이나 프랑스의 3분의 1 정도에 그쳤는데, 1850년대 말에 이르면 세계 철 생산의 절반을 차지할 정도가 되었지요. 생산량은 프랑스의 여섯 배, 스웨덴의 25배 규모였습니다.

산업혁명 시대에 기술 혁신은 면직물 공업이나 제철업 같은 새로운 공업 부문에서만 일어난 게 아니에요. 전통적인 공업에서도 제품 디자인에 혁신을 이루거나 제품 제작 과정에 분업을 도입해 생산성을 끌어올린 사례를 수없이 찾아볼 수 있습니다. 이를테면 도자기 공업에서 조사이아 웨지우드Josiah Wedgwood(1730~

■ 　　선철은 철광석에서 직접 만들어지는 철로 탄소 함유량이 1.7퍼센트 이상인 반면, 연철은 '단련할 수 있는 철'이라는 뜻으로, 탄소 함유량이 0~0.1퍼센트였습니다.

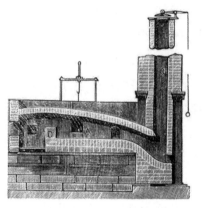
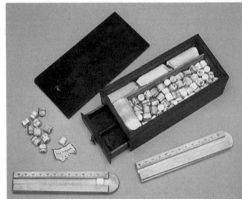

헨리 코트가 개발한 새로운 제철 공정인 '교반법' 고로. (좌)
조사이아 웨지우드가 개발한 고온계. (우)

1795)가 이뤄낸 혁신을 떠올려볼 수 있어요. 오랫동안 도자기 생산지였던 스태퍼드셔 장인 집안에서 태어난 웨지우드는 18세기 중반부터 크림색 자기와 흑색 자기, 녹색 자기를 차례로 개발했어요. 새로운 마케팅 기법을 창안해서 도자기를 유럽 곳곳에 대량으로 수출하기도 했습니다. 그 과정에서 웨지우드는 오래된 수공업 관행, 그러니까 장인과 직인, 도제가 특별한 감독 없이 작업 전 과정을 수행하는 방식을 뜯어고쳤어요. 공정을 몇 개 계통으로 나눠 각각 분리된 작업실에서 진행하도록 하고, 노동자가 하나의 과업에만 집중하게 했지요. 또한 정해진 시간에 정확하게 작업을 수행하도록 종과 시계를 활용했고, 작업 일지를 기록해 성과가 기준에 미치지 못하는 노동자에게는 벌금을 부과했어요. 엄격한 통제에 노동자들의 불만이 커지자 그들을 달래기 위해서

높은 임금을 주고, 건강을 보살펴주었으며, 사택을 지어주었지요. 이렇게 생산 조직과 노동자 관리에서 혁신을 추구하는 한편, 새로운 도자기 개발을 위해 열정적으로 실험을 진행했어요. 점토와 석영을 재료로 실험해보거나, 금속산화물을 도자기에 도입하는 방법을 모색하기도 했지요. 점토를 섞는 데도 증기기관을 도입해 기계화를 실천했어요.

하지만 웨지우드의 실험정신이 돋보이는 가장 유명한 사례는 고온계 발명이에요. 품질이 일정한 도자기를 대량으로 생산하려면 가마 온도를 정확하게 조절해야 했는데, 그러려면 온도 측정이 중요했어요. 웨지우드는 실험을 거듭한 끝에 고온계를 만들었어요. 그 덕분에 왕립협회 회원으로 뽑히기도 했습니다.

기술 혁신은 어떻게 가능했을까

산업혁명 시대에 영국에서 왜 기술 혁신이 활발했는지는 오랫동안 역사학자들 사이에서 논쟁이 일었어요. 앞에서 산업혁명의 기원을 설명하는 한 가지 가설을 소개한 바 있지요. 영국의 경우 임금이 다른 나라보다 훨씬 비쌌던 반면 자본 비용은 낮았고, 게다가 석탄이라는 새로운 에너지원이 풍부했기 때문에 기술 혁신이 자연스럽게 노동 비용을 절약하면서 자본과 에너지를 대량으로 투입하는 방향으로 일어났다는 것이었지요. 하지만 이미 지적했듯이 이런 조건이 갖춰졌다고 해서 기술 혁신이 저절로 일어나는 것은 아니에요. 혁신을 추구했던 수많은 아마추어 발명가와 기술자들이 실제로 무엇을 성취하려 했는가, 다시 말해 동기를 살펴볼 필요가 있지요. 더욱이 이들의 노력에 대한 보상도 필요했을 터입니다. 이때 많은 경제학자들이 '제도'라 부르는 것, 즉 경제활동을 지배하는 일련의 규칙이 이 문제와 연관되어 있으므로 18세기 중반 이후 영국의 제도도 함께 살펴봐야 하겠습니다.

우선 보상 체계에 대해서 이야기해보지요. 그 무렵 영국 사회와 정부, 특히 통치 엘리트는 기술 혁신에 관심을 갖고 있었고, 이를 장려하는 데 힘을 쏟았어요. 예컨대 1754년에 설립된 '기술과 제조업, 상업 진흥협회'라는 단체의 경우를 생각해보지요. 설계 전문가이자 발명가였던 윌리엄 쉬플리가 주도해 설립한 이 단체는 상류층의 탄탄한 후원을 받았어요. 왕실 인사와 작위 귀족부터 수많은 명사가 후원자 명부에 이름을 올렸지요. 이를 바탕으로 협회는 영국 제조업에 도움이 될 만한 기술 개발을 공모해 상금을 지급하거나 발명가와 기술자에게 정부의 재정 보조를 주선했어요.

협회는 또한 기술에 관한 지식을 널리 퍼뜨리는 데도 관심을 기울였지요. 1760년대부터 잡지를 발간해 지식과 정보를 확산시켰고, 전람회를 주기적으로 개최했어요. 민간에서 이런 노력이 진행되는 사이 영국 정부와 의회도 기술 혁신으로 공을 세운 사람들에게 평생 연금 같은 금전적인 보상을 제공했어요. 가장 유명한 사례는 1714년에 제정된 경도법과 그에 따라 설립된 경도위원회를 통해 경도계를 발명한 시계공 존 해리슨John Harrison(1693~1776)에게 2만 파운드(지금 화폐 가치로 환산하면 300만 파운드가 넘습니다)나 되는 상금을 주었던 일이지요. 면직물 공업 발전에 기여했던 새뮤얼 크럼프턴과 에드먼드 카트라이트나 제

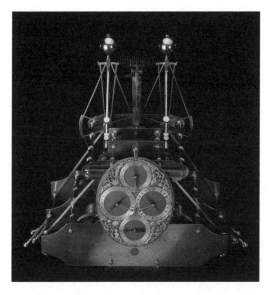

존 해리슨이 발명한
해상 경도계(1735).

지 기계를 발명한 헨리 푸어드리니어Henry Fourdrinier(1766~1854)
와 그의 동생 실리 푸어드리니어Sealy Fourdrinier(1773~1847), 전기
기술을 개발한 윌리엄 스터전William Sturgeon(1783~1850) 같은 이
들이 모두 의회로부터 경제적인 혜택을 받았어요.

기술 혁신을 장려했던 또 하나의 중요한 제도는 특허였어요.
특허제도는 엘리자베스 1세 시대로 거슬러 올라가는데, 그 무렵
에는 주로 외국에서 기술을 들여오는 일을 장려하는 데 활용되
었어요. 잉글랜드에 거주하는 발명가에게 일정 기간 기술 독점
권을 허용하는 특허제도는 제임스 1세 시대에 시작되었지요. 이
렇게 시작된 특허제도가 18세기 중반부터 활발하게 이용되었어
요. 물론 특허 출원 개수만으로 기술 혁신을 추구하는 노력을 모

두 보여주기는 어려워요. 특허를 내려면 꽤 많은 돈이 필요했기 때문에 누구나 특허를 출원할 수는 없었지요.■ 게다가 수많은 특허 분쟁 사례가 보여주듯이 특허권을 행사하는 일도 쉽지만은 않았어요. 더 나아가 그 무렵에도 특허에 따른 기술 독점을 좋지 않게 생각하는 이들이 있었어요. 이런 사정 탓에 산업혁명 시대 여러 발명품에 대해 특허가 출원되지 않았어요. 제니 방적기와 뮬 방적기가 대표적이지요. 사정은 19세기 중반에도 크게 달라지지 않았던 것 같아요. 1851년 런던 만국박람회에 출품된 6,377점의 발명품 가운데 특허를 취득한 것은 11퍼센트 정도에 불과했으니 말이지요.

그렇다고 특허가 발명가나 기술자에게 전혀 매력이 없었던 것은 아니에요. 어느 역사가가 주장했듯이, 증기기관을 만든 제임스 와트나 표백 공정에 관한 특허로 유명한 찰스 테넌트 같은 이들이 특허권을 행사해 부와 명예를 거머쥔 사례는 수많은 발명가에게 희망을 주었어요. 특허는 또 잠재적인 투자자에게 발명이 얼마나 가치가 있을지 알려주는 신호가 되기도 했어요.

이런 연유로 18세기 중반에 특허 출원 건수가 크게 늘었어요. 특히 기계류나 동력기계와 관련된 특허가 많아졌지요. 1750년부터 1850년 사이에 취득된 전체 특허 건수 가운데 3분의 1 이상이 기계 또는 기계 부품과 관련된 것이었어요. 동력기계와 관련된 특허 건수는 같은 기간에 전체 특허 가운데 7퍼센트에서 14퍼

■   잉글랜드를 대상 지역으로 할 경우 100파운드, 영국 전역을 대상으로 할 경우에는 300파운드가 필요했는데, 300파운드 정도면 젠트리나 상층 중간계급의 연평균 소득에 해당할 정도로 큰돈이지요.

센트로 늘었지요. 산업혁명의 핵심 분야였던 직물업과 연관된 특허 건수도 상당했어요. 1750년부터 1800년까지 취득된 특허 가운데 자본재와 관련되어 있는 특허를 추려보고, 그 가운데 직물업에서 사용된 기계와 관계된 특허만 살펴보면 모두 106건으로 15퍼센트 정도를 차지했을 정도니까요.

거듭 강조하지만, 특허 취득은 당시 영국 사회 각계각층에서 활발히 일어난 발명 활동의 일부를 보여줄 수 있을 뿐이에요. 이를테면 귀족이 자기 집에 실험실을 차려놓고 연구에 몰두하는 일은 드물지 않은 풍경이었어요. 귀족이 누리는 부와 명예의 근원은 넓은 땅에 있었기 때문에, 이들은 전문 차지농에게 땅의 경영을 맡기면서도 자기 땅에 새로운 작물을 심거나 새로운 농법과 농기구를 도입해 생산성을 '개선'improvement하는 데 관심을 가졌지요.

사실 '개선' 문화는 영국 사회에 널리 퍼져 있었어요. 이 문화의 근원은 우리가 살펴본 프랜시스 베이컨의 명령, 그러니까 자연을 변형하고 통제해서 인류에게 이로운 무엇인가를 만들어내기 위해 애쓰라는 생각으로 거슬러 올라갈 수 있어요. 17세기 중반에 왕립협회 설립에 관여했던 수많은 비르투오소virtuoso도 과학이 인간의 처지를 개선하는 데 활용되어야 한다는 생각에 동조했지요. 이런 신념은 17세기 말, 명예혁명 후에 정치를 주도한 휘그파 정치인들의 정치·경제에 대한 전망과도 잘 맞아떨어졌어요. 이들은 세상에 있는 부의 총량은 한정되어 있으므로 그 가운데 더 많은 몫을 차지하려면 수출은 늘리고 수입은 줄여야 한다고 믿었던 중상주의 정책을 의심했어요. 오히려 이들은 존 로크를 따라서 부는 인간의 근면한 노동에서 비롯하는 것이고, 그런 만큼 얼마든지 늘릴 수 있는 것이라고 믿었지요. 중요한 것은 부를 생산하는 인간 노동을 더 생산적으로 만드는 일이었습니다. 이런 생각은 '개선'에 대한 열정으로 표현되었고, 그것은 당시 영국에서 발전하고 있던 자본주의 정신과도 일치했어요.

개선 문화는 귀족뿐만 아니라 중간계급과 심지어 노동자들에게도 확산되었어요. 과학과 기술에 관한 지식이 예전과는 비교할 수 없을 정도로 널리 퍼져나가서 누구나 쉽게 접할 수 있게 된 덕분이지요. 영국에서는 1694년에 인쇄물 사전검열이 사실상 사라져서 온갖 주제에 관한 수많은 인쇄물이 대량으로 출간됐어요. 다양한 형식과 길이로 만들어져 싼값에 팔린 팸플릿도 있었고, 또 여러 신문과 잡지가 속속 창간되었지요. 신문과 잡지는 전쟁이나 외교, 국내 정치에 관한 소식을 주로 실었지만, 과학 기술과 관련된 기사도 자주 내보냈어요. '기술과 제조업, 상업 진흥협회'처럼 직접 잡지를 간행하는 단체도 여러 곳 등장했습니다.

인쇄물과 접할 수 있는 환경도 마련되었어요. 팸플릿이나 신문, 잡지는 숙련된 노동자 정도면 쉽게 구입할 수 있을 정도로 가격이 내려갔어요. 게다가 직접 구입하지 않더라도 이런 인쇄물을 접할 수 있는 곳이 있었어요. 런던뿐만 아니라 지방 도시에도 도서관이 협회 형식으로 속속 등장했고, 도서관이 없는 지역에는 마차에 책을 싣고 다니던 순회도서관이 있었지요. 다른 어떤 공간보다도 중요한 곳은 17세기 후반부터 런던과 여러 지방 도시에 셀 수 없이 많이 생겨난 커피하우스였어요. 그곳에는 최신 팸플릿이나 신문과 잡지가 구비되어 있었습니다. 이렇게 해서 조금 어렵게 표현하자면 지식에 대한 접근 비용이 크게 낮아졌지요.

과학 기술 지식을 직접 접할 수 있는 길도 열렸어요. 이를테면 순회강연이 큰 인기를 끌었지요. 아마추어 과학자나 기술자가 입장료를 받고 순회강연을 여는 일은 19세기 초가 되면 더욱 흔하게 볼 수 있는 광경이 되지만, 18세기에도 이런 이들이 런던은 물론 리즈나 맨체스터, 버밍엄 같은 지방 도시를 순회했어요. 이들은 무게가 수백 파운드나 나가는 공기 펌프나 레버, 도르래, 액체 비중계, 전기 장치, 증기기관 모형 같은 것을 들고 다니면서 인력이나 반발력, 관성, 운동량, 작용-반작용 같은 물리학 개념을 시연해 보였지요.

노동자를 위한 기계공 강습소도 등장했어요. 여기서는 새로운 기계를 선보이면서 그것이 어떻게 작동하고, 왜 작동하는지 가르치곤 했지요. 이런 강습소는 흔히 중간계급 출신 개혁가가 하층민을 계몽하기 위해 만들었는데, 최초 강습소는 글래스고대학의 자연철학 교수였던 조지 버벡의 무료 강의 시리즈에서 비롯했어요. 나중에 버벡은 런던으로 가서 제러미 벤담의 추종자였던 헨리 브로엄과 함께 런던 기계공 강습소를 세웠지요. 첫 모임은 2천 명이나 모일 정도로 열기가 뜨거웠다고 해요. 그 후 몇 년 사이에 비슷한 강습소가 영국 각지에 100여 개나 생겼는데, 그 수는 계속 늘어났어요. 1827년에 브로엄은 노동자가 싼값에 과학관련 출판물을 받아볼 수 있도록 실용지식전파협회를 세우기도 했습니다.

노동자, 특히 숙련노동자가 공개 강연이나 강습소에 몰려들었다면, 중간계급 지식인과 기업가는 주로 자기들이 만든 클럽

1700년 무렵 잉글랜드에서 널리 유행한 커피하우스 풍경.

1760년대 버밍엄에서 결성된 루나소사이어티.

에서 과학 기술에 대한 관심사를 나누곤 했어요. 18세기는 클럽의 시대라 부를 만한 시기였어요. 처음으로 영어 사전을 펴내고 에세이 작가로 유명했던 새뮤얼 존슨과 그의 전기 작가인 제임스 보즈웰, 미학 이론가이자 정치인이었던 에드먼드 버크, 유명한 초상화가 조슈아 레이놀즈 같은 이들이 결성한 '더 클럽'The Club 부터 시작해서 수많은 클럽이 런던과 지방 도시에서 탄생했지요.

산업혁명과 밀접하게 연관된 클럽으로 유명했던 것은 1760년대 버밍엄에서 결성된 '루나소사이어티'였습니다. 모임은 버밍엄 사업가 매슈 볼턴의 집인 소호하우스에서 매달 보름달이 뜨는 날에 가까운 월요일에 열렸어요. 그래서 '루나소사이어티'라 불렀지요. 볼턴은 제임스 와트의 동업자로 증기기관을 널리 퍼뜨리는 데 도움을 준 인물이었어요. 와트도 물론 회원이었는데, 두 사람은 실제로 루나소사이어티에서 만났다고 하지요. 영국 도자기 산업을 한 단계 끌어올린 조사이아 웨지우드도 열성적인 회원이었어요. 그 외에도 산소를 발견하고 오늘날 우리가 즐겨 찾는 탄산수를 발명한 조지프 프리스틀리Joseph Priestley(1733~1804)와 찰스 다윈의 할아버지로 망원경을 고안하고 증기기관에 관심을 보였던 이래즈머스 다윈Erasmus Darwin(1731~1802)도 주요 회원이었지요. 루나소사이어티는 과학으로 세계를 개선할 수 있다는 베이컨의 낙관주의를 가장 충실히 따른 클럽이라 할 수 있어요.

근대 과학과 기술 혁신의 관계

이제 우리가 앞에서 던졌던 질문, 즉 뉴턴이 종합한 근대 과학이 산업혁명 시대 기술 혁신에 도움을 주었는가라는 물음으로 되돌아가 볼까요. 그 시대 수많은 기업가나 이들을 도왔던 발명가와 숙련공이 과학 지식에 열광했다면, 이들이 성취한 기술 혁신도 이런 지식에서 비롯하지 않았을까 하는 물음이었지요. 실제로 그랬다고 주장하는 역사학자도 있어요. 이런 주장에 따르면, 그 시대 영국에는 유럽에서 유행하던 최첨단 지식을 습득하는 데 열을 올렸던 '세계인'cosmopolitan이나 응용수학에 조예가 깊은 기계 제작자, 뉴턴의 저술을 탐독했던 수많은 기계공이 있었어요. 이런 이들이 혁신의 첨단을 걸었다는 것이지요.

이런 주장을 펴는 학자들이 흔히 거론하는 사례가 제임스 와트와 매슈 볼턴입니다. 와트가 글래스고대학에서 화학자 조지프 블랙의 잠열 이론에서 영감을 얻었다는 이야기나 볼턴과 와트가 루나소사이어티에서 만나 대화를 나눈 게 증기기관의 개선을 낳았다는 것이지요. 마찬가지로 자주 언급되는 사례는 18세기 말에 염소를 이용한 표백법을 발명한 찰스 테넌트의 경우로 그 역시 찰스 매킨토시라는 뛰어난 화학자를 동업자로 받아들였던 덕분에 기술 혁신에 성공할 수 있었다고 해요.

하지만 와트나 볼턴, 테넌트의 사례가 전형적이라고 할 수 있는지는 의문입니다. 최근에 몇몇 역사가가 산업혁명 시대 발명가 목록을 만들어봤는데, 거기서 과학혁명이나 계몽사상과 직접 연관된 인물을 찾기는 쉽지 않아요. 오히려 이 시대에 기존 발명품을 개량해 특허를 출원한 수백 명의 배경을 보면 그중 4분의 1도 채 안 되는 사람들이 정규 교육을 받았고, 일곱 명 가운데 겨우 한 명만이 과학 기술 관련 협회 회원이었다는 사실이 두드러져 보이지요. 실제로 출신과 성장 배경을 알 수 있는 사람들 가운데 다수는 소박한 장인이었어요. 리처드 아크라이트 같은 인물도 이런 경우였고, 새뮤얼 크럼프턴이나 헨리 코트도 제대로 된 교육을 받지 못했지요. 조사이아 웨지우드처럼 뛰어난 실험정신을 보였던 기업가도 정규 과학 교육을 받아본 적이 없었어요. 이렇게 소박하게 성장한 수많은 혁신가들에게 큰 도움이 되었던 것은 오히려 중세 때부터 이어져온 도제 제도였는지도 몰라요. 애덤 스미스는 『국부론』에서 이 제도를 신랄하게 비판했지만, 그가 비판한 것처럼 도제 제도가 진입장벽이 되었다기보다는 오히려 중요한 교육 경험이었다고 볼 수 있는 것이지요.

그렇다고 18세기에 널리 퍼진 과학 지식과 정보가 기술 혁신에 아무런 쓸모가 없었다고 주장하는 일도 지나친 것 같아요. 앞에서 언급했던 웨지우드 사례를 다시 본다면, 그는 가마 온도를 측정하는 고온계를 완성할 때까지 1만 번 이상 실험을 거듭하는 열정을 보였어요. 제임스 와트나 존 스미턴, 리처드 트레비식 같은 발명가도 비슷한 실험정신을 보여주었지요. 이들은 예전 장인들보다 더 정확하고 세련된 실험을 수행했을 뿐만 아니라 계량할 수 있는 데이터에 크게 의존했어요. 다시 말해 과학자가 이룬 성과를 직접적으로 이용하지는 않았다고 하더라도 프랜시스 베이컨의 과학 방법론을 따르고 있었다는 말이지요. 더욱이 이들이 추구한 목표, 즉 실험으로 새로운 발명을 내놓아 이윤을 축적하면서도 동시에 인류의 삶을 개선하려는 목표도 베이컨과 그 후예들이 주장한 과학의 존립 근거와 일맥상통한다고 볼 수 있어요.

　이런 사정에 비춰볼 때, 과학과 기술이 완전히 융합되었다고 말할 수는 없겠지만, 과학과 기술에서 비슷한 지향이 나타나기 시작한 시대라고 이해할 수 있을 듯해요. 물론 과학이 기술 혁신을 이끌고, 기술 혁신이 다시 과학을 발전시키는 새로운 상호 관계는 좀 더 훗날, 정확하게 말하자면 19세기 말 2차 산업혁명 시대를 기약해야 했습니다.

8 2차 산업혁명, 과학과 기술이 결합하다

후발 국가의 새로운 도전

18세기 중반부터 대략 한 세기에 걸쳐 진행된 영국 산업혁명은 인류 역사에서 아주 중요한 분기점이었습니다. 역사에서 처음으로 경제 성장이 지속적으로 또 더 빠르게 진행되기 시작했고, 경제 성장과 인구 증가가 동시에 일어나는 일이 나타났지요. 산업혁명의 핵심적인 동력 가운데 하나는 기술 혁신이었어요. 증기기관처럼 중요한 성취도 있었습니다. 그 덕분에 태양에서 오는 에너지에 의존했던 체제가 화석연료에 기반한 체제로 바뀌게 되었어요. 한 시대를 바꾸어놓는 이런 거대발명macro-invention은 그것을 조금씩 개선하는 지속적이고 다양한 미시발명micro-invention을 동반했어요.

그런데 이런 기술 혁신은 근대 과학혁명이 이룩한 성과에 크게 의존하지 않았어요. 요즘 우리는 과학 진보와 기술 혁신이 서로 영향을 주고받는 것을 당연하게 받아들이지만, 첫 번째 산업혁명에서 이런 면모를 찾아보기는 어렵지요. 산업혁명이 시작된 영국에서는 전례가 없을 정도로 각계각층에서 과학에 관심을 보였고, 교육도 잘 이루어졌지만, 실제로 기술 혁신을 이끈 이들이 과학 분야에서 일어나는 변화로부터 직접적으로 영향을 받았다고 볼 수는 없어요. 그들은 이윤을 좇아, 때로는 인류의 삶을 개선하려는 목표를 이루기 위해 시행착오를 거듭했을 뿐이지요.

이런 상황은 19세기 중반까지도 달라지지 않았어요. 유럽 여러 나라에서 과학은 빠르게 발전하고 있었지요. 과학은 독립된 학문 영역으로 자리를 잡아갔고, 이를 반영하듯 과학자scientist라는 새로운 명칭도 쓰이기 시작했어요. 대학 교육과정에서도 자연과학이 고전과는 별개로 자리 잡기 시작했습니다. 프랑스에서는 프랑스혁명 시기에, 독일에서는 19세기 초부터 이런 변화가 시작되었고, 가장 보수적이던 영국에서도 19세기 중반이 되면 학생들이 자연과학을 전공할 수 있었습니다. 하지만 이런 변화는 같은 시대에 빠르게 진행되고 있던 기술 변화와는 대개 무관했어요. 프랑스에서는 혁명전쟁 시기에 에콜 폴리테크니크 같은 고등교육 기관을 설립해 체계적으로 훈련받은 기술자를 배출하려 했지요. 그 후 한 세대도 지나지 않아 1871년 통일 독일의 일부가 되는 여러 나라가 기술자를 양성하는 고등교육 기관을 설립해요. 하지만 이런 교육 기관에서 배출된 인재는 거의 산업계로 진출하지 않았어요. 프랑스에서는 1830년대부터 1880년 사이에 에콜 폴리테크니크 졸업생 가운데 10퍼센트만 광업이나 화학공업 같은 분야로 진출했어요. 애초에 이런 학교를 세운 목적은 기술자를 배출해 앞서가는 영국 산업을 추격하는 것이었지만, 정작 졸업생이 큰 관심을 보이지 않았던 겁니다.

유럽 여러 나라와 미국이 영국을 추격하는 데 훨씬 유용하게 썼던 방법은 여러 경로로 기술을 이전받는 일이었어요. 흔히 사용된 방법은 영국에서 다양한 기계류를 수입하는 것이었지요. 영국은 이미 1696년부터 기계류 수출을 법으로 금지했고, 이런 조치는 1842년까지 유지되었어요. 하지만 기계류는 밀무역을 통해 세계 여러 곳에 수출되었고, 이런 불법 무역은 시간이 지나면서 더욱 기승을 부렸지요. 직물업에서 쓰이는 기계나, 수출이 허용된 증기기관을 수입하는 일도 흔했지만, 특히 인기를 끌었던 것은 영국산 공작기계였어요. 공작기계 사용법을 제대로 익히기만 하면 다른 여러 공업 분야에서 쓰이는 기계를 제작할 수 있으니 영국으로부터 기술적으로 독립해 스스로 산업 발전을 꾀할 수 있다고 생각했지요. 기계류 도입과 함께 유럽 대륙 국가들과 미국이 노력을 기울인 것은 영국의 숙련된 기술자를 데려오는 일이었어요. 숙련공의 이민도 영국 법으로 1824년까지 금지되어 있었지만, 어떻게든 법망을 피해 숙련공을 데려오는 일이 심심찮게 일어났지요. 동시에 산업 스파이도 활발하게 활동했습니다. 이렇게 여러 경로로 들어온 기술 정보는 독일 왕립기술연구소* 같은 곳에서 체계적으로 관리·전파되었어요. 비슷한 기관이 프랑스와 오스트리아에도 설립되었습니다.

하지만 흔히 이런 노력은 첫 번째 산업혁명 시기에 발달한 공업 분야에서는 이렇다 할 성과로 이어지지 못했어요. 기술 혁신을 주도했던 숙련된 기술자가 영국만큼 많지 않았던 데다 영국이 이미 시장에서 구축해놓은 확고한 우위에 도전하는 일 자체가 어려웠던 것이지요. 그러므로 후발 국가가 큰 성공을 거두려면 아예 새로운 분야를 개척해야 했어요. 19세기 마지막 30년에는 미

■　　이곳은 훗날 베를린기술대학이 됩니다.

국과 독일이 바로 이런 일을 주도했지요. 첫 번째 산업혁명 시대를 이끈 제철업 분야에서는 새로운 공법으로 강철이라는 새로운 제품을 만들어내면서 미국과 독일이 영국을 추월했어요. 화학공업도 마찬가지로 큰 변화를 겪었지요. 전에는 과학자의 실험실에서나 연구되었던 합성 화학물질이 이제 인공염료 같은 제품으로 바뀌어 공장에서 대량생산되기 시작했어요.

전혀 새로운 공업 부문이 탄생하기도 했지요. 전기공업이나 자동차 공업 같은 분야가 이런 경우에 해당합니다. 2차 산업혁명, 또는 기술혁명이라고 부르는 이 과정을 이끈 독일은 정말 많은 노력을 기울였어요. 자연과학과 공학을 강조하는 대학교육 체제를 마련했고, 지금 우리나라에 있는 과학기술원과 비슷한 교육 기관을 만들어 영국이 누리던 기술 우위의 비밀을 알아내려 했지요. 이런 노력은 1870년대부터 결실을 거뒀어요. 과학과 공학이 국가와 대학, 기업의 실험실과 연구소에서 결합해 새로운 제품을 낳고, 그것을 신생 대기업이 대량으로 생산하는 전혀 새로운 광경이 펼쳐지지요.

과학과 기술의 결합

대표적인 사례는 유기화학을 바탕으로 한 화학산업이 발전한 일이었습니다. 특히 인공염료를 생산했던 여러 기업이 과학과 기술의 결합을 잘 보여주지요. 인공염료 부문에서 독일 기업은 1900년에 이르면 세계 생산량의 90퍼센트를 차지할 정도로 압도적인 우위를 자랑하게 되었어요. 여기에는 여러 가지 이유가 있지만 특히 중요한 것은 독일 기업이 이용할 수 있는 인적 자원이 풍부했다는 점을 꼽을 수 있어요. 정규 교육 과정을 마친 화학자들이 많았던 것입니다. 1877년에서 1892년 사이에만 독일 대학들은 17개의 화학실험실을 세웠어요. 실험실을 이끌던 화학 교수들은 산업체와 긴밀하게 협력하면서 기술을 제공했고, 반대로 산업체가 보유하고 있는 기술이 화학 발전에 도움을 주기도 했지요. 지금은 흔해진 산학협력의 원형이라 부를 수 있는 이런 관계 속에서 대학의 화학자들은 이를테면 공동 연구 프로젝트를 수행하면서 근본적인 과학적 물음과 관련이 있는 연구 결과는 전문 잡지를 통해 발표하고, 기업 실험실을 책임지는 연구원은 이를 상용화하는 데 집중했어요. 기업 실험실에서 오랫동안 제품 개발에 매진했던 화학자가 대학으로 돌아가는 일도 흔했지요. 이런 이들은 자연스럽게 최첨단 기술을 개발하는 연구개발 프로젝트를 대학으로 가져가곤 했습니다. 이런 공생관계가 바로 19세기 말 독일 화학산업의 성장을 이끈 원동력이 되었습니다.

과학과 기술의 결합이 중요한 성과를 남긴 또 다른 분야는 전기공업이었어요. 전기공업에서 큰 성과를 거둔 나라도 미국과 독일이었지요. 특허 개수로 볼 때 역사에서 가장 생산적인 발명가로 미국의 토머스 에디슨을 꼽을 수 있을 것입니다. 영국 철학자 앨프리드 화이트헤드는 "19세기의 가장 위대한 발명은 발명하는 방법을 발명한 것"이라고 말한 바 있는데, 에디슨이 딱 들어맞는 사례라 할 수 있지요. 정규 교육을 제대로 받지 못했던 에디슨은 수학적으로 표현되는 이론 지식에 의존하기보다는 흔히 암묵적 지식tacit knowledge이라 불리는, 오랫동안 누적되고 계승된 지식

제너럴일렉트릭의
실험실(1915).

을 바탕으로 수많은 발명품을 내놓았어요. 그렇지만 에디슨도 전기와 관련된 문제를 해결하려면 과학 지식이 필요하다는 점을 잘 알고 있었지요. 처음에는 개별 발명가의 천재성에 힘입어 탄생했던 전기공업에서도 미국의 제너럴일렉트릭이나 웨스팅하우스일렉트릭, 독일의 아에게AEG나 지멘스 같은 대기업이 속속 등장하면서 기업과 대학 간 협력이 중요해졌어요. 이런 협력 작업에서는 여러 연구자가 참여하는 연구개발 프로젝트를 중심으로 신제품을 내놓거나 제품을 개량하는 일이 일상화되었지요.

전기공업 발전의 역사에서 특히 흥미로운 점은 독일의 경우 그것이 실제로 "산업에 바탕을 둔 과학"이라 부를 만한 특징을 보여주었다는 것입니다. 1880년대에는 주로 이론 교육을 충실하게 받은 대학 교수들이 연구개발을 주도했던 반면, 1890년대에는 독일의 여러 기술원에서 현장 경험을 쌓은 전문가들이 대학으로 자리를 옮겨 연구개발을 이끌었지요. 독일의 기술원과 비슷한 미국의 기술대학에서는 대학이 기본 원리를 가르치고 실제 훈련은 기업에 맡기는 조금 다른 경향이 나타났어요. 이런 차이는 있지만 두 나라 모두 19세기 말에서 20세기 초로 넘어가는 시기에 대규모 기업 연구소가 연구개발 프로젝트에서 아주 중요한 역할을 맡기 시작했다는 특징을 보여요. 제너럴일렉트릭 연구소가 대표적인 경우지요. 여기서는 어떤 기술적 문제에 대한 해결책을 찾으려는 노력이 자연과학의 기초 연구에 점점 더 의존하는 경향으로 뚜렷하게 나타났습니다.

화학산업과 전기공업의 사례가 보여주는 것처럼, 19세기 말 서양에서 과학과 기술의 관계에 중요한 변화가 일어났어요. 1차 산업혁명을 이끈 직물업이나 제철업, 기계공업 같은 분야에서는 기술 혁신이 기초과학 연구의 진전과 거의 무관하게 일어났지요. 거듭 강조하지만 혁신을 이끈 이들은 주로 작업장에서 기술을 익히고 지식을 축적한 숙련 기술자였고, 이들은 정규 대학교육 같은 이론적 훈련을 받아야 할 이유를 찾지 못했지요. 증기기관을 개량한 제임스 와트와 그 뒤를 이은 여러 발명가가 증기기관이 작동하는 열역학의 원리를 전혀 몰랐어도 아무런 문제가 없었던 것처럼 말이지요. 오히려 기술 혁신이 과학적 탐구를 이끌었다고 해도 아주 틀린 말은 아닐 터입니다. 이를테면 19세기 열역학의 발전이 증기기관의 원리를 설명하려는 노력에서 나왔던 것처럼 말이지요.

사정은 19세기 말에 크게 달라져요. 화학이나 정유, 제약, 전기전자 같은 새로운 공업 부문에서는 수직 통합과 수평 통합으로 규모를 키운 몇 개 대기업이 세계 시장에서 치열하게 경쟁했고, 그런 만큼 기업은 끊임없이 혁신을 완수해야만 살아남게 되었어요. 아주 복잡한 공정을 거쳐 대량으로 제품을 생산해야 하는 이런 기업이 혁신에서 선두를 지키려면 예전처럼 개별 발명가의 독창성에만 기댈 수는 없게 된 것이지요. 더 체계적으로 연구개발에 매진하는 조직과 인력, 설비, 예산을 갖춰야 했어요. 염료 회사로 시작해서 아스피린 개발 덕분에 대표적인 제약기업으로 거듭난 독일 바이엘의 연구소나 미국 제너럴일렉트릭의 연구소는 이런 시대 변화를 이끌어갔지요.

인공염료가 유기화학이라는 자연과학의 발전에 바탕을 두고 있었던 것처럼, 이런 기업들은 기술적인 문제를 해결하기 위해서 점점 더 기초과학의 성과에 관심을 돌리게 되었어요. 기업 자체도 기초과학 문제를 다루게 되었지만, 이런 연구를 주도한 것은 19세기 중반 독일에서 등장해 미국 등지로 퍼져나간 연구 중심 대학이었습니다. 산학협력이 본격적으로 시작되었고, 그러면서 대학 연구실의 의제가 기업의 관심사가 되고 역으로 기업의 기술적인 문제가 대학 연구 프로젝트가 되는 일이 흔해졌어요. 이런 과정을 거쳐 서양에서 아주 오랫동안 별개 영역으로 떨어져 있던 과학 탐구와 기술 개발이 결합했습니다.

과학과 기술 발전에 대한 성찰

프랜시스 베이컨이 오래전에 꿈꾸었던 전망이 실현되기라도 하듯, 2차 산업혁명이 절정을 이룬 19세기 말부터 20세기 초에 나온 수많은 발명품 덕분에 인간의 삶은 훨씬 더 풍요롭고 편리해졌어요. 하지만 과학과 기술의 결합에 바탕을 둔 이런 성과는 두 차례 세계 대전을 거치면서 무서운 파괴력을 지닌 무기와 다양한 군수물자로 바뀌어 인류의 미래를 위협하기도 했습니다.

한 나라의 물적·인적 자원을 전쟁에 쏟아붓는 총력전을 벌인 1차 세계대전에서는 화학과 기계, 전기전자, 항공산업의 성과가 폭넓게 활용되었어요. 풍부한 인적 자원과 함께 공업 생산력과 기술을 갖춘 나라가 결국 전쟁에서 승리한다는 교훈을 잊지 않았던 유럽과 미국, 일본의 정부는 2차 세계대전을 맞이하면서 새로운 무기를 개발하는 일에 전력을 다했지요. 군사 연구는 그 이전까지는 어떤 기업도 감히 꿈꿀 수 없었던 엄청난 규모의 연구개발 프로젝트를 뒷받침했어요. 과학자와 공학자가 수백 명씩 동원되었고, 엄청나게 복잡한 장비가 개발·설치되었지요. 그만큼 많은 예산이 투입되었어요.

두 차례 산업혁명에서는 전면에 등장하지 않았던 국가가 과학 기술의 진보를 이끄는 주체가 되었습니다. 단적인 예로, 미국 정부는 레이더 연구에 30억 달러라는 천문학적인 예산을 투입했고, 원자폭탄을 개발하는 맨해튼 프로젝트에 20억 달러 예산과 4만 3천 명의 인력을 동원했지요. 이렇게 2차 세계대전을 거치면서 컴퓨터와 로켓, 항생제 같은 한 시대를 풍미하는 중요한 성

미국 정부가 원자폭탄을 개발하기 위해 수행한 맨해튼 프로젝트.

과가 속속 나올 수 있었어요. 이른바 거대 과학과 기술의 시대가
활짝 열렸지요.

2차 세계대전 이후 자본주의 세계를 이끌었던 미국과 소련을
중심으로 냉전이 시작되면서 연구개발에 점점 더 많은 자원이 투
입되었어요. 2차 세계대전이 끝날 무렵, 아날로그 컴퓨터 분야
의 선구자였던 버니바 부시Vannevar Bush(1890~1974)는 프랭클린
루스벨트 대통령에게 보낸 「과학: 끝없는 변경」Science: The Endless
Frontier(1945)이라는 보고서에서 미국 정부는 단지 새로운 지식을
얻기 위해서뿐만 아니라 실용적인 이익을 얻기 위해서라도 거대
과학 프로젝트에 계속 투자해야 한다고 역설했지요. 기초과학 연
구가 새로운 제품과 공정을 뒷받침하는 원리와 개념을 이해하는

데 필수적이라는 말도 덧붙였어요.

이런 주장은 곧 실현되었습니다. 1995년에 이르면 미국 정부는 과학 분야의 연구개발에 730억 달러를 투입했고, 2019년에 미국 연방정부가 배당한 예산은 무려 1,180억 달러가 넘었으니 말이지요. 정부의 연구개발 지원보다 더 큰 결실을 거둔 것은 기업의 연구개발 투자였어요. 1945년 이후 지금까지 몇 차례 크고 작은 위기를 겪기는 했지만 자본주의 세계 경제는 엄청나게 성장했어요. 이런 성장 덕분에, 그리고 동시에 성장을 이끌어가는 동력으로 기업은 연구개발에 막대한 자본을 투입할 수 있었어요. 그 결과 우리는 공학과 자연과학 두 분야에서 일어난 심원한 혁명의 성과를 톡톡히 누리면서 살아가게 되었습니다.

특히 중요한 두 가지 변화가 있었습니다. 하나는 트랜지스터 개발부터 개인용 컴퓨터와 휴대전화와 이들을 연결하는 인터넷 통신망의 발명으로 이어지는 이른바 정보혁명입니다. 다른 하나는 항생제 개발과 피임약, 인공수정, 유전자 복제 기술에 이르는 생명과학과 생명공학에서 일어난 혁명적인 변화지요.

이런 변화는 인간 삶의 질을 크게 개선해주었지만, 다른 한편으로 수많은 윤리적 문제를 인류에게 제기했어요. 특히 최근에 활발하게 일어나고 있는 정보 기술과 바이오 기술의 발전, 그리고 두 분야 사이의 융합이나 사물인터넷과 인공지능 기술의 급속한 발전은 우리가 당연하게 여겼던 삶의 방식을 근본적으로 바꿔가고 있어요. 이를테면 자동화 시스템과 인공지능의 발달이 노동 시장에 미치는(미칠) 영향 같은 문제가 그렇지요. 대표적인 글로벌 투자회사인 골드만삭스의 경우, 투자 업무를 담당하는 인원이 예전에는 800명 수준이었는데, 인공지능을 도입하면서 단 두 명으로 줄었다고 해요. 인공지능이 노동시장에 미치는 파괴력이 그만큼 대단하다는 것이지요. 이런 변화를 그저 기술 진보의 당연한 결과라고 치부해버릴 만한 일인지 깊이 생각해봐야 할 듯합니다. 그러니 19세기 말부터 본격적으로 일어나기 시작한 과학과 기술의 발전과 결합은 인류에게 축복이면서 동시에 위협도 되는 복잡한 현상이에요. 지구 전체 차원에서 기후 변화나 새로운 바이러스 출현 같은 거대한 위협에 맞서야 하는 지금, 우리 모두 과학과 기술의 발전이 제기하는 복잡하고 어려운 문제들을 함께 고민해야 할 것입니다.

소비가 지배하는 세계

3

1 소비사회의 역사를 되돌아보다

과거와 오늘날 결혼의 풍경

때는 유럽에서 종교 분쟁이 거세지던 1538년으로 거슬러 올라갑니다. 프랑스 남부 툴루즈 근처 아르티가라는 마을에서 성대한 결혼식이 열렸습니다. 신랑은 바스크 출신 이민 가정의 외아들인 마르탱 게르, 신부는 동네 유지의 딸 베르트랑드 드 롤스였지요. 당시로서는 보기 드물게 어린 나이에 결혼한 두 사람의 결혼생활은 순탄치 않았어요. 답답한 촌구석보다는 더 넓은 세상을 경험하고 싶었던 마르탱은 아버지의 곡식을 훔쳐 달아났고 그로부터 여러 해가 지난 뒤에 사건이 시작되지요. 마르탱의 귀환과 그의 정체를 둘러싼 집안싸움과 법정 공방, 진짜 마르탱의 귀환과 가짜 마르탱의 처형으로 이어지는 극적인 사건은 우리에게『마르탱 게르의 귀향』이라는 책과 동명의 영화로 알려져 있습니다.

영화와 책 초반부에 등장하는 결혼 장면은 흥미롭습니다. 요즘에도 결혼은 두 집안 사이의 결합이라고 하지만, 근대 이전에 결혼은 한 가문의 권력과 위신뿐만 아니라 경제적 처지를 개선하려는 잘 계산된 계약에 가까웠지요. 땅 같은 재산이 오가고, 지참금으로 현금과 물품을 주고받는 게 당연했습니다. 부잣집 딸이었던 베르트랑드는 50리브르에서 150리브르 정도를 지참금으로 가져갔고, 포도밭도 지참금에 포함되어 있었다고 해요.

그런데 더 흥미로운 것은 혼수였어요. 역사가 나탈리 데이비스에 따르면, "이 지역의 모든 신부에게는 침대와 깃털 베개, 아마포와 양모 이불, 침대 커버, 자물쇠와 열쇠가 달린 금고, 다른 색깔로 된 두세 벌의 옷이 선물로 주어졌다"고 합니다. 참 소박하지요. 아르티가는 농촌 마을치고는 교역이 꽤 활발한 곳이었는데도, 롤스 집안이 마련한 혼수는 침구류 약간과 옷 몇 벌이 전부였으니까요.

16세기 프랑스 농촌의 결혼 풍경과 지금 우리의 결혼 풍속을 견줘보면 어떨까요. 지금도 결혼할 때 재산 거래는 분명히 남아 있지요. 신혼부부가 살 집을 마련해야 하니 말이지요. 사실 혼인 비용에서 제일 큰 부분을 차지하는 게 바로 신혼집 마련이라 서울이나 다른 대도시처럼 집값이 비싼 곳에서는 수많은 젊은 연인이 결혼을 미루거나 포기하기도 합니다. 집 문제가 해결되어도 준비할 게 많지요. 혼수 장만도 큰 일입니다. 침대 같은 가구도 장만해야 하고, 텔레비전, 냉장고, 세탁기와 건조기, 에어컨 같은 온갖 가전제품을 준비할 테지요. 베르트랑드가 혼수로 가져갔던 소박한 물건들과 요즘 한국 여성의 혼수를 견줘보면 가짓수나 비용에서 비교가 안 될 터입니다. 새로운 가정을 꾸릴 때 그만큼 많은 상품이 필요한 세상이 된 것이지요.

'소비'를 바라보는 엇갈린 시각

지금 이 글을 읽고 있는 독자 여러분도 잠시 독서를 멈추고 주변을 둘러보시지요. 멀리 갈 것도 없이 여러분이 매일 얼마나 다양하고 많은 상품을 사용하는지 헤아려보는 일도 재미있을 듯합니다. 끝까지 셀 수 있을 만큼 참을성 있는 분이 많지 않을 듯해요. 그럴 수밖에 없지요. 지금 우리는 너무도 다양하고 많은 물건에 둘러싸여 살아가고 있으니까요. 이를테면 21세기 전형적인 독일인이 소유하고 있는 물건의 개수는 대략 1만 개쯤이라고 해요. 2013년 영국 가정이 소유하고 있는 옷을 다 합치면 60억 점이라고 하는데요. 성인 한 사람이 최소 100벌씩 갖고 있는 셈이지요. 으레 그렇듯, 그 가운데 4분의 1은 옷장에서 꺼내보지도 않는다고 합니다. 베르트랑드가 혼수를 마련하던 시절에도 물론 시장은 있었어요. 하지만 시장에서 옷을 사는 일은 거의 없었지요. 차라리 옷감을 마련해 직접 옷을 지었습니다. 더군다나 이런 옷은 흔히 대를 이어가며 물려 입곤 했어요. 반면 요즘 우리는 온라인이든 오프라인이든 시장에서 옷을 사는 일을 당연하게 여깁니다. 심지어 의류 쇼핑은 취미나 다름없는 일이 되었어요.

철마다 또는 유행이 바뀔 때마다 옷을 사서 옷장에 넣어두는 일을 반복하면 개인 경제는 물론이요 환경에도 좋지 않겠지요. 문제는 이런 식으로 우리가 쌓아두는 물건이 너무 많아졌다는 것입니다. 미국에는 집에 차고가 있는 경우가 많은데, 대다수 미국인은 차를 주차하기보다는 버리지 못하는 물건을 보관하는 용도로 차고를 쓰는 경우가 많다고 해요. 그만큼 필요하지 않은 물건을 많이 산다는 이야기입니다. 자본주의가 자리 잡고 있는 곳이라면 어느 곳이든 새로운 상품에 대한 욕망은 끝이 없는 듯해요. 심지어 다른 어떤 국민보다도 환경 문제에 관심이 많다는 스웨덴인도 이런 유혹에서 자유롭지 못한 것 같아요. 1990년대에 평균적인 스톡홀름 주민은 매년 6킬로그램의 옷을 구매했어요. 2007년에 이르면 이 수치는 12킬로그램으로 늘었고, 2011년에는 19킬로그램이 되었지요. 지난 20년간 피부 관련 상품과 향수 구매는 네 배나 늘었어요. 육류 소비도 25퍼센트가 늘었지요. 1995년 스톡홀름 주민은 대형 및 소형 가전제품을 2천 점 정도를 구입했는데, 이 숫자는 2007년이 되면 7천 점을 넘기게 됩니다. 세 배 이상 늘어난 것이지요.

소비사회가 절정에 이르렀다고 할 만한 이런 상황을 어떻게 이해해야 할까요. 최근 일부에서 유행하고 있는 '미니멀 라이프' 운동, 그러니까 생활을 유지하는 데 필요한 최소한의 물건만 소유하고 나머지는 처분하자는 운동에서 드러나듯, 자본주의 사회를 움직이는 대량소비 풍조에 얽매인 소비의 노예가 되어버린 것은 아닌가 하는 반성도 나오고 있기는 합니다. 더 넓게 보면 이런 생각에는 쇼핑과 광고, 브랜드, 손쉬운 신용거래가 능동적이어야 할 시민을 수동적인 소비자로 바꿔놓았다는 비판도 깔려 있지요. 오감을 끊임없이 자극하는 광고의 물결에 휩쓸려 실제로 원하지도 않고 즐길 만한 시간도 넉넉지 않은데 물건을 끝없이 욕망하고 살 수밖에 없는 처지가 되어버렸다는 말이지요. 그런데도 우리는 더 행복해지지 않는다는 데 심각한 문제가 있습니다. 무언가를 사려면 끝없이 일해야 하고, 돈이 없으면 빚을 내서라도 물건을 사려는 욕망에 휘둘리다 보니 불행하고 어려운 처지가 되어 버렸다는 것이지요. 자신의 소비 욕망에 집중하다 보니 다른 사람의 고통에 공감하는 마음도 쉽게 잃어버린다고 합니다. 자기중심적인 쾌락주의가 공공성을 죽여버렸다는 것이지요.

물론 소비사회를 나쁘게만 볼 일은 아니라고 생각하는 이들도 있어요. 이를테면 소비는 민주주의와 번영을 떠받치는 밑바탕으로서 선택의 자유를 극대화하는 길이라는 거지요. 이런 생각에 따르면, 누구나 자기가 선호하는 일을 추구할 권리가 있고, 어떤 권력 기관도 이런 선택권을 침해해서는 안 됩니다. 무엇이 좋고 나쁜지는 권력 기관이 아니라 시민 자신이 결정할 일이라는 것이지요. 이 점에 착안해서 어떤 이들은 시장에서 상품을 선택하는 일이나 선거에서 투표하는 일도 마찬가지라고 생각해요. 이런 생각은 최근에 신자유주의가 득세하면서 더욱 힘을 얻었지요. 그 위세가 어찌나 대단한지 신자유주의를 비판해야 할 사회민주주의자도 이런 생각에 동조하는 일까지 나오고 있어요. 이를테면 세 번이나 영국 총리를 지낸 토니 블레어가 이끈 노동당도 이런 생각에 동조했지요. 블레어의 말을 빌리자면, "사람들은 다른 모든 서비스와 마찬가지로 공공서비스에서도 선택권을 분명히 원한다"는 것이지요.

소비에 대해서는 이렇게 시각이 엇갈립니다. 두 시각 모두에 나름대로 일리가 있다는 점은 부정하기 어렵습니다. 하지만 두 시각 각각에 문제도 있지요. 21세기 소비자를 헛된 욕망에 사로잡혀 인간성을 잃은 존재로 그리는 시각은 소비자를 수동적인 존재로 그릴 뿐, 소비와 제품이 소비자에게 구체적으로 어떤 의미가 있는지 캐묻는 데 인색해요. 그래서 소비 행위에 연루되어 있는 다양한 의미와 기능을 제대로 포착해내지 못하지요. '선택'을 강조하는 신자유주의의 신조에도 문제는 있어요. 이런 시각을 내세우는 이들이 말하는 자유로운 선택이 실제로 어떤 맥락에서 일어나는지 찬찬히 살피지 않기 때문이지요. 우리가 물건을 구매하는 일에는 다양한 정치와 경제, 사회, 문화의 힘이 영향을 미칩니다. 소비가 어떤 사회적 '진공상태'에서 일어나는 일이 아니라는 말이지요. 그러므로 소비를 역사 문제로 이해하려면 구체적으로 누가, 어떤 물건을 왜 구입하는지 따져봐야 할 뿐만 아니라 소비 대상에 소비자가 어떤 의미를 부여하는지도 살펴봐야 합니다.

소비사회의 등장

긴 역사의 흐름에서 소비를 바라볼 때 살펴봐야 할 가장 큰 변화는 베르트랑드의 혼수와 스톡홀름 소비자 사이에 나타나는 변화, 그러니까 우리 일상에서 소비가 차지하는 의미가 확연하게 달라졌다는 것입니다. 바꿔 말하면, 소비사회의 등장을 역사적으로 설명해야 한다는 것이지요. 흔히 세계사에서 소비사회가 전 세계적으로 퍼져나간 시기를 2차 세계대전 이후라고 말합니다. 1950년 무렵부터 한 세대 사이에 서양 여러 나라와 일본 같은 선진 자본주의 사회는 물론 개발도상국이 전례 없이 빠른 경제 성장을 경험했던 것과 긴밀하게 연관된 일이지요. 하지만 좀 더 긴 안목으로 역사를 바라보면, 1950년대에 나타나는 소비사회의 특징들이 그보다 훨씬 전에 등장했음을 알게 됩니다. 적어도 18세기까지 거슬러 올라갈 수 있지요. 소비사회는 역사가 꽤 오래된 현상이라는 것입니다.

　그렇다면 먼저 소비사회의 특징을 간략하게 정리해보는 게 좋을 듯해요. 소비 자체는 인류 역사 전체에서 사례를 찾아볼 수 있는 현상이지요. 하지만 소비가 일어나는 문맥이 달라지고 양적으로 크게 늘어나는 새로운 국면은 대략 17세기에서 18세기 사이에 등장합니다. 그래서 그 무렵 '소비혁명'consumer revolution이 일어났다고 말하지요. 몇 가지 변화가 특징적입니다. 가령, 물건 소유가 예전에 비해 훨씬 중요한 관심사가 되었고, 실제로 사람들이 더 많은 물건을 갖기 위해 애쓰게 되었어요. 물건을 획득하는 방법도 달라져요. 과거에는 직접 물건을 만들거나 조상에게서 물려받는 일이 흔했는데, 이제는 시장에서 구매하게 되었습니다. 물건을 얻으려는 동기도 달라지지요. 과거에는 필요가 소비를 이끄는 중요한 동기였다면 이제는 패션과 새로움을 찾으려는 욕망이 훨씬 중요해졌어요. 소비가 일어나는 공간도 넓어졌습니다. 예전에는 기껏해야 장터가 고작이었지만 이제 수많은 상설 상점이 등장해요. 아무 때나 쇼핑을 할 수 있게 되었고, 쇼핑 자체가 쾌락의 근원이 되었지요. 상품 정보가 훨씬 더 빨리 다양한 경로로 퍼져나가면서 소비자도 상품에 대한 지식을 갖추게 되었습니다. 그만큼 유행도 빨리 바뀌게 되었어요.

　이런 소비사회가 근대 초에 출현한 이후, 1부에서 이야기한 생산에서 일어난 여러 혁신과 유통에서의 변화가 서로 연결되었어요. 특히 서양에서는 생활수준이 크게 향상되면서 19세기 말에 이르면 소비사회가 뚜렷한 모습을 갖추게 되지요. 두 차례 세

아무 때나 쇼핑을 할 수 있는 소비사회가 출현했다. 19세기 초 런던 유리제품 상점의 내부.

계대전에서 참전국이 전쟁에 경제 자원을 총동원했기 때문에 서양에서도 소비가 조금 위축되기는 했지만, 전쟁 사이의 시기, 그러니까 전간기에 20세기 소비사회의 윤곽이 뚜렷하게 자리 잡았어요. 2차 세계대전 이후에는 경제 성장이 지상목표라는 새로운 신념이 선진 자본주의 사회에 깊이 뿌리 내리는 한편 사회복지 제도가 널리 퍼져 든든한 구매력을 갖춘 소비자층이 생겨났습니다. 그러면서 대량생산과 대량소비가 결합된 경제체제가 확실하게 자리 잡게 되었지요. 1970년대 초부터 두 차례 오일쇼크 등으로 선진 자본주의 국가의 경제 성장 속도가 눈에 띄게 느려졌지만, 소비 증가는 멈추지 않았어요. 오히려 경제위기 이후 1980년대부터 세계화가 빠르게 진행되면서 소비는 더 중요한 위치를 차

3 ── 소비가 지배하는 세계

지하게 되었습니다.

17세기부터 모습을 드러내기 시작한 소비사회, 특히 19세기 중반 이후에 자리 잡은 소비사회는 우리가 살아가는 방식을 완전히 바꿔놓았다는 점에서 깊이 생각해볼 현상입니다. 우리가 일상에서 소비하는 수많은 상품을 생산하려면 엄청난 자원이 들어가기 마련이지요. 실제로 2010년 데이터를 보면 OECD에 소속된 34개 회원국이 투입한 자원 총량은 무려 45기가톤에 이릅니다. 이 정도 숫자는 규모를 상상하기 어려우니, 한 사람이 매일 소비하는 물질의 양으로 환산해보면 좋겠지요. 그러면 대략 100킬로그램이 됩니다. 이렇게 어마어마한 양의 자원을 매일 소진하다 보니 당연히 자원 고갈이나 기후 변화 같은 문제에 맞닥뜨릴 수밖에 없어요. 그래서 스웨덴의 그레타 툰베리 같은 소녀가 환경 운동가가 되어 절대로 비행기를 타지 않겠다거나 새 옷을 사지 않겠다고 선언하게 되었지요. 이런 이야기를 들으면 인류가 과연 지금 같은 풍요로운 소비생활을 얼마나 오랫동안 유지할 수 있을지 걱정스러워집니다.

실제로 최근에 '인류세'라는 개념, 그러니까 인류가 산업사회에 진입한 이후에 새로운 지질 연대가 시작되었다는 생각이 널리 받아들여지고 있으며, 인간의 끝없는 소비 욕구가 인류는 물론 지구의 생존 자체를 위협하고 있다는 위기감이 널리 퍼져 있지요. 그러니 지금이야말로 소비의 오랜 역사를 다시 생각해볼 때가 아닐까요.

2 소비문화의 맹아

르네상스 시대 이탈리아의 소비문화

앞에서 우리는 대략 17세기 이후에 소비사회가 등장했다고 했지요. 서유럽에서는 특히 네덜란드와 잉글랜드에서 뚜렷한 변화를 볼 수 있어요. 이 두 나라에서 새로운 소비문화가 꽃피울 수 있던 데는 양국이 15세기 말부터 시작된 근대 초 세계화에서 가장 큰 이익을 거둔 나라였다는 사실이 자리 잡고 있지요(근대 초 세계화에 대해서는 『역사의 비교』를 보시기 바랍니다). 콜럼버스의 항해 이후 포르투갈과 에스파냐를 필두로 유럽 여러 나라가 아시아와 아프리카, 아메리카 대륙에서 새로운 무역 거점과 식민지를 세웠어요. 그 결과 먼 지역 사이에 또 전 세계적으로 무역이 크게 늘었지요. 이와 함께 세계 곳곳에서 오랫동안 시장경제와는 무관하게 살았던 수많은 사람의 일상에 시장관계가 침투하기 시작했어요. 바꿔 말하면, 자본주의 문명이 등장해 세계 전역에 영향을 주기 시작했다는 것이지요.

하지만 이런 변화가 본격적으로 시작되기 전에도 소비활동이 유독 활발했던 곳이 여럿 있었습니다. 15세기 르네상스 시대 이탈리아와 16세기 명나라가 그런 경우였지요. 그 무렵까지도 유럽과 나머지 세계에서 절대다수에 해당하는 사람은 농촌에서 살

앉고, 농촌에서 시장경제는 그렇게 중요하지 않았어요. 하루하루 연명하기도 어려웠던 농민이 시장에서 상품을 구입할 여력이 없었기 때문이지요.

하지만 예외도 있었습니다. 15세기 이탈리아는 지중해를 무대로 유럽과 아시아를 연결하는 무역 거점이었습니다. 해외무역이 그만큼 번성했고, 금융업과 사치품 제조업도 발전했습니다. 당시 세계 경제를 이끌던 아시아 경제의 중요한 부분이었던 명나라에서도 탄탄한 농업 생산력 덕분에 시장이 번성했고, 몇몇 도시가 아주 빠르게 성장했습니다. 도시를 중심으로 시장이 넓어지고, 그에 따라 분업分業(division of labour)이 진전되어 경제 규모가 커지자—애덤 스미스가 『국부론』 첫머리에서 이 문제를 다뤘기 때문에 '스미스식 성장'Smithian growth이라고 부르기도 합니다— 더 많은 사람이 직접 물건을 만들기보다는 시장에서 상품을 구매하기 시작했어요.

11세기부터 14세기 사이에 피렌체나 베네치아, 제노바 같은 이탈리아 도시는 비잔티움 제국과 이슬람 세계를 유럽 대륙과 연결하는 통로 역할을 해왔습니다. 이탈리아 상인은 특히 레반트 지역, 그러니까 동지중해 연안에서 비단이나 향료 같은 사치품을 유럽 대륙의 곡물이나 모피, 금속과 맞바꾸는 교역으로 큰 이윤을 거뒀지요. 14세기 이후에는 상황이 조금 달라졌습니다. 유럽 경제는 활력을 보였던 반면 레반트 지역 경제가 쇠퇴하면서 이탈리아에서 제조업과 금융업이 빠르게 발전했어요. 고급 모직물 제조업과 비단, 종이, 유리 같은 제조업이 특히 활발했지요. 이런 변화 덕분에 북부 이탈리아는 유럽에서 가장 도시화가 진전된 곳이 되었어요.

그사이, 14세기 중반 유럽 전역을 강타한 흑사병으로 유럽 인구의 3분의 1에서 절반까지 목숨을 잃었지만, 1500년 무렵에 이르면 인구도 어느 정도 회복되고, 상품 가격도 오르기 시작했습니다. 인구가 늘어 농산물 가격이 오르니 귀족들에게는 좋았지요. 이런 부류를 주요 고객으로 삼았던 피렌체와 베네치아의 장인이나 상인들도 사치품 수요가 늘어나 이익을 거둘 수 있었습니다.

이런 변화가 진행되는 가운데 이탈리아 은행가와 상인 같은 상류층의 소비문화가 바뀌기 시작했습니다. 더 많은 상품, 더 다양하고 고급스러운 상품을 찾기 시작했지요. 이를테면 은제 식기가 널리 쓰이기 시작했고, 집 공간을 기능에 따라 침실과 식당, 서재로 구분하면서 고급 침구류와 가구, 카펫이 팔려나갔고, 책이나 악기가 유행했어요. 흥미롭게도 안락한 가정을 만들려는 이런 움직임은 장인에게도 영향을 미쳤습니다. 예컨대 목공예가였던 안드레아 파엔티노라는 베네치아 장인이 죽기 직전에 남긴 기록이 전해집니다. 그 시대 장인이 대개 그랬듯, 파엔티노도 자기 소유물을 카사라 불리던 궤짝에 넣어두었는데, 그가 남긴 4개의 궤짝은 고급 호두나무로 제작된 것이었어요. 거기에 옷가지와 담요, 직물, 신발을 넣어두었어요. 게다가 상아 손잡이가 달린 금박 나이프가 12개나 있었고, 은으로 만든 포크도 8개나 있었지요. 주방에도 다양한 물건이 있었어요. 냄비 2개에 식탁용 소금 그릇 2개가 있었고, 더 놀랍게도 주석으로 만든 그릇 40점과 마욜리카라 불리던 흰색 도자기 접시가 58점 있었어요. 거실에는 그림 몇 점이 걸려 있었고, 종교와 건축, 역사에 관한 책도 여러

권 남겼지요.

메디치 가문 같은 이탈리아 최상류층이 얼마나 많은 돈을 건축물이나 예술 작품 후원에 썼고, 복장이나 장신구부터 실내 장식에까지 어느 정도 심혈을 기울였는지는 잘 알려져 있어요. 르네상스 운동의 일부였지요. 그런데 파엔티노의 사례처럼 이 시대에 이르면 소비는 상류층에게만 허락된 특권은 아니었어요. 물질문화 차원에서 르네상스 시대 이탈리아인을 극소수 엘리트와 가난한 평민으로 나누고, 두 부류가 완전히 동떨어진 문화를 누리고 있었다고 생각해서는 곤란하다는 것이지요. 차라리 물질문화를 누리는 사람들은 일종의 스펙트럼을 형성하고 있어서, 부유층과 빈민 사이에 나름대로 새로운 물질문화의 혜택을 열망한 이들이 자리 잡고 있었다고 봐야 할 듯합니다. 하지만 그렇다고 해서 르네상스 시대 이탈리아에 소비사회가 등장했다고 주장한다면, 그것도 지나친 이야기가 될 것입니다. 새로운 상품에 대한 열망이나 가정과 개인의 안락을 지향하는 소비 성향에서 근대 소비사회의 면모가 보이기는 하지만, 그건 앞으로 다가올 변화의 싹 정도일 뿐이었어요.

더욱이 이탈리아 상류층의 소비문화는 우리 시대와 지향점이 달랐어요. 시민문화라는 맥락에서 이해해야 하는 것이지요. 인문주의가 확산되면서 공화정을 지탱하는 힘이 무엇인가에 대해 열띤 토론이 진행되었습니다. 결론은 재산을 가진 시민이 사적 이익보다는 공익을 먼저 생각하는 마음가짐으로 공동체 일에 적극적으로 참여하는 덕성을 발휘해야 한다는 것이었어요. 그런 만큼 상류층에게도 공익을 증진하는 일에 십분 기여해야 한다는 기대

15세기 피렌체
상층계급의 패션을
보여주는 그림.
프란체스코 델 코사,
〈4월〉, 1470년 무렵.

코시모 메디치가 세운 메디치 궁전. 건축가 미켈로초에게 의뢰해 15세기 중반에 완성했다.
처음에 메디치 가문은 여기서 은행 업무를 봤다.

가 있었습니다.

　이런 시각에서 보면, 재산을 제대로 쓰는 일은 사적인 쾌락이
나 새로움을 탐하는 게 아니라 공동체 전체가 함께 즐기며 동시
에 구성원의 덕성을 함양하는 데 보탬이 되는 것이어야 했습니
다. 실제로 메디치 가문이 개인적인 소유물에 사용한 돈은 이들
이 피렌체에 공공 구조물을 짓거나 대중 연회를 베풀고 수많은
예술과 문학작품 생산을 후원한 일에 비하면 보잘것없었어요. 다
시 말해 이들의 소비활동은 공공 대중에게 보여주기 위한 일이었
고, 그들이 추구한 가치는 위대한 인물이 반드시 갖추어야 할 덕

성으로 여겨졌던 장려함과 너그러움이었습니다. 더 나아가 자신이 구매한 물건은 반드시 후대에 전해서 그의 드높은 덕성을 공공 대중이 기억하도록 해야 한다고 생각했어요.

르네상스 시대 상류층의 소비가 근대 소비문화와 직접적으로 연결되진 않는다고 볼 수 있는 또 다른 이유는, 이들의 소비문화가 1500년 이후에도 한동안 거의 변하지 않았다는 사실에서 찾을 수 있어요. 거듭 강조하지만, 이들의 소비는 순간적인 기쁨이나 쾌락이 아니라 후대에도 오랫동안 기억될 수 있는 영속성을 지향했어요. 그런 만큼 아주 보수적인 성향을 보였습니다.

이런 특징은 소비하는 상품의 유형과 기능, 유통에서 드러나요. 이 시대 이탈리아에서도 17~18세기에 흔히 일어나는 아시아 상품의 복제와 대체가 일어났습니다. 가령 레반트 지역을 통해 중국 비단 같은 사치품이 대량으로 수입되었고, 이탈리아 장인은 이것을 복제했던 것이지요. 하지만 비단처럼 새로운 상품이 갑자기 인기를 끄는 일은 예외적인 일이었습니다. 전반적으로 사람들이 소비하는 물건의 양은 크게 늘었지만 새로운 상품은 거의 없었습니다. 새로움을 추구하기보다는 예전부터 쓰던 물건을 더 세련되게 만드는 데 집중했던 것이지요. 물론 유행이 없었다고 보기는 어렵지만 기본적으로 물건을 구매해 보유하는 것은 유행을 따르는 일이 아니라 가문의 자산을 불려나가는 일이었습니다.

명나라의 소비문화

이제 시선을 아시아로 돌려, 유럽사의 시대 구분으로 보면 르네상스 시대 끝자락 즈음에 해당하는 16세기 중반 명나라로 가보지요. 14세기 중반에 주원장이 세운 명나라는 유교를 기본 이념으로 삼고 유교 경전이 이상향으로 제시한 마을 단위 자립경제를 회복하려 했어요. 바꿔 말하면, 당송 시대부터 원나라 시대까지 발전했던 시장경제와 거기서 비롯하는 불평등을 없애려 했던 것이지요. 이런 이상을 실현하기 위해서 초대 황제 홍무제는 수많은 관리를 숙청하고 강남 대지주의 재산을 몰수해 농민을 해방시켜주었습니다. 그 덕분에 농민은 화폐에 기반한 시장경제의 폐해에서 벗어나게 되었어요. 반면 이런 조치는 명나라 경제의 중심이었던 강남 시장경제에 엄청난 피해를 입혔습니다. 예컨대 1506년 쑤저우에서 연대기를 출간한 어느 학자는 홍무제가 그곳에서 시행한 지주 재산 몰수가 도시 인구 침체와 경기 후퇴를 불러왔다고 신랄하게 비판한 바 있지요.

하지만 명나라 경제는 15세기 말 이후 서서히 회복되기 시작했어요. 홍무제가 시행한 개혁 정책은 여러 가지 이유로 더 이상 작동하지 않았습니다. 민간 해상무역을 엄격하게 금지했던 조치도 이 무렵에 이르면 쉽게 피해갈 수 있었어요. 화폐경제를 온갖 악폐의 근원으로 여겨 1430년대부터 동전 주조를 금지한 일은 화폐 공급 부족을 낳아 경제 회복에 지장을 주었지만, 16세기 초에는 상거래도 서서히 살아났어요. 그러면서 홍무제가 꿈꿨던 마을 중심의 자급자족 경제라는 이상도 뒷전으로 밀려났지요. 농

명나라에서 발행한 여러 가지 화폐. 14세기 후반에 발행된 지폐와 동전, 은화가 보인다.

업 생산은 꾸준하게 늘었고, 면화나 비단, 도자기 같은 상품은 전국적인 규모를 자랑하던 전문시장에서 팔렸습니다. 그 덕분에 지역별 전문화가 일어났지요. 해외무역이 진전되면서 1540년대부터 은銀이 명나라에 들어오기 시작했습니다. 처음에는 일본을 통해 들어왔고, 나중에는 에스파냐 제국의 아메리카 식민지에서 생산된 은이 대량으로 유입되었어요. 은이 대거 유입되자 상거래와 물품 생산은 더욱 빠른 속도로 늘어났습니다.

상업이 활기를 띠면서 계급과 지위, 사회질서에 대한 고정관념도 바뀌었습니다. 부를 축적할수록 더 큰 권력을 휘두를 수 있는 시대가 되었지요. 빈한한 삶이 미덕으로 간주되던 때가 있었지만, 이제는 더 이상 그렇지 않았어요. 오히려 부를 축적해 권력을 획득하는 것을 윤리적으로 정당화하려는 움직임이 거세게 일어났습니다. 상업으로 부를 축적하고 이를 바탕으로 권력을 얻은 상인층이 늘어나면서 기존 엘리트층을 위협했던 일과 연관된 변화였지요. 상인을 비롯한 기업가는 예전에는 욕심 많은 사기꾼으로 취급되기 일쑤였지만 이제는 지혜와 덕성을 갖춘, 근면하고 검소하며 아량이 넓은 대인으로 간주되었어요. 이런 이들이 이제 귀족의 생활양식을 따라 하기 시작했습니다. 그러면서 명나라 문화의 근간이던 문인 문화 자체가 상업화되었어요. 예술품이나 골동품, 책, 가구를 대량으로 매입해 학자 행세를 하는 사람들이 늘기도 했습니다. 그러다 보니 패션을 따르는 일이 중요해졌는데, 그러자 문인 사회는 '감식안'을 내세우면서 벼락부자와 자신들을 구별하려고 했습니다.

16세기 명나라 사람들의 소비문화를 재산 목록을 바탕으로 잠깐 살펴보지요. 예컨대 가정제 시대에 내각대학사를 지내면서 엄청난 뇌물과 재물을 긁어모았던 엄숭 가문의 경우를 보겠습니다. 1562년에 엄숭 가문의 재산을 몰수하면서 재산 목록을 작성했는데, 그 덕분에 명나라 최상류층 소비문화의 일면을 엿볼 수 있지요. 이 목록을 보면 당시 명나라 부자가 갖고 싶어 했던 온갖 품목을 찾아볼 수 있습니다. 금과 은, 옥으로 치장한 그릇, 청동으로 제작한 골동품, 산호나 코뿔소 뿔, 상아 같은 재료로 만든 각종 물건들, 화려한 허리띠, 비단 같은 고급 직물로 재단한 의복, 악기, 벼루와 필기도구, 병풍, 목제 침대, 서예와 금석문 탁본 및 온갖 그림, 그리고 엄청난 분량의 장서가 압수되었어요. 일상 용품도 많았습니다. 문화재급은 아니지만 각종 그릇과 식기류, 옷감과 의류, 가구와 침구류, 악기와 서적이 여기에 해당했습니다.

좀 더 참조할 수 있는 재산 기록으로는 가장이 사망한 뒤에 가족이 분가할 때 재산을 나누면서 작성하는 계약서가 있어요. 이를테면 난징 남쪽 상업 중심지 휘주부에서 나온 몇몇 부유한 상인 가문의 재산 분할 목록의 사례를 이야기할 수 있지요. 그 가운데 1475년에 작성된 오씨 가족의 기록과 1634년에 작성된 여씨 가족의 기록을 함께 살펴보면 흥미롭습니다.

오씨 가족의 기록에는 카펫 1개, 방석 2개, 장식 있는 스탠드등 1개, 청동 화분 1쌍, 옻칠 된 쟁반 4개, 주판 1개, 그림 1점, 궤 1점, 옷 선반 1개, 술 궤 1점, 맷돌 1개, 수평기 1개, 톱 1개, 가마 3대 등이 포함되어 있는데, 이 목록만 보면 아주 부유한 가문이었다고 하기는 어려울 듯해요. 반면 여씨 가족의 목록을 살펴보면 탁자 10개, 침대 2개, 스탠드형 향로 1개, 간이의자 12개, 팔걸이의자 12개, 사다리 3개, 현악기 받침목 1개 등이 포함되어 있어요. 전체적으로 오씨 가문에 비해서 여씨 가문이 훨씬 더 많은 물건을 갖고 있지요. 여기서 16세기를 거치면서 소비 활동이 좀 더 활발해지지 않았나 생각해볼 수도 있을 터입니다.

이런 목록에서는 잘 드러나지 않지만 16세기에 명나라 시장 경제가 확대되면서 막대한 재산을 끌어모은 부유층은 생필품을 넘어서 사치품을 소비함으로써 부와 안목을 과시하기 시작해요. 이런 사치품에는 고급 가구와 도자기, 도서 같은 일반적인 상품 부터 상나라의 청동이나 당나라 회화 작품, 송나라 인쇄물, 명나라 초기 도자기, 여러 시대의 서예 작품 같은 문화재가 포함되었어요. 사실 이 시대 명나라에서는 스스로를 전통 문화 수호자로

명나라 학자 관료의 사치스러운 여가 풍경. 사환, 〈살구 동산에서의 우아한 모임〉, 1437년 무렵.

자부하던 엘리트와 상류 사회에 진입하려고 고군분투하던 새로운 부유층이 오래된 문화재를 확보하려고 치열하게 경쟁하고 있었어요. 그러면서 문화재를 알아보는 눈, '감식안'이 진짜 부자와 벼락부자를 나누는 기준으로 널리 퍼졌지요. 감식은 개인 차원의 문제가 아니라 사회활동이었어요. 비슷한 신분에 속한 사람들이 모여 최고 물품을 감상하면서 견해와 평가를 주고받는 일이었지요. 이런 모임이 활발해지면서 서적과 가구, 도자기, 서예, 회화 작품이 집중적인 수집 대상이 되었습니다.

16세기에 들어서면서 서적이 대량으로 유통되었습니다. 송 시대에는 한 사람이 1만 권 이상 서적을 보유하는 일이 없었는데, 16세기 말에 이르면 이런 사람만 열 명 이상 나왔지요. 그만큼 서적 유통과 수집이 활발해졌다는 이야기입니다. 가구 수집도 인기였는데, 전통적인 중국 스타일이라 할 만한 여러 가구가 널리 생산되었어요. 특히 북송 시대에 흔히 쓰인 의자가 대량으로

16세기에 제작된 명나라 도자기는 서양에서 엄청난 인기를 끌었다. (좌)
명조 후기에 생산된 의자. 명조는 중국 역사에서도 손꼽히는 가구 제작의 전성기였다. (우)

생산되었지요. 목공 장인이 모양이 다양하고 쓸모도 여러 가지인
의자를 다투어 생산하게 되었고, 소비자 반응도 뜨거웠어요. 도
자기는 본래부터 중국의 특산품이었지만, 특히 명나라 시대에 세
계 무역에서 엄청난 인기를 끌었던 청화백자는 명나라의 유약 기
술과 페르시아의 암청색 안료를 결합한 결과물이었습니다. 원나
라 때부터 장시성에 자리 잡은 경덕진景德鎭(징더전)에서 자기가 대
량으로 생산되었는데, 명 시대에 이르러 경덕진 자기는 중국 시
장은 물론이요 세계 시장에서도 엄청난 인기를 끌었지요.

그런데 명나라 후기에 기존 엘리트는 물론 새로운 부유층이
고서와 서예, 회화 작품을 수집하는 데 열중했던 사실은, 르네상
스 시대 이탈리아의 경우가 그랬던 것처럼, 이 시대 소비문화가
근대적인 소비와는 달랐음을 보여준다고 하겠습니다. 앞에서 살
펴본 것처럼, 이 시대 명나라 사람들은 시장경제가 빠르게 발전
하면서 예전보다 훨씬 더 다양하고 많은 물건을 소유하게 된 것

은 사실이지요(19세기 중국을 방문한 서양인들이 여행기에 흔히 중국인을 검소하다고 쓴 것과는 다른 양상입니다). 하지만 소비 증가 자체가 명나라 시대 중국인이 패션과 새로움, 과시적인 소비 같은 근대 소비문화의 특징을 완전하게 받아들였다는 것을 뜻하지는 않습니다. 실제로 과시적인 소비는 이 시대에도 기존 질서와 도덕을 전복하는 일로 비난받았어요. 그랬기 때문에 명나라 엘리트가 벼락부자를 경계하면서 '감식안'을 강조했던 것이기도 합니다. 우아한 것과 속된 것을 구별함으로써 기존 엘리트가 누리던 문화자본을 더 견고하게 만들려고 했던 것이지요.

이런 보수적인 속성, 그러니까 새로운 것을 거부하고 옛것을 존중하는 태도는 명 시대 소비문화에서 가장 중요한 특징이라 할 수 있어요. 근대와는 달리 이 시대에는 새로운 물건이 별로 매력을 발휘하지 못했던 것이지요. 시장에서 널리 판매하기 위해 생산된 물건은 환영받지 못했습니다. 진정한 가치는 옛것에 있고, 오직 감식안을 가진 소수 엘리트만이 그 진가를 제대로 알아볼 수 있다고 믿었어요. 따라서 소비가 국가와 사회, 경제에 기여한다는 생각도 널리 받아들여지지 않았습니다. 이들이 전범으로 삼았던 유교 저술도 사치가 타락을 낳는다는 경고 일색이었지요. 명나라에서 엄청나게 인기를 끌기 시작한 소설도 마찬가지였어요.

이를테면 소소생의 소설『금병매』에서 주인공 서문경의 퇴폐적인 생활방식을 묘사하는 여러 대목은 물욕과 성욕이 그를 파멸로 이끌었다고 경고합니다. 정력제를 남용해서 결국 죽음에 이르게 되는 서문경의 이야기는 지나친 소비—여기서는 문자 그대로 물건을 소비하는 일과 기력을 소진하는 일 모두를 가리킵니다—

가 개인의 건강은 물론이요 백성의 안녕과 질서를 해치는 일이라고 지적했던 것이지요.

조선의 소비문화와 그 한계

비슷한 시기 조선에서도 주로 서울을 중심으로 양반과 부유한 중인층 사이에 고급스러운 중국산 비단이나 금은 같은 보석류를 즐기는 소비문화가 나타났어요. 대략 16세기부터 18세기 사이에 조선은 중국과 일본을 잇는 중개무역으로 상당한 이익을 거뒀습니다. 비단 같은 중국의 사치품과 일본의 은을 교환하는 것이 대표적인 무역 관행이었는데, 이를 중개하는 조선은 주로 인삼을 팔았지요. 하지만 이런 상황도 계속 이어지지는 않았어요. 18세기 초에 이르면 일본에서 유출되는 은의 양이 빠르게 줄었기 때문입니다.

여기에는 몇 가지 이유가 있는데, 특히 일본이 중국에서 들여오던 비단과 조선에서 들여오던 인삼을 자기 나라에서 조달하는 수입 대체에 성공했던 게 주효했습니다. 그러자 조선이 오랫동안 이익을 거뒀던 중개무역도 함께 위축되었고, 그런 만큼 중국에서 사치품을 들여오는 일도 어려워졌어요.

하지만 이런 무역이 계속되었더라도 조선에서 근대 소비문화가 자리 잡았을 것이라고 짐작하기는 어려워요. 일부 양반과 상업에 종사했던 소수 중인층을 제외하면 조선 사람이 시장에서 자유롭게 물건을 사고파는 일 자체가 흔치 않았으니 말이지요. 사치품만 보더라도 조선 경제에서 무역이 차지하는 비중은 미미했어요. 정확한 수치는 없지만, 어느 연구자가 추산한 결과에 따르면 국내총생산 가운데 해외무역이 차지하는 비중은 일본에서 은이 대규모로 들어오던 16세기 중엽에도 겨우 1퍼센트 수준이었고, 중개무역이 가장 번성했던 17세기 후반에도 2.5퍼센트 수준을 넘지 못했다고 해요. 19세기 중엽까지 시야를 넓혀봐도 해외무역의 비중은 1.5퍼센트 정도에 불과했어요. 그러니까 조선 경제는 대단히 폐쇄적이고 자급자족적이었다는 것이지요. 그렇다고 조선 안에 다양한 제조업이 번성해 국내 교역이 활발했던 것도 아니었습니다. 잘 알다시피 조선은 농업 중심 사회였고, 제조업에 종사하는 이들은 천대받았어요. 지방에서 정기적으로 열린 시장, 그러니까 장시도 18세기 이후에나 퍼지기 시작했고, 상류층 사이에서조차 교환은 화폐를 매개로 이루어지기보다는 선물을 주고받는 방식으로 일어났습니다. 조선은 소비문화가 번성할 수 있는 경제체제를 갖추고 있지 않았어요.

사정이 이런데도 조선 정부는 사치를 경계하고 검소한 생활을 권하는 사치 금지령을 여러 차례 내렸어요.『조선왕조실록』을 살펴보면 조선시대에 나온 사치 금지령은 모두 131건에 이르는데, 성종 때부터 중종 시대까지 제일 빈번하게 제정되었습니다. 사치 금지령이 어떤 생각에서 비롯했는지는 쉽게 짐작할 수 있어요. 검약을 장려하고, 신분 구별을 유지하려는 뜻도 담겨 있었습니다. 거기에다 수입을 억제하려는 목적도 있었지요. 15세기와 16세기에 사치 금지령이 비교적 빈번하게 나온 까닭은 이 시기에 농업 생산이 점진적으로 증가해 인구가 늘어나고, 도시 상업과 사무역私貿易이 다른 시대보다 활발했기 때문이에요. 16세기부터 일본에서 은이 유입되고, 이렇게 얻은 은으로 중국에서 사치품을 수입하자 사치 풍조가 퍼졌다고 한탄하는 목소리도 높았던 게지요. 『조선왕조실록』에 따르면 중종 35년(1540)에 한 대간은 이렇게 말하기도 합니다.

> 근래 사치가 날로 심해지고 이익이 생기는 근원이 날로 열려서 혼사에 이르기까지 다른 나라의 물건이 아니면 혼례를 치를 수 없을 정도입니다. 향사대부鄕士大夫가 다투어 사치와 호화를 숭상하고 노복·하천下賤까지도 중국의 물건을 씁니다.

사실 이런 우려는 기우일 뿐이라고 생각할 수도 있어요. 무역이 차지하는 비중이 이야기해주듯, 사치품 수입은 극히 미미했을 테니까요. 그런데도 사치 금지령을 내린 까닭은 조선 왕조의 건국 이념인 유교의 영향 때문이라고 봐야 할 듯해요. 유교에서는 물건을 아껴 써서 백성을 사랑하는 일, 그러니까 '절용애민'節用愛民을 정치의 기본으로 삼았고, 사익을 추구하고 재화를 축적하는 일을 극도로 경계했어요. 유교 엘리트는 역사에서 교훈을 얻는 일을 중요하게 여기기도 했는데, 이들이 깊이 새긴 한 가지 교훈은 사치가 퍼지면 나라가 망한다는 것이었어요. 가깝게는 고려부터 그전에 한반도에 터 잡았던 나라들이 모두 지배층과 백성의 사치 때문에 망했다고 믿었습니다.

이런 우려는 조선이 가난할 뿐만 아니라 국가가 동원할 수 있는 재정 자원이 제한적이었다는 사실과도 관련이 있어요. 경제사학자들은 1900년 조선의 1인당 국내총생산을 대략 620달러 정도로 추산해요. 18세기에도 비슷한 수준이었을 것이라고 짐작하지요. 영국이나 네덜란드처럼 자본주의가 먼저 발달한 나라의 소득 수준에는 한참 모자랍니다. 1700년 잉글랜드의 1인당 국내총생산은 대략 1,250달러였고, 한 세기쯤 뒤에는 대략 1,700달러까지 올라가니 말이에요. 나라의 경제 규모가 이렇게 작은 데다 유교 이념에 따라 정부도 적게 거두어 아껴 쓰자는 태도를 유지했기 때문에 동원할 수 있는 재정 자원도 아주 제한되어 있었습니다. 왕실과 중앙 정부가 거두는 세금은 국내총생산의 1.5~2퍼센트 수준이었다니 말이지요. 환곡처럼 조선 경제에서 국가가 경제 잉여를 수취해 백성에게 나눠주는 재분배가 일어났다고 하더라도, 재분배할 수 있는 잉여의 크기 자체가 아주 작았던 셈입니다. 그러니 백성이 가난할 밖에요.

18세기 후반에 조선 백성이 얼마나 가난했는지 박제가는 『북학의』北學議에서 이렇게 말합니다.

우리나라는 모든 분야에서 중국에 미치지 못한다. 다른 것은 굳이 말할 필요조차 없거니와 그 가운데 저들이 먹고 입는 것의 풍족함을 가장 당해낼 수 없다. 중국 인민은 비록 외진 마을의 소호小戶라 해도 대개 여러 칸의 광을 소유하고 있다. (…) 우리나라의 소민小民은 모두 아침저녁 먹을거리조차 없는 생계를 꾸려가고 있다. 열 가구 사는 마을에는 하루 두 끼를 해결하는 자가 몇 집 되지 않는다. 어려울 때를 대비하여 준비한 곡물이란 것도 옥수수 몇 자루나 마늘 수십 개를 초가집 벽에 달아놓은 데에 불과하다.

중국 인민은 모두 비단옷을 입고 담요를 덮고 자며, 침상이나 탁자를 구비해놓고 산다. 농사를 짓는 자조차도 옷을 벗지 않고 가죽신을 신으며, 정강이에 전대를 차고서 밭에서 소를 끌고 있다. 우리나라 시골 농부는 한 해에 무명옷 한 벌도 입지 못한다. 누구나 태어난 이래 침구가 무엇인지 구경하지 못하고 이불 대신 멍석을 깔고 그곳에서 아들과 손자를 기른다. 아이들은 열 살 전후가 될 때까지 겨울·여름 할 것 없이 벌거숭이로 다닌다. 그러니 모두 이 천지 사이에 가죽신이니 버선이니 하는 것이 있는지도 모른다.

가난이 당연했던 시대에 박제가를 비롯한 이용후생학파는 전통적인 유교 가치관을 비판하면서 대안을 제시하려 했어요. 우리가 이들을 이용후생학파라 부르는 데는 그만한 까닭이 있지요. 이용利用은 갖가지 기구를 편리하게 쓰고 먹을 것과 입을 것을 넉넉하게 한다는 뜻이고, 후생厚生은 백성의 형편을 개선한다는 뜻이니까요. 이를테면 박제가는 시장과 기술을 발전시켜 생산을 늘려야 백성의 소득도 늘어나고 소비도 진작될 수 있다고 주장했어요. 다시 한번 『북학의』에서 한 구절을 보도록 하지요.

중국이 사치로 망한다고 하면, 우리나라는 반드시 검소함으로 인해 쇠퇴할 것이다. 왜 그런가? 물건이 있는데도 쓰지 않는 것을 검소함이라고 하지, 자기에게 없는 물건을 스스로 끊어버리는 것을 일컫지는 않는다. 지금 나라 안에는 구슬을 캐는 집이 없고, 시장에는 산호의 값이 없다. 또 금과 은을 가지고 가게에 들어가도 떡을 살 수 없다. 어찌 그 습속이 참으로 검소함을 좋아해서 그러하겠는가. 오직 물건을 이용하는 방법을 모르기 때문이다. 이용할 줄 모르니 생산할 줄 모르고, 생산할 줄 모르니 인민이 날로 궁핍해지는 것이다. 대저 재물은 비유하자면 우물과 같아서, 퍼내면 채워지고 이용하지 않으면 말라버린다. 비단을 입지 않기 때문에 나라 안에 비단을 짜는 사람이 없다. 그래서 길쌈과 바느질이 쇠퇴해졌다. 그릇이 비뚤어지는 것을 개의하지 않으므로 교묘함을 일삼지 않아, 나라에 공장工匠과 질그릇 굽는 곳, 대장간이 없어서 기예도 사라졌다. 심지어 농업이 황폐해져 농부는 농사하는 법을 놓치고, 장사는 이익이 박해 실업한다. 그러니 사민四民이 모두 곤궁하여져서 서로 도울 길이 없다.

여기서 박제가는 검소함과 가난을 구별해야 한다고 말합니다. 조선 백성은 검소함을 말할 처지가 아니고 그저 가난할 따름이라는 것이지요. 실제로 그가 살았던 시대에도 경화사족京華士族, 그러니까 한양과 근교에서 살던 양반이나 중인층은 명나라 엘리트가 그랬듯 예술 작품을 사랑하고 유흥을 즐겼다고 해요. 그들에게는 그들 나름의 소비문화가 있었다고 봐야 하지요. 하지만 그것은 근대 소비문화와는 거리가 멀어요.

3 새로운 소비문화의 탄생

네덜란드, 교역을 통해 소비를 만끽하다

근대 초 이탈리아와 명나라에서는 나름대로 소비문화가 꽃을 피웠어요. 시장경제, 특히 교역이 널리 확대되어 사람들은 더 많은 물건을 시장에서 구입하게 되었지요. 소비를 이끈 이들은 구매력을 갖춘 기존 엘리트와 상인 같은 새로운 엘리트층이었지만, 중간계급이라 부를 만한 이들이나 심지어 하층민도 소비에 눈을 돌리기 시작했어요. 하지만 이렇게 등장한 소비문화를 본격적인 의미로 근대 소비문화라고 부르기는 어렵다고 앞에서도 이야기했지요. 두 지역 모두에서 소비, 특히 비천한 신분에 속한 사람의 소비활동은 사회 질서를 어지럽히고 나라 경제를 위협하는 일로 받아들여졌어요.

소비의 목적과 대상도 달랐지요. 소비가 여전히 개인의 정체성 형성과 직접적으로 연결된 활동으로 받아들여지지 않았던 것이지요. 오히려 소비는 공익 증진이나 전통 문화 보전 같은 목적과 연관된 일이었습니다. 소비가 경제 발전의 원동력이 될 수 있다는 생각도 찾아보기 어려웠고요.

좀 더 근대적인 소비문화의 면모를 찾아볼 수 있는 곳은 17세기와 18세기 네덜란드와 영국이었습니다. 그 이전 시대와 마찬가지로 이 시대 네덜란드와 영국에서도 상점과 시장의 수가 크게 늘어나고 개인이 소유하는 물건의 양이 대폭 증가했습니다. 이전 시대와 비슷한 면이 있었다는 이야기지요. 하지만 과거와는 구별되는 새로운 면모도 등장해요. 사람들이 더욱 새롭고 다양한 물건을 찾기 시작했고, 교역이 빠르게 확대되면서 훨씬 쉽게 구할 수 있게 되었지요. 이를테면 온갖 종류의 담배나 차茶, 도자기 같은 상품이 아메리카와 아시아에서 쏟아져 들어왔고, 이런 상품은 그저 소비에 그치는 게 아니라 사람들의 교류 양식과 자기표현 방식도 바꿨어요. 소비가 훨씬 더 깊이 일상생활에 파고들면서 소비에 대한 생각도 바뀌기 시작했습니다. 소비가 개인의 자아를 형성하는 데 긍정적인 역할을 할 뿐만 아니라 나라 경제를 발전시키는 데 기여한다는 생각이 등장한 것이지요.

이런 변화가 먼저 나타난 곳은 네덜란드였습니다. 네덜란드 경제는 16세기부터 17세기 중반 사이에 빠르게 성장했어요. 상업적인 농업이 널리 퍼지고, 제조업이 발전했으며, 무엇보다도 해외무역이 크게 늘었지요. 이와 함께 분업과 전문화도 진전되었습니다. 그 덕분에 이 시기에 인구가 두 배나 늘었는데도 네덜란드인의 실질임금은 30퍼센트 이상 올랐습니다. 그러니 구매력도 당연히 좋아졌지요. 유행과는 거리가 멀 것 같은 평범한 농부조차도 다양한 상품을 구입할 수 있게 되었어요. 17세기 말에 이르면 네덜란드 농부가 시계와 카펫, 커튼, 회화 작품, 책, 도자기 접시 같은 '사치품'을 집 안에 갖추는 광경을 흔히 볼 수 있게 되었으니 말이지요. 복장에서도 눈에 띄는 변화가 나타났어요. 예전에 농부는 주로 값싼 모직물을 입었는데, 이제는 리넨을 입기

네덜란드인은 무역으로 풍요를 누렸지만, 그런 세속의 풍요를 그리스도교 윤리에 비춰 덧없는 일로 여기기도 했다. 페테르 클라스, 〈바니타스〉, 1625년.

시작했어요. 이를테면 1670년대 어느 소박한 농장에 살았던 사람들은 각자 옷장에 열여덟 장이나 되는 리넨 셔츠를 갖고 있었는데, 한 세기 전과 비교하면 세 배나 많은 양이었습니다.

네덜란드 사람 가운데 다수는 개신교도였지만, 그렇다고 특별히 검소하지는 않았어요. 칼뱅 같은 종교 지도자는 부유한 사람은 사치라는 도덕적 타락에 빠지기 쉽다고 경고했지만, 이런 경고를 깊이 새기지는 않았던 것 같습니다. 오히려 그들은 하루가 다르게 발전하는 네덜란드 해운업과 교역 네트워크 덕분에 새로 들어오는 상품에 열광하며 소비의 기쁨을 만끽했지요. 특히 아시아와 아메리카에서 수입된 이국적인 상품이 인기를 끌었어요. 1608년에 네덜란드 동인도회사는 10만 점이 넘는 중국 도자기를 수입했습니다. 일부는 유럽 여러 곳으로 재수출되었지만, 네덜란드 사람도 수많은 도자기를 구입해 식탁과 벽을 장식했지요. 아메리카에서 들어온 담배도 큰 인기를 끌었어요. 처음에는 약재로 사용되었지만, 1620년대부터 이미 담배는 기호품으로 환영받았어요. 하를럼이나 흐로닝언에서 만들어진 사기 파이프로 담배를 즐기는 네덜란드인을 쉽게 찾아볼 수 있었지요. 본래 아시아에서 들여오다가 17세기에 서인도제도에서 본격적으로 생산되기 시작한 설탕도 인기였습니다. 오랫동안 일부 상류층만 누리던 설탕의 달콤한 맛을 이제 상인과 제조업자도 누릴 수 있게 된 것이지요.

영국의 소비혁명, 새로움과 유행을 추구하다

잉글랜드—1707년 스코틀랜드와 합병한 이후에는 영국—로 눈을 돌려보면, 새롭고 다양한 상품이 대량으로 소비되는 일은 17세기 후반에 서서히 나타난 듯해요. 물론 그전에도 변화의 조짐은 있었어요. 17세기 초만 해도 잉글랜드 엘리트는 르네상스 시대 이탈리아 상류층이 그랬듯 예술 작품이나 서적, 골동품을 열심히 사들였고, 중간계급이나 하층민도 수공업으로 생산된 제조업 제품을 구입하기 시작했어요. 예컨대 메리야스 직기knitting frame 같은 간단한 도구는 새롭고 값싼 스타킹 같은 제품을 다양한 패턴으로 대량생산하는 데 도움을 주었고, 이런 제품은 소비자에게 환영받았습니다. 17세기 말에 이르면 잉글랜드인은 매년 천만 켤레에 이르는 스타킹을 구매할 정도가 되었는데, 잉글랜드 사람 모두가 해마다 두 켤레씩 장만하는 셈이었지요. 산업혁명이 일어나기 전에도 이렇게 대량생산이 가능했다는 게 놀라운 일인데요. 스타킹처럼 사기 파이프나 핀, 비누, 골무 같은 제품이 대량으로 생산되어 빠르게 팔려나갔지요.

시장에 새로운 상품이 세계 곳곳에서 들어와 빠르게 팔려나가기 시작한 때는 17세기 후반이었어요. 이 시기 잉글랜드에서는 도시화가 빠르게 진행되고 있었고, 여러 제조업이 발돋움하고 있었지요. 동시에 잉글랜드는 유럽에서 제일 중요한 무역 국가로 성장하고 있었습니다. 오랫동안 잉글랜드는 주로 유럽 대륙 몇 개 지역과의 무역에만 치중했는데, 17세기 후반에 이르러 이런 무역 구조가 달라지기 시작했어요. 유럽 바깥 지역, 특히 북아메리카와 서인도제도 식민지를 포함하는 대서양 식민지 무역과 동인도회사를 중심으로 한 아시아 무역이 빠르게 성장했어요. 18세기 중반에 이르면 이 두 지역과 아프리카가 유럽보다 더 중요한 무역 상대국이 될 정도로 영국 대외무역 구조가 달라졌습니다. 무역량도 크게 늘어 무역이 전체 경제에 미치는 영향도 훨씬 커졌습니다. 이런 변화가 잉글랜드 경제에 심대한 영향을 주었다는 점을 주목해서 어떤 역사가들은 이를 잉글랜드의 상업혁명 commercial revolution이라 부르기도 합니다.

상업혁명은 잉글랜드에서 제조업의 발전을 이끄는 중요한 힘이 되었어요. 특히 대서양 무역이 큰 보탬이 되었지요. 유럽과 아프리카, 북아메리카, 서인도제도를 잇는 대서양 무역으로 잉글랜드는 처음에 모직물 같은 제조업 제품을 수출하고, 반대로 아프리카 노예나 대서양 식민지의 담배와 설탕, 인디고 같은 농산물과 원료를 수입했어요. 이런 무역은 흔히 잉글랜드 제국의 테두리 안에서 일어났습니다. 그런데 잉글랜드는 제국 안에서 강력한 보호무역을 시행했어요. 잉글랜드에서 생산되는 공산품 수출에 도움이 되는 원료를 수입할 때는 관세를 낮게 매기는 한편 외국산 공산품 수입은 높은 관세를 부과하거나 아예 금지해버렸지요. 같은 논리가 식민지에도 적용되었습니다. 식민지는 잉글랜드에서 사용되는 원료를 공급하거나 잉글랜드 사람이 유럽 시장으로 다시 수출해서 이익을 거둘 수 있는 작물을 공급하는 한편 잉글랜드산 공산품을 구입하는 시장이 되어야 한다는 것이었지요. 그래서 식민지에서 제조업을 일으키는 일은 법으로 금지했어요. 이런 보호주의 속에서 잉글랜드는 점차 모직물 수출을 넘어서 아주 다양한 공산품을 수출하게 되었어요. 그런 만큼 잉글랜드인의 소비생활도 윤택해질 수 있었지요.

국내 제조업 발전과 해외무역 성장은 잉글랜드 경제가 17세기 후반부터 18세기 전반기에 빠르게 성장하는 밑거름이 되었어요. 성장의 혜택은 지주 같은 상류층이나 상공업자를 포함한 중간계급뿐만 아니라 하층민에게도 어느 정도 돌아갔지요. 노동자들의 실질임금이 오르면서 구매력도 향상되었습니다. 그래서 잉글랜드 노동자는 예전에는 꿈도 꾸지 못했던 상품에 눈을 돌리게 되었습니다. 여러 가지 직물을 비롯해 잉글랜드에서 생산되는 갖가지 공산품은 물론이고 아시아와 아메리카에서 수입되던 면제품이나 담배, 설탕 같은 상품에 매혹되었지요. 실질임금은 18세기 중반 이후 더 이상 오르지 않았는데도, 새로운 상품에 대한 노동자들의 욕망은 사라지지 않았어요. 그래서 노동자들은 현금 수입을 늘리려고 애쓰게 되었어요. 예전에는 돈벌이에 나서지 않았던 여성과 아동을 노동시장에 내보내거나 노동 시간을 늘려 돈을 더 많이 버는 방법을 택하게 된 것이지요. 요즘 역사가들은 이런 현상을 근면혁명이라 불러요.

이제 18세기 잉글랜드 사회의 소비 양상을 조금 더 세밀하게 살펴보도록 하지요. 이럴 때 큰 도움이 되는 자료는 유산 목록 inventory입니다. 이 문서는 어떤 사람이 죽음을 맞이하는 순간에 자기 집안에 남기는 모든 물품을 기록한 것이라 소비 행태를 살펴보는 데 꽤 쓸모가 있어요. 게다가 이런 자료가 많이 남아 있기도 하지요.

대량의 유산 목록을 분석한 연구 결과에 따르면, 1675년만 해도 런던의 어떤 가계도 차와 커피를 마시는 데 쓰는 도자기나 도구를 가지고 있지 않았던 것 같아요. 그런데 1725년에 이르면 35퍼센트가 도자기를 소유하고 있고, 60퍼센트가 커피 용품을 가지고 있었던 것으로 나타나지요. 같은 자료에 따르면 17세기 후반에는 열 집 가운데 한 집만 시계와 그림, 도기를 갖고 있었습니다. 19세기 초반이 되면 두 집 가운데 한 집이 이런 물건을 갖고 있었지요. 16세기만 해도 커튼이나 면제품, 거울 같은 물건은 지방 상류층의 집에서나 찾아볼 수 있는 귀한 것이었지만, 1720년대가 되면 아주 흔해졌어요. 이 시기가 되면 침실과 거실이 분명하게 구분되는데, 사교와 오락 공간인 거실을 장식하는 데 이런 물건이 쓰였지요.

유산 목록은 사회 구성원 모두의 소비 양상을 보여주지는 않아요. 이런 목록을 작성한 사람은 대개 지주나 상인, 전문직 종사자들이었으니까요. 그렇다면 하층민의 소비생활을 엿볼 수 있는 자료는 없을까요? 이 점에서 한 가지 흥미로운 자료는 빈민법Poor Law을 시행할 때 생산되는 기록이에요. 너무나 곤궁해서 빈민원에 들어가야만 했던 사람이 어떤 소지품을 갖고 있었는지 기록해두는 경우가 있었던 것이지요. 이런 문서를 분석한 연구에 따르면, 18세기 지방 도시 엑서터 같은 곳에서 빈민이 시계나 거울 같은 물건을 갖고 있는 경우는 많지 않았어요. 시계만 살펴보면, 장인이나 소상인은 71퍼센트가 시계를 갖고 있었는데 빈민은 20퍼센트에 지나지 않았지요. 그리 놀라운 일도 아니지요. 하지만 이 기록에서 흥미로운 사실도 발견됩니다. 빈민의 절반 이상이 차를 마시는 데 필요한 여러 용구와 깃털이 들어간 침구, 촛대 같은 물건을 가지고 있었다는 거예요. 빈민도 나름대로 소비생활을 하고 있었다는 것입니다.

17세기 후반부터 잉글랜드에서 패션이 중요한 사회 문제로 떠올랐어요. 이때 크게 기여한 일은 의복에서 패션이 시작된 것입니다. 특히 인도에서 수입된 면제품이 선풍적인 인기를 끌면서 패션이 논란거리가 됩니다. 온갖 색깔로 염색된 인도산 면제품은 일찍이 11세기에도 동아프리카 지역에 수출될 정도로 오래된 상품이에요. 유럽과 오스만 제국에서 널리 팔리기 시작한 것은 17세기 후반부터였는데, 잉글랜드의 경우에는 주로 중간계급 소비자들에게 인기를 얻었습니다. 1664년에 잉글랜드 동인도회사가 25만 점이 넘는 면제품을 수입한 일은 이런 유행을 잘 보여주지요. 그로부터 사반세기쯤 지난 후에 수입량은 100만 점을 넘겼어요. 런던에서 시작된 유행은 점차 잉글랜드 전역으로 퍼져나갔고, 이어 잉글랜드 식민지에도 인도산 면제품이 수출되기 시작해 멀게는 캐나다 극지대까지 이르게 되었어요. 친츠chintz, 그러니까 인도에서 수작업으로 패턴을 새긴 다양한 색깔의 면제품은 가격도 적당해서 상인이나 법률가, 제조업자, 성직자, 공직자 같은 중간계급 사람들의 아내와 딸 사이에서 날개 돋친 듯 팔렸습니다.

인도산 면제품이 선풍적인 인기를 끌자 오랫동안 잉글랜드 제조업의 근간이던 모직물 공업을 비롯해 리넨이나 비단 산업도 위기에 빠지게 되었어요. 그래서 이 직종에 종사하던 이들은 정부와 의회를 상대로 인도산 면제품의 수입과 소비를 규제하거나 금지해달라고 로비 활동을 벌였습니다. 그 결과, 1701년에 인도산 면제품, 그러니까 당시 캘리코calico라 불리던 제품의 수입 규제가 강화되었습니다.

그런데도 소비는 줄어들지 않았어요. 잉글랜드 제조업자들이 인도산 면사와 리넨을 섞은 새로운 제품, 그러니까 퍼스티언fustian을 만들어 팔기 시작했고, 면제품이 밀수로 대량 수입되어 셔츠와 손수건, 드레스 같은 제품으로 날개 돋친 듯 팔렸기 때문이에요. 사실 18세기 영국에서 밀수는 매우 흔한 일이었는데, 면제품은 차와 담배, 술과 함께 가장 쉽게 구할 수 있는 밀수품이었습니다. 1783년 영국 의회 조사 보고서에 따르면 30톤에서 300톤쯤 되는 수백 척의 연안 선박이 밀수에 가담했다고 하니 규모가 엄청났던 거지요.

더욱이 인도산 면제품 수입과 소비를 규제하려는 여러 시도

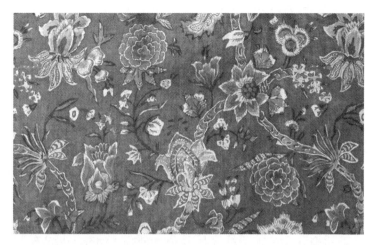

17세기 후반부터 영국에 쏟아져 들어온 인도산 면직물은 '캘리코'라 불리며 엄청난 인기를 얻었다. 17세기 말~18세기 초에 영국에 수입된 캘리코.

는 오히려 영국 내에서 면직물 공업이 발전하는 계기가 되었어요. 이런 규제는 17세기 후반부터 영국 정부와 의회가 시행한 보호주의 정책의 일부였지만, 제조업자들은 여러 규제 조치의 허점을 정확히 짚어 새로운 면직물을 만들어냈던 것이지요. 이를테면 1701년에 도입된 면제품에 대한 규제는 인도에서 패턴을 새기거나 색을 입힌 면제품의 수입을 금지하는 것이었는데, 1722년에는 영국 내에서 패턴을 새긴 면제품에도 확대되었어요. 그런데 이 조치에는 혼방제품, 그러니까 면을 다른 재료와 섞어 직물로 만든 제품에는 적용되지 않는 허점이 있었습니다.

1730년대에 이르면 맨체스터 같은 곳에서 퍼스티언이 대량으로 생산되기 시작했어요. 앞에서 살펴본 대로 기술 혁신도 연이어 일어났지요. 이를테면 동판으로 프린트해서 색을 입히는 방법이 1752년에 아일랜드에서 개발되어 널리 퍼져나갔고, 1783년에는 회전인쇄기가 발명되었어요. 이런 기술 혁신 덕택에 영국산 면제품은 수공업으로 생산된 인도산 면제품과도 능히 겨룰 만한 경쟁력을 갖게 되었습니다.

면제품이 널리 유행했던 데는 아주 다양한 제품이 수입되거나 만들어졌다는 점도 도움이 되었어요. 유럽에서 판매된 면제품의 종류만 해도 200종에 가까울 정도였으니까요. 이렇게 종류가 많았으니 소비자로서는 조금 난감할 수도 있었겠지요. 이런 어려움을 덜어주기 위해서 이미 17세기 말 런던에서는 인도산 면제품과 유럽산 직물에 관한 모든 것을 소개하는 책자가 나오게 되었어요. 새로움과 다양성 같은 요인과 더불어 면제품의 인기를 더한 또 하나의 요인은 그것이 18세기에 서서히 퍼져나간 '안락문화'culture of comfort와도 잘 어울렸기 때문이에요. 면제품은 리넨이나 모직물보다 가볍고 촉감이 부드러웠어요. 게다가 염색도 잘되어 색이 다양했지요. 어떤 역사가의 표현에 따르면 색상과 패션을 '민주화'하는 데 아주 좋은 재료였던 셈이지요. 1700년만 해도 런던 같은 유럽 주요 도시에서 사람들은 주로 검은색이나 흰색 옷만 입었어요. 한 세기 후 상황은 완전히 달라졌습니다. 이제 형형색색의 옷을 입기 시작했는데, 심지어 노동자도 이런 사치를 누릴 수 있게 되었지요. 예컨대 1770년대에 기성복 면 가운은 새 제품은 8실링 정도, 중고는 3실링 정도면 살 수 있었습니다(1파운드는 20실링). 당시 잘나가는 장인의 연수입이 대략 20파운드에서 40파운드였으니, 이 정도 가격이면 면 가운 정도는 쉽게 살 수 있었던 게지요.

이렇게 17세기 후반부터 18세기를 거치면서 네덜란드와 영국에서는 패션이 사람들의 소비생활을 이끄는 중요한 원리가 되었어요. 이제 패션이 경제생활을 누리는 데 없어서는 안 되는 하나의 규칙이 되었고, 그 덕분에 패션 자체가 하나의 산업이 될 수 있었던 겁니다. 패션은 점차 그 자체의 공간과 매체를 갖게 되었습니다. 예전 르네상스 시대 유럽이나 비슷한 시기의 동아시아에서 엿보이던 소비문화와는 구별되는 새로운 문화가 탄생했다고 볼 수 있지요. 유통되는 상품의 양도 크게 늘었을 뿐만 아니라 종류도 훨씬 다양해지고, 상품 생산과 유통에서도 혁신이 거듭 일어났습니다. 예전엔 소비활동에 보수적인 성격이 있어서 주로 오래된 것을 찾고 후대에 물려주는 것이 소비 행위에서 일반적인 관행이었다면, 이제 유럽인은 새로운 것을 찾으면서 동시에 새로운 유행의 출현에 민감하게 반응하게 되었습니다. 패션에 대한 이런 새로운 욕망은 구매력을 갖춘 상류층이나 상공업이 번성하면서 새로운 소비층으로 떠오른 중간계급뿐만 아니라 하층민 사이에서도 나타났어요. 하층민은 하다못해 중고라도 사서 유행을 쫓아가려 했지요. 이를테면 면 가운이나 찻주전자 같은 제품은 중고로 널리 팔려나갔어요.

그렇다면 이런 새로운 소비문화를 사람들은 어떻게 이해했을까요? 끊임없이 새로움을 추구해서, 새로운 상품을 얻기 위해서라면 장시간의 노동도 마다하지 않는 사람들의 행태를 지식인들은 어떻게 바라보았을까요? 17세기 후반부터 18세기를 거치면서 소비를 바라보는 시선도 달라지지 않았을까요? 이제 이 문제를 살펴보기로 하지요.

4

악덕인가, 미덕인가

소비를 비판하는 오랜 전통

동양은 물론 서양에서도 아주 오랫동안 소비, 특히 평민의 사치품 소비는 해악이라고 비난받았어요. 이런 생각은 멀리는 철학자 플라톤이 살았던 고대 그리스로 거슬러 올라가 중세로 이어지지요. 『국가』에서 플라톤은 사치스러운 삶을 욕망하는 사람들 탓에 덕성이 사라져 도시국가가 쇠락하는 과정을 묘사한 바 있습니다. 그에 따르면, 시민이 최소한의 생필품만으로도 자족하는 삶을 누릴 수 있다면, 그 도시는 건강하다고 볼 수 있어요. 하지만 일단 사람들이 헛된 육체의 욕망을 좇아 사치를 부리기 시작하면 도시국가는 타락의 길에 들어서지요. 사치욕은 한도 끝도 없기 때문에 도시국가는 시민들의 이런 욕망을 채우기 위해 새로운 자원을 찾아 전쟁과 정복활동에 나서게 됩니다. 시민 개인은 육체의 욕망을 채우는 데 급급해 자제력 같은 덕성을 잃어버리고 나약해지지요.

플라톤의 이런 생각은 그리스도교가 세력을 떨치던 중세 유럽에서 더 큰 힘을 발휘해요. 속세에서 소유에 집착하게 되면 영적인 삶과는 점점 멀어진다는 생각이 지배했지요. 그리스도교는 이런 욕망이 아담과 이브의 원죄로까지 거슬러 올라가는 일이라고 가르쳤어요.

르네상스 시대 이탈리아에는 이런 가르침이 잘 알려져 있었지요. 피렌체의 피치노가 플라톤 전집을 라틴어로 번역한 덕분에 플라톤 사상이 널리 퍼져나갔고, 사치에 대한 플라톤의 경고를 깊이 새겼던 고대 로마의 키케로는 인기 있는 저술가였습니다. 사치에 대한 그리스도교 사상가들의 경고도 여전히 큰 영향력을 발휘했어요. 15세기 말 피렌체에서 메디치 가문이 권좌에서 쫓겨난 후 권력에 오른 도미니크회 수도사 사보나롤라는 시내 한가운데 시뇨리아 광장에서 외국산 태피스트리나 회화 작품, 악기, 보카치오의 책 같은, 이른바 사치품을 20미터 높이로 쌓아놓고 '허영의 소각'bonfire of vanities을 이끌기도 했습니다. 사보나롤라는 광신도에 가까운 극단적인 인물이었다는 점에서 특수하기는 하지만, 사실 풍요와 사치에 대한 우려는 당시 유럽 엘리트 사이에서 널리 퍼져 있었습니다.

이 점을 잘 보여주는 것은 사치 금지법이 유럽 곳곳에서 앞다투어 제정된 일이에요. 대략 1300년에서 1600년 사이에 사치 금지법은 유럽 전역을 휩쓸었습니다. 처음에는 결혼식이나 장례식 같은 행사에서 지나치게 사치스러운 식사와 선물을 제공하는 것을 규제하는 식이었어요. 그러다가 15세기에 이르게 되면 규제의 초점이 의복으로 옮겨갔어요. 이탈리아를 비롯해 몇몇 나라에서 무역이 확대되면서 아시아의 비단 같은 사치스러운 옷감이 널리 퍼졌기 때문이에요. 언제나 사치스러운 복장으로 권위를 드러냈던 지배 엘리트는 평민이 화려한 의복과 장신구를 욕망하는 일을 두려워했어요. 신분제가 견고했던 사회에서 어떤 옷을 입는가는 신분과 지위, 연령과 젠더를 구별하는 핵심 요소였는데, 이런 질서를 깨뜨릴 수 있는 일이었기 때문입니다. 당시 사람들은 신분 질서가 정상일 뿐만 아니라 영원히 변하지 않는 질서라고 생각했는데, 의복에서 사치를 탐하는 일은 이런 정상 상태를 흔들어놓는다는 것이었지요. 이제 옷으로 그 사람의 정체identity를 확인하는 일이 점점 어려워졌어요. 누가 고귀한 신분이고 누가 비천한 사람인지 구별하는 게 만만치 않은 일이 되었지요. 이런 우려는 유럽 여러 나라에서 사치 금지법이 제정·시행되는 계기가 되었고, 예컨대 독일어를 사용하는 중부 유럽에서는 1244년에서 1816년 사이에 의복을 규제하는 사치 금지법이 1,350건이나 제정될 정도였습니다.

사치를 오만과 무절제, 탐욕, 질시 같은 악덕이 드러나는 일, 다시 말해 도덕의 붕괴로 여겼던 게 사치 금지법이 제정된 주된 배경이었지만, 거기에는 사치가 나라 경제에 미치는 영향에 대한 고려도 있었어요. 검소한 의복은 경제적인 사리 분별을 의미하는데, 이런 분별이 사라져버리면 나라의 부富에도 영향을 준다고 믿었던 것이지요. 이를테면 1363년 잉글랜드에서 제정된 사치 금지법은 "신분과 지위를 어기면서 다양한 사람들이 터무니없이 지나친 의복을 입어 왕국 전체를 크게 무너뜨리고 빈궁하게 한다"라고 강조합니다. 이런 생각은 훗날 중상주의라고 불리게 되는 신념과 연결되지요. 1463년에 제정된 잉글랜드의 또 다른 사치 금지법이 사치스러운 의복을 탐하는 자들은 "잉글랜드 왕국을 빈궁하게 하고 (…) 다른 왕국과 나라들을 부유하게 만든다"고 질타하고 있는 것처럼 말입니다. 이런 비난에는 세상의 부가 한정

3 ── 소비가 지배하는 세계

되어 있다는 생각이 들어 있습니다. 자원이 한정되어 있으니 당연히 질서와 자기 절제를 바탕으로 자원을 아껴야만 나라의 부가 유지될 터인데, 사치가 바로 이런 덕목을 해친다는 것입니다.

이렇듯 소비 욕망, 특히 사치품에 대한 욕망이 국부를 갉아먹고, 개인을 타락시킨다는 생각은 오랫동안 유럽 사회를 지배했어요. 소비가 일상에서 점점 더 중요한 비중을 차지하던 17세기 중반에도 이런 생각의 일면이 여전히 남아 있을 정도였지요. 예컨대 영국의 대표적인 중상주의 저술가 토머스 먼은 이렇게 이야기한 바 있습니다. "우리의 흡연과 음주, 잔치, 패션, (…) 빈둥거리고 쾌락을 추구하면서 시간을 헛되게 쓰는 일처럼 널리 퍼져 있는 영혼의 해악은 우리 몸을 남자답지 못하게 만들고, 우리 지식을 약화시키며, 우리를 가난하게 만들고, 우리의 용맹함을 감소시키며, 우리 사업을 불행하게 만들고, 우리의 적으로부터 조롱받도록 한다. 나는 이러한 낭비 사례에 대해 더 많이 기술하고자 하는데, 그것이 우리의 부를 너무나 많이 낭비하기 때문이다."

소비, 경제를 움직이는 원동력으로 격상되다

한편 이 중상주의자가 사치를 질타하던 바로 그 무렵 소비를 긍정적으로 보는 새로운 시각이 서서히 기지개를 켜고 있었어요. 이런 변화는 인간 본성에 대한 새로운 생각이 등장한 일과 연관되어 있습니다. 사치에 대한 비판은 기본적으로 인간에게 필요한 물건은 제한적이라는 생각에 바탕을 두고 있어요. 그러므로 삶을 영위하는 데 꼭 필요한 최소한의 물건에 만족하며 살아가는 단순

버나드 맨더빌, 『꿀벌의 우화』(1714년판). 맨더빌의
주장은 유럽 지식인 사회에 큰 반향을 불러일으켰다.

한 삶은 자연스러운 반면 단지 새롭다는 이유로 필요하지도 않
은 물건을 탐내는 것은 본성에 충실하지 않은 일이 됩니다. 그런
데 17세기 중반에 니컬러스 바번 같은 저술가는 다르게 생각했
어요. 인간에게는 육체의 필요와 정신의 필요, 두 측면이 있는데
정신이 필요로 하는 것은 무한하다고 주장했어요. 그러면서 당시
런던에서 제일가는 멋쟁이였던 바번은 교역이 일어나는 까닭은
새로운 것과 진귀한 것에 대한 욕망이라고 단언해요. 나라의 교
역이 늘어날수록 사람들은 더 많은 돈을 벌게 되겠지요. 그러면
사람들은 더 많이 소비하게 될 것이니 결국 국왕의 재물도 늘어
난다고 주장했어요. 이런 생각은 18세기 초에 혜성같이 등장한
버나드 맨더빌Bernard Mandeville(1670~1733)이 『꿀벌의 우화』에서
더 극적으로 표현합니다. 개인의 악덕이 곧 공공의 이익이라는
말로 요약되는 그의 주장은 사람의 물욕이 모두에게 이익이 되어

나라를 부강하게 만드는 곳을 그리고 있지요.

맨더빌의 주장은 잉글랜드와 스코틀랜드를 넘어 유럽 곳곳에서 화제가 되었습니다. 개인의 악덕이 공공의 이익이 될 수 있다는 주장은 고대부터 근대 초까지 면면히 내려오던 인간 덕성에 대한 신념을 부정하는 것이었기 때문입니다. 이성을 갖춘 사람은 누구나 덕성을 기르기 위해 노력해야 하고, 그럴 때 정치 공동체가 건강하다는 믿음은 아주 오랫동안 당연하게 받아들여졌어요. 그런데 맨더빌은 소유욕은 이성으로도 통제할 수 없다고 했을 뿐만 아니라 이런 정념이 사회에 유용하다고 주장했으니, 처음에는 다들 기겁했어요. 하지만 맨더빌이 이런 주장을 펼 때 상업이 한창 번성하고 있던 터라 지식인들은 그의 주장을 좀 더 심각하게 생각하지 않을 수 없었습니다. 교역이 발달할수록 소비도 늘어나게 마련이니, 더 풍요로운 물질문화가 인간 덕성에 미치는 영향에 대해 생각해보지 않을 수 없었던 것입니다. 이를테면 계몽사상의 중심지 스코틀랜드에서 지식인은 상업사회에서 인간이 어떻게 도덕적인 존재로 살아갈 수 있는지, 두고두고 논쟁을 벌였습니다.

18세기 중반에 이르면 이 논쟁은 점점 치열해집니다. 한편에서는 소비와 사치에 대한 오래된 견해를 받아들여 소박한 삶과 인간 자유, 건전한 정치사회 사이에 긴밀한 연관관계가 있다고 주장했어요. 장 자크 루소 Jean-Jacques Rousseau(1712~1778)가 대표적인 지식인입니다. 소비 문제로 좁혀서 읽어보면, 루소는 물욕 때문에 자유인이 노예로 전락한다고 생각했어요. 유행에 맞는 의복이나 지나친 안락함 때문에 인간은 진정한 자아에서 소외된다는 것이었지요. 그에게 중요한 것은 인간의 본래 상태, 그러니까 순전한 자아라는 개념과 인간 불평등 극복이라는 과제를 연관 짓는 것이었습니다. 그가 볼 때 공화국은 자유롭고 능동적인 시민을 요구하는데, 시민이 그런 품성을 갖추려면 불평등이 해소되어야 했지요. 그런데 루소가 볼 때, 사치는 바로 이런 평등을 무너뜨리는 힘이었고, 사람을 사물의 노예로 만들어버려요. 그러므로 사치는 비난받아 마땅한 일이지요.

이런 견해에 맞서 사치의 미덕을 찬양한 이들도 있었어요. 데이비드 흄David Hume(1711~1776)이 대표적이지요. 흄도 지나친 사치가 치명적인 문제가 될 수 있다는 점을 부정하지 않았어요. 하지만 그는 소비가 삶을 윤택하게 하고 쾌락을 증진하기 때문에 사회에 유익하다고 주장합니다. 사치 덕분에 백성 모두가 더 풍요롭고 행복해진다는 것입니다. 그런데 흄은 소비, 더 나아가 사치를 인정해야 할 더 중요한 까닭이 있다고 봤어요. 인간 본성과 연관된 문제지요. 그에 따르면, 사치품을 얻으려는 욕망을 억제하면 인간이 게을러지고 삶의 즐거움을 잃어버려 결국 공공의 이익에도 도움이 되지 않는 사람이 되어요. 게다가 게으른 사람은 나쁜 시민이 될 뿐만 아니라 나쁜 군인이 되기도 해요. 그러므로 물건을 소유하려는 욕망을 억제하면 자유를 지키기도 어려워질 수 있어요. 반면에 소비 욕망을 풀어놓으면, 마치 가난한 농부마냥 노예 상태에 순응하지 않으면서도 동시에 귀족처럼 다른 이들을 지배하려고 하지 않는 중간계급이 더 많아집니다. 이들은 더 많은 물건을 얻기 위해서 상업에 매진하고 더 근면해질 것이기 때문에 사회 전체의 인간관계도 개선할 수 있지요.

데이비드 흄은 중간계급의 소비를
새로운 덕성으로 끌어올렸다. 앨런
램지가 그린 초상화(1754).

이런 주장에는 상업이라는 개념에 대한 새로운 관념이 연루
되어 있어요. 이 시대에 상업의 미덕을 찬양했던 이들은 상업이
단지 상품과 서비스를 교환하는 일이 아니라 인간 사이에 일어나
는 교류 전부를 포함한다고 믿었던 것입니다. 그러니 상업이 진
작될수록 교류도 활발해져서 인간은 다른 사람과 어울려 살아가
는 능숙한 도덕적 존재가 된다고 여겼습니다.

흄의 이런 생각을 좀 더 밀고 나간 사상가가 바로 애덤 스미
스Adam Smith(1723~1790)였어요. 흄처럼 인간의 심리에 깊은 관심
을 보였던 스미스는 『도덕감정론』에서 어떻게 물욕이 인간의 처
지를 개선하는 데 도움을 주는지 이야기해요. 스미스가 관찰한
바에 따르면, 사람은 싸구려 보석 같은 아무 쓸모도 없는 작은 사
치품을 잔뜩 지니고 돌아다니곤 합니다. 분명 거추장스러운데도

사람들은 아무런 거리낌 없이 이런 짓을 하면서 점점 더 많은 사치품을 모으지요. 스미스의 표현에 따르자면 사람은 "수없이 많은 인공적이고 우아한 장치"와 사랑에 빠진 듯한데, 왜냐하면 사람들은 그게 "행복에 이르는 수단"이라고 믿기 때문이에요. 물론 그건 착각일 수 있지만, 스미스에게는 그것이 착각인지 여부는 중요하지 않았어요. 오히려 그 효과에 주목했지요. 스미스는 사치품을 얻음으로써 더 행복해질 수 있다는 착각이 인간을 더 나은 존재로 만든다고 생각했어요. 별 쓸모도 없는 사치품을 얻으려고 인간은 땅을 경작하고, 도시를 세우고, 과학과 교통통신을 개선하려는 생각을 품게 되었다고 봤기 때문이지요. 다시 말해 사치는 문명의 밑바탕이 된다는 것입니다.

스미스는 『국부론』에서 이렇게 자기 처지를 개선하려는 인간의 욕망을 진보의 원동력으로 지목했습니다. 그랬기 때문에 그는 유럽 여러 나라에서 제정되었던 사치 금지법처럼 소비를 규제하는 것을 비판하지요. 그에 따르면, 사치는 "현재를 즐기려는 정념"에서 비롯합니다. 이런 정념은 때때로 아주 큰 힘을 발휘해 사람들을 사로잡지만, 자기 처지를 개선하려는 욕망과 비교하면 찰나에 지나지 않습니다. 오히려 개선을 향한 욕망이 있기 때문에 사람들은 부를 축적하고, 이를 위해 절약을 실천하게 되지요. 그래서 스미스는 나라 전체로 보면 절약하는 다수가 낭비하는 소수보다 훨씬 많다고 지적했어요. 그는 이런 사실을 확인하려면 잉글랜드 역사만 봐도 충분하다고 주장합니다. 분명히 잉글랜드는 중세에 비해서 스미스 자신의 시대에 훨씬 부유한데, 이렇게 부유해질 수 있었던 까닭은 절약하는 다수가 부를 축적해왔기 때

문이라는 것입니다. 그러므로 소비는 규제할 필요가 없는 일입니
다. 정치 권력이 명령하지 않아도 개인은 무엇이 자기에게 이익
이 되는지 판단할 수 있고, 그에 따라 저축과 소비를 결정할 테니
말이지요.

스미스에 따르면, 소비는 나라와 백성을 부유하게 만드는 길
이기도 합니다. 오랫동안 소비는 문자 그대로 무엇인가를 써서
없애버리는 일로 취급되어 나라의 부를 갉아먹는 해악이라고 비
난받았지만, 스미스는 이런 생각을 완전히 뒤집어버립니다. 소비
야말로 "모든 생산의 유일한 목적"이라고 주장했던 것입니다. 이
렇게 보면 스미스가 『국부론』에서 많은 지면을 할애해—책의 거
의 4분의 1을 차지하지요—중상주의를 비판한 것도 이해할 만
해요. 중상주의자는 이웃 나라를 가난하게 만들어야 우리 나라
가 부자가 된다고 주장했는데, 스미스는 이런 생각이 부에 대한
오해에서 비롯했다고 봐요. 부는 중상주의자가 주장하는 것처럼
한 나라가 보유하고 있는 금이나 은의 총량으로 가늠할 수 있는

것이 아니라, 국민이 소비할 수 있는 재화와 서비스를 모두 합친 것, 스미스의 표현을 빌리면, '재고 총량'이라고 봐야 한다는 것입니다. 이런 재화와 서비스가 생산과 소비의 순환을 거치면서 늘어날 때 나라가 부유해지는 것입니다. 여기서 반드시 기억해야 할 사실은 스미스가 '재고 총량'이 늘어나는 것 자체를 중요하게 여기지 않았다는 점입니다. 오히려 그가 관심을 가졌던 문제는 국민 모두, 특히 힘없고 가난한 이들도 생산의 결실을 충분히 누리는 것이었지요. 다시 한번 말하지만, 생산의 궁극적인 목적은 소비라고 보았습니다.

이렇듯 오랜 편견과 대결하면서 흄이나 스미스 같은 18세기 계몽사상가는 소비를 정당화했을 뿐만 아니라 더 나아가 소비자 복리를 경제가 제대로 돌아가는지 가늠하는 잣대로 내세웠어요. 17세기 후반부터 빠르게 진행된 교역 확대와 소비 증대가 이런 생각을 뒷받침하는 중요한 원천이었습니다. 이렇게 지식인의 생각이 바뀌면서 사회 전체 분위기도 서서히 달라졌어요.

물론 소비, 특히 사치를 비판하는 목소리는 사라지지 않아요. 이를테면 프랑스혁명 때 루소를 추종했던 이들이 권력을 잡고 사치스러운 귀족을 거세게 비판했을 때 소비를 부정적으로 바라보는 시각이 다시 한번 힘을 얻기도 했지요. 19세기에 산업혁명이 진행되면서 생산력이 급증하고, 19세기 중반 이후 적어도 서유럽에서는 임금이 크게 올라 소비가 급격히 늘어날 때도 이를 우려하는 목소리가 나왔어요. 하지만 18세기 계몽사상가들이 소비를 옹호한 이후, 그리고 실제로 많은 이들이 소비의 즐거움을 맛보게 되면서 소비를 부정하기란 점점 어려워졌습니다. 일단 소비야말로 경제를 움직이는 원동력이라는 생각이 힘을 얻게 되자 수많은 소비자가 이제 죄책감에 시달리지 않고도 소비를 즐길 수 있게 된 것이지요.

5 소비, 일상을 지배하다

부르주아 시대의 개막

18세기에 새로운 소비문화가 등장했다면, 19세기에는 소비문화가 꽃을 피웠어요. 특히 서양에서 그랬지요. 18세기 후반부터 영국을 선두로 유럽 여러 나라에서 산업혁명이 진행되었어요. 산업혁명은 단기간에 집중적으로 일어났다는 뜻에서 혁명이라고 부르기보다는 기술과 생산 조직, 더 나아가 경제생활 구조를 완전히 바꿔놓고, 그 결과 경제와 인구가 지속적으로 성장했다는 점에서 혁명이라고 말할 수 있지요. 영국이 산업혁명을 이끌어 19세기 중반에 이르면 전 세계 공업 생산에서 압도적인 지위를 차지하게 되었고, 그러자 미국과 유럽의 여러 나라들도 영국처럼 산업화에 뛰어들지 않을 수 없었어요. 이런 움직임 덕분에 유럽과 미국의 생산력과 1인당 국내총생산은 오랫동안 세계 경제를 이끌었던 중국이나 인도를 포함한 나머지 세계와 큰 격차를 보이며 앞서갔지요. 이런 현상을 '대분기'라고 부른다는 것은 앞에서 이미 이야기했습니다.

오랫동안 치열한 논쟁이 있었지만, 요즘에는 산업혁명이 적어도 초기에는 노동자의 생활수준을 크게 향상시키지 못했다는 해석이 널리 받아들여지고 있어요. 영국을 예로 들어본다면 기술 혁신이 전 공업 부문에서 동시에 일어나지 않았기 때문에, 기계화가 빠르게 진행된 방직 부문에서는 임금이 크게 떨어진 반면 기계화가 더디게 진행된 직조 부문에서는 임금이 오히려 크게 올랐지요. 그런데 19세기 초에 직조 부문에 기계가 사용되기 시작하면서 다시 수작업을 하던 직조공이 일자리를 잃고 생활수준이 악화되는 일을 겪었어요.

이런 부침이 있지만 전체적으로 보면, 적어도 19세기 중반까지 노동자들의 실질임금이 떨어지고 생활수준이 악화되었다고 볼 수 있습니다. 그사이 중간계급이나 상류층의 생활수준은 향상되었지요. 하지만 19세기 중반부터는 영국은 물론 유럽 여러 나라 국민의 1인당 소득이 증가하는 모습이 뚜렷하게 나타나요. 가장 큰 혜택을 입은 이들은 이번에도 중간계급, 흔히 부르주아라고 불리는 이들이었어요. 19세기는 부르주아 시대라 불릴 만큼 이들이 정치적으로나 사회경제적으로 중요한 세력이 되었는데, 소비도 역시 이들이 주도하게 되었습니다.

백화점의 탄생

소비생활을 이끌어가는 부르주아를 겨냥해 19세기에 새롭게 등장한 소비 공간이 오늘날 우리에게 친숙한 백화점이에요. 백화점이 언제, 어디서 시작되었는지에 대해서는 논란이 분분합니다. 다양한 물건들을 한군데 모아서 팔기 시작한 대형 잡화점을 백화점의 기원이라고 본다면 일찍이 1734년에 문을 연 영국 더비의 베넷Bennetts 잡화점을 최초라고 할 수도 있습니다. 하지만 백화점이라는 이름을 내건 독립된 건물을 짓고 갖가지 상품을 독립 매장에서 정찰제로 판매했던. 그러니까 지금 우리가 알고 있는 백화점은 대략 1850년대부터 유럽과 미국의 여러 도시에서 나타났어요. 원조라고 할 수 있는 백화점은 1852년에 파리에서 문을 연 봉마르셰 백화점입니다. 봉마르셰는 그 후에 탄생한 여러 백화점에도 큰 영향을 주었어요. 파리만 보더라도 1855년부터 1869년까지 루브르 백화점과 통신판매를 주도하게 되는 라벨 자르디니에르, 바자드오텔드빌, 프랭탕, 사마리텐 같은 백화점이 차례로 문을 열었습니다. 비슷한 시기에 미국과 영국에서도 백화점이 속속 들어섰어요. 이를테면 1858년에 뉴욕 메이시 백화점이 문을 열었지요. 런던에서는 1834년에 잡화점으로 시작해서 백화점으로 변신한 해러즈나 리버티 같은 백화점이 등장했습니다.

파리에서 봉마르셰 같은 백화점이 탄생하는 데 큰 영향을 주었던 상점은 '마가쟁 드 누보테'Magasins de nouveautés, 우리말로 옮기면 '새로운 가게' 정도에 해당하는 상점들이었어요. 19세기 중반에 속속 등장한 이 '새로운 가게'에는 기존 상점과는 다른 한 가지 중요한 특징이 있었어요. 18세기 후반까지만 하더라도 소매상점은 기본적으로 한 가지 종류의 물품만 팔았던 반면에 '새로운 가게'는 다양한 품목을 대량으로 팔았던 것이지요.

이런 경향이 제일 먼저 나타난 것은 직물상점이었어요. 가령 '2개의 중국 인형'이라는 상점은 널찍한 매장을 여러 코너로 나누어, 커튼 같은 인테리어용 직물과 옷감용 천, 레이스, 모자, 여성복 같은 여러 품목을 팔았던 겁니다. 그러면서 새로 출시되는 여러 면직물과 비단 신상품을 매주 바꿔가며 전시해서 고객을 끌어들였지요. 게다가 다른 전문상점에 비해 이곳에선 가격이 훨씬 쌌어요. 상품 회전율을 높이기 위해서 보통 40퍼센트에서 60퍼센트에 이르렀던 이윤 폭을 크게 낮췄기 때문이에요. 일부 품목에는 가격 정찰제를 도입해서 고객과 점원이 가격을 흥정하느라 실랑이를 벌이는 일도 없애버렸지요.

봉마르셰 같은 백화점은 이런 '새로운 가게'를 대형화하고 전문화하면서 태어났어요. '새로운 가게'를 엄청난 자본을 투입해야 하는 백화점으로 키울 수 있었던 까닭은 19세기 초·중반을 지나면서 대도시가 출현했기 때문이에요. 잠재적인 고객이 크게 늘었던 것이지요. 19세기 초에 54만 명이었던 파리 인구는 19세기 중반에 100만 명을 넘어섰고, 특히 1850년부터는 단 20년 만에 인구가 60만 명이나 늘었어요. 미국 뉴욕시는 파리보다 더 빨리 성장했지요. 1830년에 18만 5천 명이었던 인구가 1860년에 100만 명을 넘어섰어요. 규모로 보면 파리나 뉴욕에 비해 런던 인구가 훨씬 더 많았어요. 1841년에 런던 인구는 220만 명을 넘었고, 1851년에는 265만 명, 1861년에는 318만 명을 넘어설 정도였으니 말이지요. 그런 만큼 백화점 같은 대형 잡화점이 들어서기에 좋은 조건을 갖췄다고 볼 수 있습니다.

이런 배경 속에서 빠르게 늘어가는 백화점이 소비문화에서 정말로 새로운 전환점이 되었는지에 대해서는 학자들 사이에 논란이 좀 있어요. 어떤 이들은 소비문화에서 일어난 진정한 혁명은 이미 1820년대에 시작되었다고 생각해요. 특히 쇼핑 문화가 바뀌었다고 주장하지요. 쇼핑의 역사는 고대까지 거슬러 올라간다고 볼 수 있어요. 하지만 1820년대부터 쇼핑은 전혀 새로운 면

백화점의 원형이라 할 수
있는 프랑스의 마가쟁 드
누보테. (상)
세계 최초의 백화점인 파리
봉마르셰 백화점. (중)
뉴욕의 메이시 백화점. (하)

모를 보인다는 것이지요. 쇼핑은 본래 물건을 사는 것인데, 이 무렵부터 쇼핑이 단지 물건 구입을 넘어서 그 자체로 목적이 되는 행위, 그러니까 인기 있는 여가 활동이 되었다는 것입니다.

1820년대부터 이런 변화가 시작된 까닭은, 앞서 언급한 것처럼 영국 같은 곳에서 중간계급의 소득이 크게 증가했기 때문인데, 유럽과 미국에서는 이런 변화가 1860년대에 뚜렷하게 나타나기 시작해요. 백화점이 번성하기 시작한 때와 정확하게 일치하지요. 이렇게 볼 때 백화점의 등장은 영국 같은 곳에서 그 이전에 일어났던 쇼핑 문화의 변화라는 맥락에서 이해해야 한다는 것입니다.

'새로운 가게'에서 백화점으로 이어지는 몇 가지 변화도 급격한 단절이라고 보기 어려운 점이 있어요. 백화점이 등장하면서 나타난 쇼핑 행태, 그러니까 휘황찬란하게 밝혀놓은 조명 아래 전면을 유리로 장식한 갤러리를 배회하며 상품을 구경하는 일도 이미 17세기 런던이나 안트베르펜, 파리 같은 곳에서 볼 수 있는 풍경이었다는 것이지요. 18세기에 이런 경향은 더욱 강화되는데, 세기 후반에 도자기업에서 판매 혁명을 이뤘던 웨지우드의 쇼룸이 대표적이라 할 수 있어요. 마찬가지로 18세기가 되면 런던이나 파리 고객들은 물건들을 훑어보면서 가격을 비교하기 시작했습니다. 그전에 전문상점에서 특정 상품만을 판매할 때는 고객이 꼭 사야 할 물건이 있을 때만 상점에 가던 것과 비교하면 큰 변화였지요. 이런 새로운 유형의 고객을 상대하기 위해 상인은 가게 안에 거울을 달고 빛이 잘 들어오는 유리창을 설치해 조명 효과를 내거나 깔끔하고 우아하게 상품을 전시하곤 했습니다.

1800년 무렵이 되면 많은 잡화상이 차나 다른 여러 상품에 정찰 가격을 매기기 시작했고, 직종카드trade card를 배포해서 광고 효과를 거두기도 했어요. 꽤 오랜 시간에 걸쳐 진행된 이런 변화가 집약적으로 나타난 곳이 파리의 '새로운 가게'나 1820년대 런던에 등장한 '몬스터숍'monster shop 같은 상점이었지요.

백화점, 취향과 문화의 공간이 되다

1820년대에 나타나는 여러 가지 변화와 백화점의 특징 사이에 어떤 연속성이 보이는 것은 사실이에요. 하지만 더 중요한 것은 소비자가 변화를 어떻게 경험했는가입니다. 19세기 중후반 유럽인과 미국인은 상품 구매라는 측면에서 완전히 새로운 사회가 출현했음을 알리는 징후로 백화점을 경험했다는 사실을 되새겨볼 필요가 있어요. 백화점은 그 이전에 점진적으로 일어난 유통 혁신을 새로운 유형의 거대한 건축물, 그러니까 철골로 뼈대를 만들어 거대한 유리 지붕을 떠받치는 건물 아래에 통합하고, 수많은 고객에게 강렬하고도 새로운 경험을 제공했기 때문이에요. 백화점의 규모는 과거 어느 상점과도 비교할 수 없을 정도로 컸어요. 도시의 랜드마크라 할 만한 시청사나 화려한 궁전에 견줘볼 수 있는 규모였으니 말이지요.

알렉산더 스튜어트라는 아일랜드 출신 이민자가 뉴욕시 브로드웨이에 1845~1846년에 지었던 미국 최초의 백화점은 '대리석 궁전'이라 불렸어요. 봉마르셰 백화점은 1906년에 이르면 면적이 무려 5만 3천 제곱미터(약 1만 6,033평)에 이를 정도로 넓었지요. 1층부터 지붕까지 이르는 외벽을 모두 판유리로 장식해서 숍윈도가 끝없이 이어지는 것 같은 환상을 불러일으킵니다. 거기에다 백화점은 19세기 후반에 일어난 기술 혁신을 빠르게 받아들였어요. 마셜필드 백화점은 이미 1882년에 전등을 도입했고, 본래 상트페테르부르크에 설립되었다가 모스크바로 옮긴 백화점 뮈어앤미릴리스는 엘리베이터를 갖추기도 했지요. 헝가리 부다페스트에 있던 코빈 백화점의 엘리베이터는 너무 인기가 좋아서 방문객에게 요금을 받을 정도였어요.

이런 거대한 백화점은 고객, 특히 구매력이 있는 상류층과 중간계급 부르주아의 생활에 깊이 침투했어요. 어떤 이들에게는 일상이 백화점을 중심으로 돌아갈 정도였지요. 이를테면 많은 여성 고객의 삶은 1년 내내 물건을 사고 또 사는 소비의 시간으로 바뀌었어요. 오늘날 우리에게는 당연한 일이 되었지만, 19세기 중·후반에 백화점들이 앞다투어 세일을 한 것이 큰 역할을 했지요. 1월에는 새해를 기념하는 세일 행사가 열렸고, 2월에는 봄을 맞이해 집 안을 단장할 직물을 주로 판매하는 '블랑'blanc(백색) 이벤트를 벌였지요. 3월에는 새로운 시즌을 맞이해서 레이스와 장갑, 향수를 출시했고, 4월에서 5월 사이에는 여름옷을 판매하는 이벤트가 열렸어요. 7월부터는 여름 바겐세일이 시작되었고요. 9월에는 가을 시즌을 알리는 카펫과 가구 특별전을 열었고, 10월에는 겨울 시즌을 준비하는 패션쇼를 개최했으며, 12월에는 크리스마스 특별전을 내놓았지요. 지금은 우리 스마트폰에 깔려 있는 백화점 앱으로 행사 소식이 쉴 새 없이 전달되는데, 그 시절 백화점은 고객에게 연간 행사 일정을 알려주는 달력과 수첩을 만들어 배포했어요.

유럽과 미국 대도시에서 처음 등장한 백화점은 곧 유럽 여러 도시는 물론 다른 대륙에도 퍼져나갔어요. 백화점도 19세기 후반에 빠르게 진행되고 있던 세계화의 바람을 탔던 것입니다. 그렇게 보면 백화점은 1851년 런던 만국박람회나 1867년 파리 만국박람회 같은 박람회에 견줄 만한 현상이었어요. 만국박람회는 세계 각국의 생산물을 전시해 문화와 시장의 경계를 넘나드는 곳이었지요. 백화점도 비슷했어요. 세계 곳곳에서 들어온 상품을 고객에게 소개했던 것입니다. 몇몇 백화점은 세계 여러 도시에 지점을 설립해 자본과 지식, 취향이 국경을 넘나드는 데 기여했어요. 실제로 이 시대 백화점이 고객에게 제공하는 상품의 종류는 엄청나게 다양해졌어요. 원래 백화점은 주로 직물 제품을 팔았는데, 1860년대부터 가구나 카펫 같은 가정용품이나 우산과 지갑, 가방, 부채 같은 잡화를 팔기 시작했지요. 게다가 백화점은 일본이나 중국에서 들어온 도자기와 자개, 칠기 같은 수입품을 팔아 고객이 실제로 여행을 떠나지 않고도 세계를 경험하는 듯한 환상을 불러일으키기도 했습니다.

전 세계에서 들여온 다양한 상품을 팔았기 때문에 백화점은 때때로 고객에게 새로운 취향을 불어넣고 유행을 선도하는 역할을 해야 했어요. 이것은 백화점 자체가 고객에게 새로운 삶의 방식을 교육해야 했다는 것입니다. 이 점에서 특히 중요하게 기여했던 것은 온갖 삽화를 실어 구매욕을 자극하고 고객을 교육했던 백화점 카탈로그였어요. 초창기부터 백화점은 봄여름과 가을겨울에 맞춰 정성껏 만든 정기 카탈로그를 나눠줬고, 각종 기획 상

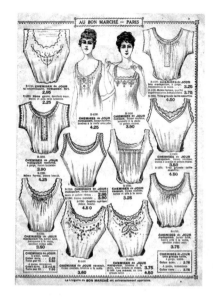

초기 백화점에서는 철마다 카탈로그를 발행해 고객의 관심을 끌고자 했다. 파리 봉마르셰 백화점에서 1916년에 발행한 카탈로그의 일부.

품전을 알리는 카탈로그를 수시로 제작해서 배포했습니다. 이런 카탈로그는 이를테면 부르주아 가정이라면 최신 유행의 새로운 가구로 식당을 꾸미고, 냅킨은 천으로 된 제품을 사용해야 하며, 창문에는 레이스 커튼을 달아야 한다고 일깨워주었어요.

또 다른 예를 보면, 1870년대에 발간된 어느 여름휴가 시즌 카탈로그는 부르주아 가정의 부인에게 이번 여름에는 어떤 수영복을 입어야 하는지 알려주었고, 그 남편에게는 어떤 운동복을 입으라고 추천했지요. 고객은 이런 '취향의 교육'에 충실히 따르면서 유행에 뒤처지지 않으려고 애썼습니다. 그러니까 백화점은 부르주아나 상류층 고객의 취향을 파악해 반영하면서도 다른 한편으로는 고객의 취향을 형성해나가는 힘이기도 했습니다.

일차적으로 소비의 공간이었던 백화점은 동시에 고객에게 오락과 여흥을 제공하여 고객을 끌어들였어요. 2차 산업혁명의 산물인 강철과 유리로 지어진 큰 건물에 으리으리한 장식으로 치장한 데다 엘리베이터까지 갖춘 백화점은 곧 누구나 한번쯤 가보고 싶어 하는 도시의 명물이 되었습니다. 시골에서 도시를 구경하러 온 사람이나 다른 나라에서 온 여행객에게 백화점은 심지어 관광 명소가 되기도 했지요. 실제로 19세기 후반 백화점은 하루에 몇 차례씩 안내인이 따라붙는 투어를 진행하기도 했어요. 호기심을 자극하는 세계 각국의 진귀한 상품을 매일 새롭게 진열하고, 아름다운 꽃과 장식품으로 공간을 꾸민 데다 아름다운 음악까지 연주해주었으니, 백화점은 꼭 물건을 구입하지 않더라도 볼거리로 가득했기 때문이지요.

더 나아가 백화점은 아예 방문객을 위해서 특별한 오락과 여흥을 제공하기도 했어요. 이를테면 봉마르셰 백화점은 매장과 별도로 문화 공간을 운영했습니다. 매일 오후에 저명인사의 강연을 열었고, 때때로 콘서트를 개최하기도 했어요. 특히 매년 1월과 9월에 열었던 시즌 개막 콘서트는 하룻밤에 무려 7천 명이 몰려들 정도로 성황을 이뤘어요. 1880년대에는 아예 매장을 무대로 꾸미면서 오페라를 선보이기도 했습니다. 더군다나 도서실과 전시관을 만들어 고객이 한가롭게 책을 읽거나 작품을 감상할 수 있도록 했어요. 고객은 이런 곳에서 잠시 쉬거나 친구를 만날 수도 있었는데, 봉마르셰 측에서는 이런 이들에게 무료 샌드위치나 케이크, 차를 제공하기도 했습니다.

개성의 상실, 아니면 합리적 소비?

이렇게 고객을 끌어들이기 위해 온갖 노력을 기울인 결과 백화점
은 19세기 후반에 새로운 소비문화의 핵심 공간으로 자리 잡을
수 있었어요. 이 시기에는 전통적인 귀족 신분이 상대적으로 쇠
락을 경험하는 한편 부르주아의 사회적 위상이 점점 높아졌는데,
백화점은 이런 사회 변화를 재현하면서 동시에 변화를 가속하는
역할을 담당했어요. 높은 구매력을 갖추게 된 부르주아가 백화점
에서 물건을 사고 많은 시간을 보내면서 자기 처지를 과시할 수
있게 되었던 것이지요. 백화점에서는 전통적인 신분보다는 누가
얼마나 많은 상품을 소비하고, 이 새로운 문화 공간을 어떻게 즐
기느냐가 중요했기 때문입니다. 이렇게 볼 때, 백화점은 부르주
아의 자기정체성 형성에 아주 중요한 공간이 되었어요.

특히 부르주아 여성에게는 가정이라는 사적 영역에서 벗어나
더 넓은 세상을 마음껏 누리는 해방의 공간처럼 보이기도 했어
요. 하지만 이런 일에는 위험도 따르기 마련이었어요. 여성의 존
재가 분명하게 노출되는 공간이었기 때문에 사회적인 기대와 어
울리지 않는 행동을 하거나 말을 하면 여성성을 잃어버렸다고 비
판받을 수도 있었기 때문이지요. 더 넓은 맥락에서 보면, 백화점
은 고객을 모두 소비의 노예로 만들어 자아를 잃어버리도록 유혹
하는 공간처럼 보인다는 문제도 있었습니다. 백화점 자체가 이
시대 소비문화의 결정체라고 볼 수 있었으므로 소비사회에 대한
불안과 공포가 백화점이라는 공간을 통해서 자연스럽게 다시 수
면 위로 떠오르게 된 것이지요.

그래서 20세기 초 사회학자 게오르크 짐멜은 백화점이 대표하는 소비문화가 인간성 상실을 낳는다고 비판하기도 했어요. 그에 따르면 새로운 소비문화는 사물과 인간 사이의 조화를 무너뜨리고 있었어요. 백화점이 있던 대도시에서 사람과 사물 사이의 관계는 허위로 가득하고 피상적인 것이 되었다는 말입니다. 그는 "소비의 확대는 객관적 문화의 성장에 달려 있으니 사물이 더욱더 객관적이고 개인과 상관없는 것으로 바뀔수록 그것은 더 많은 사람에게 편리하다"라고 지적합니다. 우리가 소비하는 사물이 점점 더 개별 인간의 손길과는 거리가 멀어졌다는 말입니다. 예전에는 장인이 공들여 만든, 일종의 예술 작품이었던 사물이 이제는 언제라도 교환할 수 있는 대량생산 제품으로 바뀐 것이에요. 넓게는 이런 변화가 사회관계에 영향을 주기 때문에 문제가 심각하다고 생각했어요. 예전에는 '도시의 공기가 당신을 자유롭게 한다'라는 말이 통했다면, 이제 도시의 자유는 환상에 지나지 않는다는 것이었지요. 물론 사람들은 물건을 마음껏 구입하는 자유를 누렸지만, 그들이 소비자로서 가치를 인정받는 만큼 개성을 가진 인간으로서의 가치는 사라지고 말았다는 것입니다. 이를테면 백화점 점원에게 고객 개인이 가지고 있는 가치 따위는 아무런 의미가 없고, 고객은 그저 수없이 많은 소비 대중 가운데 한 사람으로 취급될 뿐이라는 것이었지요.

짐멜보다 한 세대쯤 뒤에 독일의 철학자 발터 벤야민도 백화점을 "소비라는 종교적 도취에 바쳐진 사원"이라 부르면서, 백화점이 인간의 개성을 말살한다고 비판했어요. 이런 생각은 20세기 사상가들에게 큰 영향을 주었지요. 하지만 이런 비관적인 진단은 19세기 중후반 이후에 사람들이 백화점을 어떻게 경험했는가, 다시 말해 실제 삶의 경험과는 거리가 좀 있어요. 많은 이들은 백화점 쇼핑이 현실에 순응하는 대중을 낳고, 더 나아가 도덕적으로 타락시킨다는 생각에 공감하지 않았습니다.

특히 비판의 초점이 되었던 여성의 소비 행태에 대해서도 오히려 백화점이 여성에게 공적 공간을 열어주었다는 생각이 더 지지를 얻었지요. 19세기 후반 곳곳에 등장했던 박물관 같은 새로운 공공시설이 그랬듯, 백화점도 여성이 좀 더 세련된 취향을 계발하는 데 도움을 주었을 뿐만 아니라 쇼핑 자체도 여성이 더 합리적인 소비자가 되는 데 기여했다고 여겼던 것이지요.

백화점의 공격적인 광고조차도 여성을 그저 수동적인 희생양으로 만든 것은 아니라는 이야기가 나왔습니다. 다양한 안내 책자를 섭렵해 품질과 가격을 결정하는 법을 익힌 여성 소비자가 광고나 판매원의 감언이설에 속아 넘어가는 일은 거의 없었다는 것입니다. 백화점에서 인간관계가 사라져버린다는 주장도 과장이라고 생각했습니다. 짐멜의 주장과 달리 백화점 판매원은 고객을 그저 이름 없는 대중 가운데 한 사람으로 대해서는 좋은 성과를 거둘 수 없었으니까요. 판매원에게는 충성스러운 고객층이 필요했으므로 그만큼 고객과 친밀한 관계를 맺으려 했다는 것입니다.

이렇게 19세기 후반에서 20세기 초에 백화점에서 일어난 소비는 복잡한 면모를 갖고 있어요. 물론 백화점이 당시 소비문화 전체를 지배했던 것으로 이해해서도 곤란하지요. 화려한 백화점과는 거리가 멀지만, 그래도 여전히 사람들의 일상 소비생활에서 중요한 자리를 차지했던 공간이 여럿 있었습니다. 백화점에 갈 수 없거나 백화점을 거부했던 사람들은 소박하게는 길거리 노점 상부터 백화점에 대한 대안으로 속속 등장했던 협동조합 상점까지 다양한 공간을 이용할 수 있었습니다. 실제로 1914년 서유럽에서 백화점이 소매업 가운데 차지하는 비중은 3퍼센트가 채 되지 않았고, 미국에서도 그 비중은 서유럽보다 조금 높았을 뿐입니다. 그러니 지극히 다양하고 규모가 천차만별인 소매상이 많았겠지요. 이를테면 1910년 독일 함부르크에는 2만 1천 개의 상점이 있었는데요. 주민 44명마다 상점이 하나씩 있었던 셈입니다. 이 숫자는 반세기 전 함부르크 소매상점 전체 숫자보다 두 배나 많은 것이므로 경쟁이 아주 치열했다고 볼 수 있겠지요. 그런 만큼 백화점이 고객을 끌어들이기 위해 혁신을 거듭했던 것처럼 작은 소매상점도 광고와 포장, 진열 같은 여러 방면에서 혁신을 거듭해야 했어요. 이렇게 볼 때, 19세기 중반 이후 몇 세대는 소매업에서 혁명이 일어났던 시기라고 해도 좋을 것입니다.

한국 백화점의 역사

소매업 전체에서 백화점이 차지하는 비중은 크지 않았지만, 백화점은 근대 소비문화의 첨단 그 자체로 여겨졌기 때문에 당시 서구화를 갈망하고 있던 세계 여러 지역으로 퍼져나갔어요. 한국에서는 식민화와 함께 빠르게 확산된 근대의 일면으로 백화점이 들어왔지요. 을사늑약이 체결된 직후인 1906년에 일본 최초의 백화점이었던 미쓰코시 백화점이 경성출장대기소를 설립하면서 한국에서 백화점의 역사가 시작되었어요. 이곳은 처음에 일본 전통의상인 오복吳服을 파는 데 그쳤지만, 1929년에 정식 지점으로 승격되면서 제대로 된 백화점의 모습을 갖췄지요. 이른바 문화통치 시기에 '모던' 바람이 불면서 상류층 사이에 서양 소비문화가 퍼지기 시작했는데, 이런 경향을 반영한 것이라 볼 수 있습니다.

1930년에 지금의 신세계백화점 본점 자리에 새로 지어진 미쓰코시 백화점은 경성을 대표하는 백화점이 되었어요. 지하 1층, 지상 4층 규모였는데, 당시로서는 대단한 규모였지요. 거기서 일하는 종업원만도 360명이나 되었어요. 그 시절에 미쓰코시 백화점이 근대를 상징하는 공간이었다는 점은 일제강점기 소설가 이상의 대표작 「날개」만 봐도 알 수 있습니다. 이 작품에 나오는 한 대목, "나는 어디로 어디로 들입다 쏘다녔는지 하나도 모른다. 다만 몇 시간 후에 내가 미쓰코시 옥상에 있는 것을 깨달았을 때는 거의 대낮이었다"라는 대목만 봐도 미쓰코시 백화점이 널리 알려져 있었다는 것을 쉽게 짐작할 수 있지요.

1930년대 초에는 미쓰코시뿐만 아니라 초지야, 미나카이 같은 일본 백화점이 들어서면서 일본인뿐만 아니라 한국인 사이에서도 인기를 끌었어요. 그런 만큼 상류층 고객을 상대하는 한국인의 기존 상점들이 위협을 느꼈겠지요. 그러자 한국인 자본으로 백화점을 열어 일본 백화점의 위세에 맞서려는 노력이 나타났어요. 평안도 출신 상인이었던 박흥식이 종로 2가에 있던 귀금속 상점 화신상회를 인수해 1931년에 화신상회라는 백화점을 열었던 것이지요. 이듬해에 박흥식은 최남이 세운 동아백화점을 인수해서 화신상회의 규모를 더 키웠어요. 1934년에는 화신상회를 주식회사 화신으로 개명한 뒤, 화신연쇄점을 열어 우리나라 최초로 연쇄점 사업을 시작하기도 했습니다. 그런데 곧 불행이 찾아왔습니다. 1935년, 종로 화신백화점에 화재가 나서 건물 대부분과 상품이 타버렸던 겁니다. 손실이 50만 원에 이르렀습니다. 하지만 박흥식은 재난을 기회로 삼았어요. 조선총독부의 협조를 얻어 예전 종로경찰서 건물을 빌려 불이 난 후 열흘도 되지 않아 영업을 재개하는 한편, 화재로 폐허가 된 자리에 새로운 건물을 지었지요. 르네상스 양식으로 지은 초현대식 건물이었는데, 지하 1층에 지상 6층 규모로 1층 외벽은 화강암으로 처리하고 현관 주위는 대리석을 깔아 웅장한 느낌을 주었습니다. 건물 안에는 에스컬레이터까지 갖췄어요. 이 화신백화점은 충무로 일대에 있던 미쓰코시와 초지야, 미나카이, 히라다 같은 일본계 백화점과 경성 도심 상권을 양분하며 발전했어요.

일제강점기에 등장한 한국의 백화점은 해방과 한국전쟁을 거치면서 어려운 시절을 보내야 했습니다. 해방 직후 미쓰코시 백화점은 미군정 당국에 의해 적산敵産으로 지정되면서 한국인에게 양도되어 동화백화점으로 바뀌었다가, 한국전쟁 이후에는 미군의 PX로 전락했어요. 그러다가 1950년대 중반에 강희원이 동화백화점을 인수해 영업을 시작합니다. 하지만 1960년대 초에 다시 위기를 맞이하게 되었는데, 4·19혁명 이후로 정부가 외국산 제품 판매를 금지하면서 영업이 어려워졌던 것입니다. 5·16쿠데타 직후 동화백화점은 동방생명이 인수했는데, 그 후 동방생명이 삼성으로 넘어가면서 지금의 신세계백화점으로 이름이 바뀌었습니다.

화신백화점은 해방 후에 모회사였던 화신주식회사에서 독립했다가 다시 합쳐지고, 한국전쟁 때는 물자가 부족해 일반인에게 임대되는 등 혼란을 겪었습니다. 전쟁이 끝나고 나서야 화신백화점은 본격적으로 영업을 시작해서 1970년대까지 꽤 번성했습니다. 하지만 지나치게 공격적으로 투자를 진행하는 바람에 1980년대에는 화신백화점을 포함해 모든 계열사가 해체되고 말았어요. 그러는 사이 경제개발계획 시대의 근대화 바람을 타고 롯데백화점이나 미도파백화점 같은 대형 백화점이 등장했지요. 특히 1980년대 한국 경제가 호황을 누리면서 중산층의 구매력이 향상되자 여러 백화점이 속속 개장했습니다. 특히 아파트 건설 붐이 일어나 강남과 강북에 새로운 인구 밀집 지역이 생겨났고, 그런 곳에 백화점이 속속 들어섰지요. 이렇게 백화점이 난립하던 상황은 1997년 외환위기 이후 대규모 구조조정 바람이 불면서 다시 한번 정리됩니다. 롯데와 신세계, 현대 같은 대기업 계열의 백화점만 주로 살아남아서 서울은 물론 지방에도 지점을 운영하고 있어요.

20세기 중반 이후, 특히 한국 경제가 빠른 속도로 성장하던 1960년대 이후에 백화점은 한국인이 소비를 바라보는 시각을 바꿔놓았다고 볼 수 있어요. 경제 성장으로 큰 혜택을 입었던 상류층은 물론 중간계급이 소비에 대해서 새로운 태도를 갖게 되었던 것입니다. 상류층은 오랫동안 사회적 지위를 드러내는 방편으로 소비를 대해왔지만, 한국 중간계급 사이에서 이런 열망은 잘 드러나지 않았어요. 일제강점기부터 한국전쟁 직후까지 한국은 너무 가난한 나라였기 때문에 중간계급이 두텁지 않았던 데다 그들에게조차도 소비는 기본적으로 일상의 가장 기본적인 욕구를 충

오른쪽에 있는 건물이 종로 2가에 있었던 화신백화점이다(1966). 사진 김천길 전 AP통신 기자.

족하는 행위였을 뿐이었지요. 바로 이 중간계급이 1970년대 이후 경제 성장의 과실을 누리기 시작하면서 최신 유행을 좇는 일을 당연하게 여겼을 뿐만 아니라 삶의 모든 영역에서 자신을 다른 사회 계급과 구별하는 것을 중요하게 여기게 되었어요. 이런 욕구가 백화점이라는 새로운 소비 공간에 투사되기 시작했지요. 백화점은 최신 유행을 이끌었을 뿐만 아니라 하층계급은 쉽게 접근하기 어려운 공간이었으니 말이에요. 시간이 흐르면서 백화점 역시 고객의 이런 구별 욕구에 발 빠르게 대응했어요. 1990년대 이후로 우리나라 백화점에 세계 각국의 명품 브랜드가 지점을 내기 시작했는데, 처음에는 상류층이 빈번하게 명품숍을 이용하더니 이제는 스스로를 중산층이라 여기는 사람들도 백화점 명품숍을 애용하게 된 것입니다.

교외의 형성과 쇼핑몰의 등장

19세기 중반에 미국과 유럽에서 나타나 부르주아와 상류층 소비자를 매혹했던 백화점은 20세기 중반까지 소비문화를 이끌어가는 중요한 공간이었습니다. 그런데 2차 세계대전 직후 1950년대에 지금 우리에게 친숙한 쇼핑몰이라는 새로운 공간이 등장하면서 백화점은 순식간에 소비문화의 꽃이라는 자리에서 내려와야 했어요. 쇼핑몰은 백화점의 매력, 그러니까 근사한 대형 공간에서 온갖 최신 상품을 둘러볼 수 있다는 장점을 그대로 유지하면서도 백화점보다 훨씬 규모가 큰 공간에 푸드코트와 영화관처럼 여가를 즐길 수 있는 시설을 갖췄습니다. 앞에서 살펴본 대로 백화점도 물론 쇼핑을 여가 활동으로 바꾸는 데 크게 기여했지만, 쇼핑몰은 백화점보다 훨씬 더 다양한 계층의 소비자를 매혹했다는 점에서 차이가 있어요. 이런 차이보다 어쩌면 더 중요한 쇼핑몰의 핵심적인 특징은, 백화점처럼 시내 중심부에 자리 잡은 것이 아니라 교외에 둥지를 틀었다는 점입니다. 그러니까 쇼핑몰의 등장은 주거 공간이 시내에서 교외로 옮겨진 것과 긴밀하게 연관된 현상이었다는 것이지요.

쇼핑몰이라는 단어가 어디에서 나왔는지는 분명하지 않아요. 흔히 말하기로는 1950년대 후반 미국에서 쇼핑센터에 '몰'mall이라는 이름을 붙였던 데서 비롯했다고 합니다. 이를테면 1962년 켄터키주 루이빌에서 개장했던 대형 쇼핑센터는 아예 '더 몰'The

Mall이라고 불리기도 했어요. 그런데 최근에 어느 역사학자는 쇼핑몰이라는 이름의 뿌리를 대서양 건너 영국 런던에서 찾았어요. 런던 웨스트민스터 지역에 팰맬Pall Mall이라는 거리가 있지요. 팰맬이라는 이름은 17세기에 영국인이 즐기던 골프와 비슷한 운동 경기 이름에서 딴 것인데, 팰맬 거리 자체는 거리 양편에 큰 나무들이 그늘을 드리우는 아름다운 산책로였어요. 여기에 17세기 후반에 고급 주택이 들어서기 시작했고, 18세기에는 고급 상점들이 속속 문을 열어 런던 상류층이 쇼핑과 산책을 즐겼지요. 1807년에는 공공장소 가운데 처음으로 가스등을 설치할 정도로 인기 있었습니다. 바로 이 팰맬에서 '몰'이라는 이름이 나왔다는 것인데, 18세기로부터 한참이나 지난 1950년대 후반에 미국인이 쇼핑센터에 왜 이런 이름을 붙였는지는 알 수 없지요.

이름의 뿌리야 어쨌든 1950년대 후반부터 미국 교외에 쇼핑몰이 하나둘 들어섭니다. 교외가 역사에 등장한 것은 사실 영국이 먼저입니다. 18세기 후반에 런던 인구가 빠르게 늘어나면서 귀족이나 부유한 상인이 시끄럽고 복잡한 시내 주택이나 상점을 그대로 두고, 마차로 쉽게 이동할 만한 거리에 있는 런던 외곽 지역에 저택을 짓기 시작했어요. 이런 지역은 오랫동안 도시에 농산물을 공급했던 인근 농촌과는 달랐습니다. 교외는 생산 기능이 전혀 없는 생활 공간이었으니 말이지요. 교외는 19세기에 더욱 빠르게 형성돼갔어요. 예전에 상류층은 값비싼 개인 마차를 이용해 교외와 시내를 오가곤 했지만, 19세기에는 기차와 전철이 놓이면서 중간계급도 교외에 터전을 마련하기 시작한 것입니다. 이때부터 통근자commuter라는 개념이 생겼습니다. 하지만 런던의 교외에서는 훗날 등장하는 쇼핑몰처럼 거대한 쇼핑센터가 들어서지 않았어요. 교외에 거주하는 사람들이 그렇게 많지도 않았고, 그들에게는 백화점이나 수많은 상점이 여전히 매력적인 쇼핑 공간이었으니까요.

교외가 전형적인 주거와 생활 공간으로 자리 잡은 것은 20세기 중반이었어요. 미국에서 그랬지요. 특히 대공황 시기부터 2차 세계대전 직후까지가 교외 형성의 역사에서 중요한 분기점을 이뤘어요. 몇 가지 이유가 있습니다. 먼저 미국인이 이용하는 교통수단이 달라졌습니다. 자동차가 미국인 가정에서 첫 번째 교통수단이 되었던 거지요. 앞에서 살펴본 것처럼 20세기 초부터 1920년대 후반까지 생산된 포드자동차의 모델 T는 무려 1,500만 대 이상 팔렸습니다. 1920년대 중반에는 GM도 450만 대에 이르는 자동차를 팔았지요. 포드자동차가 모델 T 생산을 중단하는 1927년이 되면 한 가정이 자동차 두 대를 보유하기도 할 정도로 자동차는 상류층과 중간계급, 심지어 상층 노동계급 사이에 널리 퍼졌어요. 자동차를 제대로 운행하려면 차가 다닐 만한 도로가 있어야 하겠지요. 이 점에서 대공황을 극복하기 위해 시작된 뉴딜 정책이 크게 기여했어요. 뉴딜 정책의 일부로 공공 건설 사업이 활발하게 일어났는데, 그 가운데 도시 내부와 주와 주를 연결하는 고속도로 건설 사업이 포함되어 있었습니다. 그 덕분에 자동차는 아주 편리한 교통수단이 될 수 있었어요.

교통수단의 변화와 함께 고려해야 할 점은 미국 정부가 교외 주택 건설에 도움을 주기 시작한 일입니다. 역시 대공황 시기에 중요한 변화가 일어났어요. 1934년에 연방의회는 집을 사려고 돈을 빌리는 사람에게 정부가 담보대출을 보증하는 국민주택법 National Housing Act을 제정했어요. 이 법에 따라 담보대출액을 정하려면 집값을 평가해야 하는데, 오래되었거나 위험 요소가 많은 시내 주택보다는 새로 지은 교외 주택에 더 높은 값을 매겼지요. 그래서 점점 더 많은 사람이 교외 주택을 원하게 되었고, 그 결과 교외 주택 건설 붐이 일어나게 되었어요. 2차 세계대전이 끝난 직후에도 비슷한 일이 벌어졌어요. 1944년에 전장에서 돌아온 군인들이 사회에 잘 복귀하도록 여러 도움을 주는 제대군인원호법GI Bill of Rights이 제정되었는데, 거기에 주택 구입에 대한 지원이 포함되어 있었던 것입니다. 여기에 더해 1956년에 연방지원고속도로법Federal Aid Highway Act이 제정되어 대공황 시기에 시작된 고속도로 건설 사업이 진행된 일도 교외 주택 건설 붐에 한 몫했어요. 이 법에 따라 10여 년에 걸쳐 총연장 4만 1천 마일(약 6만 5,983킬로미터)에 이르는 고속도로가 건설되었으니까요. 그 덕분에 도시와 교외 지역이 더욱 촘촘하게 연결되었지요.

이런 여러 변화에 힘입어 미국은 다른 어떤 나라보다도 교외가 잘 발달하게 되었어요. 어찌 보면 교외는 드넓은 영토를 보유한 미국에 제일 적합한 주거와 생활 공간이었다고도 볼 수 있겠어요. 대공황 시대부터 1950년대에 건설된 넓은 주택단지는 그 자체로 엄청난 소비 수요를 만들어내는 공간이었습니다. 새 집으로 이사 가면 으레 그렇듯, 미국인도 새로 지은 교외 주택에 입주하면서 가재도구부터 가전제품과 자동차 같은 내구소비재까지 온갖 물건을 사들였지요. 그 결과 교외 지역이 미국에서 지출과 소비가 가장 많은 곳으로 떠올랐어요. 가령 1953년 통계를 보면 미국 내 교외 거주자는 3천만 명 정도로 전체 인구의 19퍼센트를 차지했지만, 이들의 소비가 미국인 전체 소비의 29퍼센트를 차지했으니 말이지요. 이렇게 소비가 왕성한 교외 소비자를 겨냥해 고속도로 주변이나 큰 교차로 근처에 상가가 들어선 것은 어쩌면 자연스러운 일인지도 모르지요. '스트립'strip이라고 불리는 길쭉한 띠 형태의 상가가 미국 도시 주변 곳곳에 나타난 것입니다. 그러다 보니 한 가지 문제가 생겼어요. 상가가 무분별하게 들어서서 미관을 해치고 같은 체인에 속한 상점이 여기저기 문을 열어 교외 풍경이 다 비슷해져버린 것이지요.

쇼핑몰, 소비 풍경과 일상 경험을 바꾸다

이런 문제를 해결한 사람은 '쇼핑몰의 아버지'라 불리게 되는 빅터 그루엔Victor David Gruen(1903~1980)이었어요. 그루엔은 오스트리아 출신 유대인으로 대학에서 건축을 전공했어요. 열렬한 사회주의자였던 그는 1938년 나치의 유대인 탄압을 피해 미국으로 건너왔어요. 무일푼이었던 그루엔은 곧 디자인에서 재능을 보였어요. 뉴욕 고급 상점의 실내외 디자인 일을 하면서 명성을 얻기 시작했습니다. 그러다가 상업과 건축에 대해 한 가지 흥미로운 생각을 떠올리게 되었어요. 대공황이 아직 계속되던 때라 사람들은 쇼핑을 꺼리고 상점주도 투자를 주저했지만, 그루엔은 가게를 아름답게 장식하면 손님을 끌어모을 수 있다고 생각했던 겁니다. 특히 교외 상업 지구에 관심을 돌리게 되었어요. 온갖 상점이 난립하고 있던 교외 상업 지구에 여러 기능을 갖춘 쇼핑센터를 상상했던 것이지요. 여기에는 거대한 쇼핑센터뿐만 아니라 아파트와 사무실, 병원, 그리고 육아 시설부터 도서관과 방공호까지 갖춘다는 구상이었어요. 2차 세계대전이 끝난 후에 이런 상상을 실현할 기회가 찾아왔습니다. 디트로이트에 들어설 허드슨 백화점을 설계해달라는 의뢰가 들어왔던 거지요. 그루엔은 시내에 백화점을 지으려 했던 의뢰인에게 교외에 쇼핑센터를 지어야 한다고 설득했어요. 고객이 주로 교외에 살고 있으니 교외가 낫다는 이야기였지요. 결국 그루엔의 주장이 받아들여져 디트로이트 교외 노스랜드에 쇼핑센터가 지어졌습니다.

1954년에 개장한 노스랜드 쇼핑몰은 한 번도 본 적 없는 새로운 공간이었어요. 쇼핑센터를 대표하는 상점으로 허드슨 백화점이 들어섰습니다. 이 백화점을 중심으로 삼면에 작은 상점들을 여러 개 배치했고, 바깥쪽에 대형 주차장을 마련했어요. 쇼핑센터 내부에는 그루엔이 어린 시절을 보낸 오스트리아 빈의 도심 같은 분위기를 연출했어요. 예쁘고 개성 넘치는 상점들을 배치하고, 그사이에 노천카페를 배치해서 고객이 여유롭게 여러 상점을 둘러보거나 카페에 앉아 한가롭게 시간을 보낼 수 있도록 해주었지요. 쇼핑센터 내부를 아름답게 꾸미기 위해서 엄청난 양의 꽃과 식물을 들여놨고, 인공폭포를 만들고 여러 조형물을 설치했어요. 군데군데 벤치를 놓아 고객이 쉴 수 있도록 배려했지요. 고객을 즐겁게 해주는 오락 시설도 잊지 않았습니다. 볼링과 아이스스케이팅을 즐길 수 있는 시설을 마련했고, 연극을 비롯해 각종 공연과 전시를 개최할 수 있는 공간도 배치했지요.

1956년에 그루엔은 미네소타 미니애폴리스에 사우스데일 쇼핑센터를 설계하게 되었어요. 노스랜드 쇼핑몰은 야외 쇼핑몰이었던 반면 사우스데일 쇼핑센터는 공간 전체를 지붕으로 덮은 완벽한 실내도시로 계획했습니다. 그래서 사우스데일 쇼핑센터를 흔히 미국 최초의 쇼핑몰이라고 부르기도 해요. 규모도 엄청났습니다. 면적은 81만 제곱피트(약 2만 2,763평)나 되었고, 주차장은 차를 한꺼번에 5,200대를 수용할 수 있을 정도로 컸지요. 2개의 대형 백화점이 쇼핑센터를 대표하는 상점이 되었고, 이 두 백화점을 잇는 2층으로 된 길을 따라 여러 상점을 배치했어요. 쇼핑센터 한가운데는 5층 높이에 이르는 거대한 돔 천장을 세우고, 그 아래에 광장을 마련했습니다. 겨울이 긴 미니애폴리스 날씨와는 전혀 관계없이 언제나 쇼핑을 즐길 수 있도록 실내 온도를 조절하는 시스템을 구축하기도 했어요. 그래서 고객은 항상 따뜻한 봄날 같은 기분을 느낄 수 있었지요.

이렇게 해서 장차 쇼핑몰의 기본 원칙이 마련되었어요. 우선 도심이 아니라 교외에 지어야 하고, 반드시 넓은 주차장을 갖춰야 했지요. 그리고 사람들이 쇼핑센터 안에서는 걸어 다니도록 설계했어요. 사람들이 보통 얼마나 걷는지 치밀하게 계산해서 몰의 길이를 결정했습니다. 고객이 이동하는 경로도 세밀하게 설계해서 가능한 한 많은 상점을 지나가도록 엘리베이터와 계단을 몰의 양쪽 끝에 배치했지요.

그루엔은 쇼핑몰을 단지 쇼핑 공간으로만 여기지 않고 사람들이 서로 친밀하게 교류하는 공간으로 생각했어요. 중세 도시에서 광장이 그랬듯, 사야 할 물건이 없어도 모두 나와서 서로 안부를 묻고 대화를 나누는 그런 공간 말이지요. 바쁘게 살아가는 현

빅터 그루엔이 설계한 최초의 쇼핑몰인 디트로이트의 노스랜드 쇼핑몰. 넓은 주차장에 빼곡하게 주차된 자동차들이 인상적이다.

빅터 그루엔이 설계한 두 번째 쇼핑몰 미니애폴리스의 사우스데일 쇼핑센터의 내부.

3 —— 소비가 지배하는 세계

대인이 이런 사교의 즐거움과 여가를 누리고, 쇼핑몰에서 교육적인 내용을 맛볼 수 있다면 잃어버린 공동체 의식을 되찾을 수도 있다고 믿었던 것입니다. 하지만 그루엔 이후에 쇼핑몰을 개발한 이들은 공동체 의식 같은 원대한 꿈을 좇지는 않았던 것으로 보여요. 이들의 관심은 어떻게 하면 고객이 고단한 현실을 잊고 마음껏 돈을 쓰게 할 수 있을까였지요. 쇼핑몰이 점점 더 환상적인 공간으로 바뀐 것도 이런 생각과 연관되어 있어요. 지중해식 건축물이나 카리브 해안에서 모티프를 얻어 쇼핑몰을 꾸미거나 할리우드나 우주 공간에서 영감을 얻어 실내를 장식하는 일처럼 말이지요. 이렇듯 쇼핑몰은 일터나 가정과는 전혀 다른, 그러니까 일상과는 분명하게 구분되는 공간으로 인식되어야 했습니다. 그럴 때 사람들은 여행지에서 그렇게 하듯 부담 없이 돈을 쓰게 될 테니까요.

그루엔은 미국 내에만 50곳이 넘는 쇼핑몰을 설계했다고 합니다. 그가 제시한 모델을 따라 여러 곳에서 쇼핑몰이 경쟁적으로 등장했어요. 하지만 그루엔이 꿈꾼 이상은 퇴색해갔어요. 교외 상업 공간을 아름답게 꾸미려 했던 그의 목표는 곧 쇼핑몰 주변에 수많은 상점들이 들어서면서 좌절되었고, 부동산 투기꾼이 쇼핑몰 사업에 몰려들었지요. 쇼핑몰이 미국 전역으로 퍼져나가면서 어디에나 비슷비슷한 몰이 들어선 것도 그루엔에게는 불만스러웠어요. 대개 모양도 비슷한 데다 똑같은 체인점과 브랜드가 입점하면서 쇼핑몰에서 개성을 찾아보기란 어려워졌기 때문입니다. 그러다 보니 미국인의 쇼핑몰 경험이 동질화될 수밖에 없었어요. 결국 그루엔은 쇼핑몰 프로젝트에 환멸을 느끼고 고향 빈으로 돌아가고 말았습니다. 그러면서 공교롭게도 쇼핑몰에 대한 가장 신랄한 비판자가 되었지요. 그는 쇼핑몰이 "거대한 쇼핑 기계"이자 "땅을 낭비하는 추한 주차장의 바다"가 되었다고 비난했습니다.

지금은 누구도 쇼핑몰이 공동체 의식과 시민의식을 길러준다고 생각하지 않을 것입니다. 그래도 쇼핑몰은 여전히 인기입니다. 미국 내에만 4만 5천 개에 이르는 쇼핑몰이 현재 영업 중이라고 하니 말이지요. 하지만 미국에서는 1990년대를 거치면서 쇼핑몰이 점점 인기를 잃어가고 있다고 합니다. 그런데 바로 그 시기에 쇼핑몰이 미국 바깥에서 활발하게 퍼져나가기 시작해요. 이제는 세계 주요 도시마다 쇼핑몰이 들어섰고, 나라별로 조금씩 다른 특징도 나타나곤 하지요. 우리나라에도 쇼핑몰은 낯선 풍경이 아닙니다. 미국만큼 교외 주거지역이 발달하지 않았기 때문에 서울이나 부산 같은 대도시 한복판에 대형 쇼핑몰이 들어서는 경우도 있지요. 물론 최근에는 도시 외곽에 널찍한 공간을 차지하는 쇼핑몰이나 아울렛이 들어서기도 했습니다. 주말이면 우리는 쇼핑몰에 가서 쇼핑을 하거나 영화를 보고, 밥을 먹거나 차를 마시곤 합니다. 이렇게 쇼핑몰이 전 세계로 확산된 것도 당연히 세계화와 연관되어 있습니다. 세계화는 비슷한 공간을 재생산할 뿐만 아니라 우리의 일상 경험을 동질화하는 위력을 발휘하고 있는 것입니다.

이렇게 쇼핑몰이 널리 확산된 일은 다음에 살펴보게 될 슈퍼마켓의 등장과 함께 여러 세기에 걸쳐 우리 소비생활에 도움을 주었던 소상공인에게 치명적인 타격을 입혔어요. 그럴 수밖에 없지요. 이 글을 읽고 있는 여러분이나 저 자신의 경험만 돌아봐도 쉽게 떠올릴 수 있는 일입니다. 제가 어린 시절을 보냈던 1970년 대 말에서 1980년대까지만 하더라도 어떤 물건을 산다는 것은 곧 동네 가게에 가거나 상설 시장에 가는 것을 뜻했어요. 군것질 거리나 어머니가 심부름을 시키는 소소한 먹을거리는 동네 가게 에서 사게 마련이었고, 이런 곳에서는 외상도 쉽게 할 수 있었어 요. 신발이나 옷처럼 좀 더 지출이 큰 물건은 동네 시장이나 아 니면 남대문이나 동대문 같은 큰 시장에 가서 구입했습니다. 하 지만 2000년대에 들어서면서 이런 일은 더 이상 일어나지 않았 어요. 쇼핑몰과 슈퍼마켓 때문이지요. 그만큼 소상공인의 자리는 점점 더 줄어들고 말았어요. 자본주의 소비문화의 변화는 이렇게 사람들의 삶을 바꿔놓곤 합니다.

슈퍼마켓, 혁신적 방법으로 소매시장을 장악하다

우리가 매일 소비하는 품목은 여러 가지입니다. 1인 가구이든 아니면 여러 명이 모여 사는 가구이든 간에 가계 경제에는 수 입과 지출이 있게 마련인데요, 지출은 소비와 곧바로 연결되지 요. 모든 나라나 여러 국제기구가 가계의 수입과 지출에 관한 통 계를 발표합니다. 이를테면 2019년 한국 가계의 월평균 소득은 486만 원이었는데 그 가운데 241만 원을 소비에 지출했다고 합 니다. 이런 수치는 그야말로 평균일 뿐이니 가계 소득별로 지출 에서 큰 차이를 보이겠지요. 우리나라 가계의 경우 지출 항목 가 운데 식료품비가 차지하는 비중이 대략 15퍼센트 정도라고 해요. 거기에다 외식에 쓰는 비용과 여행할 때 숙박에 쓰는 비용이 13.8퍼센트 정도 된다고 하니, 먹는 데 쓰는 돈이 가계 지출에서 가장 큰 부분을 차지한다고 봐도 무방합니다.

이렇게 우리나라 가계 소비에 대해 조금 장황하게 이야기한 까닭은 우리가 살아가는 데 반드시 필요한 식료품이나 다른 여러 소소한 상품을 어디에서 어떻게 구입하는지 생각해보기 위해서입니다. 20세기 소비문화에서 일어난 여러 변화 가운데서도 일상생활에 가장 큰 영향을 준 것이 바로 이런 일과 관계 있지요. 바로 장보기 습관입니다.

매일 먹는 식품을 시장에서 사는 것은 멀리 고대에도 있었지만, 이런 일을 당연하게 여기게 된 것은 그렇게 오래되지 않았어요. 서양 사람들 같으면 빵이나 채소, 고기, 생선 따위가 되겠고, 우리 같은 동아시아 사람에게는 빵 대신 쌀이 제일 중요한 식재료라 할 수 있을 텐데, 이런 식료품을 시장에서 구입하는 것은 대개 도시에서나 볼 수 있는 광경이었어요. 원래 도시란 농업 이외의 생산활동이나 서비스업에 종사하는 사람들과 그 식솔이 모여 사는 곳이므로 시장이 발달할 수밖에 없어요. 근대에 들어와 상설 상점이 일상화되기 전에 식료품을 구입하는 곳은 주로 정기적으로 열리는 장이었습니다. 지금도 오래된 유럽 도시에 가보면 시청 같은 공공건물 앞에 광장이 있고, 거기에 정기적으로 장이 열리곤 하는데, 이런 풍경은 중세 때도 마찬가지였을 것입니다. 우리나라의 경우에도 거슬러 올라가면 삼국시대에 이미 수도에 시장이 있었다고 하고, 고려시대 이후에는 수도에 상설 점포가 있었다고 하지요. 조선시대 한양에는 도시 한가운데 나라에서 특권을 얻은 상설 점포, 그러니까 시전市廛이 영업했습니다. 궁궐이나 관청에서 쓰는 무명이나 모시, 지물 같은 물건을 공급하는 육의전도 있었지요. 지방에서는 18세기 즈음에 가서야 장시가 번성했다고 해요. 그러므로 큰 도시에 살았던 사람들이 아니면 먹을거리를 상설 점포에서 구입하는 일은 거의 없었다고 볼 수 있습니다.

17~18세기 유럽에서 상황이 조금씩 달라지기 시작했던 것으로 보여요. 런던이나 암스테르담 같은 수도뿐만 아니라 지방 도시에 상설 점포와 상설 시장이 등장했고, 거기서 먹을거리나 소소한 일상용품을 사는 일이 편리해졌던 거지요. 미국처럼 땅이 넓은 나라에서는 1860년대 이후에 연쇄점chain store이 등장해 각종 식료품과 약, 담배, 차 같은 것을 팔기 시작했어요. 20세기 초에 이르면 몇몇 회사는 200개가 넘는 점포를 운영할 정도로 규모가 커졌는데, 철도망이 확장되면서 물건을 빠르게 배송할 수 있었던 게 중요한 성장 동력이었지요. 그런데 연쇄점을 포함해서 식료품 상점은 모든 먹을거리를 가져다놓고 팔지 않았어요. 이를테면 빵은 빵가게에서 사야 하고, 고기나 생선은 정육점이나 생선가게에 가야 했지요. 도시에는 다양한 식료품을 취급하는 상점들을 한곳에 모아놓은 상설 시장이 있었기 때문에 장보기가 그렇게 어렵고 복잡한 일이 아니었어요. 빵가게 옆에 정육점이 있고, 그 옆에 커피나 차를 파는 상점이 있었을 테니 그렇게 발품을 팔지 않아도 장을 볼 수 있었습니다.

오랫동안 이어 내려온 이런 장보기 방식은 슈퍼마켓이 생긴 이후에 지금처럼 바뀌었습니다. 20세기 초 미국에서 시작된 일이지요. 슈퍼마켓이 등장하는 과정은 두 단계로 나눠 생각해볼 수 있어요. 첫 번째 단계는 식료품 장보기에 셀프서비스 개념을 도입한 일입니다. 1916년 9월, 테네시주 멤피스에서 클래런스 손더스Clarence Saunders(1881~1953)가 피글리위글리Piggly Wiggly라는 상점을 열었는데, 여기서 처음으로 셀프서비스 방식을 도입했어요. 그전에는 손님이 직접 물건을 고르지 못했습니다. 구입할 물건 목록을 점원에게 건네주거나 아니면 카운터 너머에 쌓여 있는 물건 가운데서 원하는 것을 지목하면, 점원이 물건을 가져다주는 식이었지요. 당시에도 미리 포장되어 있는 식료품이 있었지만 그렇지 않은 경우가 더 많았기 때문에 점원은 손님이 원하는 양만큼 물건을 덜어 무게를 달거나 개수를 세서 건네주고 돈을 받았지요. 이런 식으로 물건을 팔면 당연히 점원이 해야 할 일이 많으므로 인건비가 많이 들었고, 그만큼 물건 가격은 비싸졌어요. 게다가 시간도 많이 걸렸지요. 피글리위글리를 개점하면서 손더스가 도입한 혁신은 바로 이런 노동집약적인 관행을 없애고 손님이 직접 물건을 골라 계산대에서 셈을 치르도록 한 것입니다. 이런 셀프서비스를 도입하기 위해서 피글리위글리에서는 상품을 미리 정해놓은 단위로 포장해 종류에 따라 진열해놓았지요.

이렇게 장보는 방식을 완전히 바꾼 것 외에도 손더스는 몇 가지 혁신을 도입했어요. 한 가지는 장바구니를 도입해 손님이 원하는 물건을 직접 골라 담을 수 있게 한 것이에요. 지금 우리에게는 당연하게 여겨지는 일이지요. 모든 상품을 포장해서 가격표를 붙이기도 했어요. 예전에 식료품 가게에서 손님은 돈을 얼마나 내야 하는지 미리 알 수 없었어요. 가격표가 없었기 때문에 점

1916년 9월, 테네시주 멤피스에서 클래런스 손더스가 피글리위글리라는 상점을 열어 최초로 셀프서비스 방식을 도입했다.

원이 계산해줄 때까지 기다려야 했지요. 손더스는 동시에 상품 가격을 확 내렸어요. 계산대에서 일하는 점원을 빼놓고는 손님을 상대하는 점원을 둘 필요가 없었기 때문에 인건비를 크게 줄일 수 있었고, 그만큼 물건을 싸게 팔 수 있게 된 것입니다. 이제 손님이 직접 물건을 골라 담았기 때문에 물건을 잘 팔려면 고객의 관심을 끄는 일이 중요해졌어요. 그래서 상품 진열에 신경 써야 했고, 상품 포장 상태도 관리해야 했으며, 상품의 질을 보증하는 브랜드에도 관심을 가져야 했지요. 이를테면 캔디 같은 것은 계산대 바로 옆에 배치해서 손님이 마지막 순간에 충동적으로 구입하도록 유도했어요. 실제로 장보기 목록을 점원에게 건네주는 방식보다 셀프서비스로 물건을 살 때 충동 구매가 훨씬 늘었다고 해요. 이런 여러 조치 덕분에 손더스는 큰 성공을 거뒀어요. 피글리위글리를 상표화해서 수많은 지점을 내게 되는데요, 1932년이 되면 2,660개 지점이 생겼고, 매출이 무려 1억 8천만 달러에 달했다고 합니다.

슈퍼마켓이 등장하게 되는 두 번째 단계는 상점 규모를 훨씬 더 크게 키우고, 지역에서는 흔히 만날 수 없었던 전국적인 브랜드 제품을 팔기 시작한 일이에요. 앞에서 이야기한 첫 번째 단계와 함께 이 두 번째 단계를 모두 이룬 곳은, 미국 스미스소니언 박물관이 세계 최초의 슈퍼마켓이라고 인정한 킹컬렌입니다. 킹컬렌은 1930년 8월 뉴욕시 퀸스 지역의 한 창고에서 문을 열었습니다. 킹컬렌이라는 이름은 영화《킹콩》에서 따온 것으로 설립자 마이클 컬렌Michael J. Cullen(1884~1936)은 원래 당시 유명했던 연쇄점 크로거Kroger의 관리자였어요. 일리노이주에 있던 크로거 연쇄점 지점장으로 근무하는 동시에 지역에 있던 94개 크로거 연쇄점을 관리하는 역할을 맡고 있었지요.

어느 날 컬렌은 회사 부회장에게 새로운 점포에 대한 획기적인 아이디어를 담은 편지를 보냈어요. 거기서 그는 당시 미국에서 영업 중이던 그 어느 연쇄점보다도 훨씬 규모가 큰 상점을 도심에서 조금 떨어져 있어 땅값이 싼 곳에 열고, 넓은 주차장을 제공하면 손님이 몰려들 것이라고 자신했습니다. 하지만 그의 제안은 받아들여지지 않았어요. 그러자 컬렌은 아예 회사를 그만두고 뉴욕시로 가서 자신의 슈퍼마켓 킹컬렌을 열었습니다.

킹컬렌의 핵심적인 판매 전략은 다양한 제품을 값싸게 대량으로 판매한다는 것이었어요. 손님은 여러 가게를 돌아다닐 필요가 없었지요. 그러려면 당연히 매장이 넓어야 했어요. 뉴욕 퀸스에 연 첫 가게는 170평쯤 되었는데 당시로서는 전례 없는 규모였어요. 이렇게 널찍한 가게를 열어놓고 식료품점에서 팔던 마른 식품뿐만 아니라 신선한 빵과 육류, 채소까지 대량으로 팔았습니다. 그 무렵 미국 가정에 냉장고가 널리 보급되기 시작하면서 소비자들도 대량 구매를 꺼려하지 않았어요. 이렇게 물건을 잔뜩 사게 되면 집까지 운반하는 게 문제겠지요. 이런 문제는 자동차가 해결해주었어요. 1920년대에 중간계급 이상 미국 가정이 대개 자동차를 보유하게 되었으니 넓은 주차장만 무료로 제공해주면 고객이 물건을 실어 나르는 일은 문제가 아니었던 것입니다. 더군다나 1천 종이 넘는 다양한 상품을 동네 식료품 상점보다 훨씬 싸게 팔았으니 고객으로서는 쇼핑의 즐거움을 만끽할 수도 있었지요. 실제로 킹컬렌이 문을 열자마자 고객이 몰려들기 시작했어요. 160킬로미터 떨어진 곳에서도 고객이 찾아올 정도였다고 합니다. 첫 번째 슈퍼마켓이 큰 인기를 누리자 마이클 컬렌은 곧바로 지점을 내기 시작해요. 그가 죽음을 맞이하는 1936년까지 킹컬렌은 17개 지점으로 확장됩니다.

이렇게 시작된 슈퍼마켓은 1930년대 미국에 널리 퍼져나가기 시작했어요. 슈퍼마켓은 곧 식료품뿐만 아니라 자동차 용품이나 문구류, 그릇, 생활용품, 라디오 같은 온갖 물건을 팔기 시작했고, 경쟁이 가열되면서 자연스럽게 가격 파괴도 일어났지요. 대공황 시절을 겨우 버티던 소비자들은 싼 가격에 좋은 물건을 살 수 있는 슈퍼마켓을 더 자주 이용할 수밖에 없었겠지요. 1937년

킹컬렌은 다양한 제품을 한곳에서 값싸게 대량으로 구매할 수 있게 하는 전략을 내세웠다.

오클라호마에서 실번 골드먼Sylvan Goldman이 두 단짜리 쇼핑카트를 발명하면서 고객이 더 편리하게 쇼핑을 즐길 수 있게 되었습니다. 우리에게도 친숙한 쇼핑카트, 그러니까 아이를 태울 수 있는 의자가 달린 카트가 나오는 건 그보다 10년쯤 뒤이지만, 초기 쇼핑카트도 장바구니보다는 더 편하게 많은 물건을 담을 수 있는 장점이 있었어요.

이렇게 떠올릴 수 있는 거의 모든 요소를 갖춘 슈퍼마켓은 소규모 식료품점이나 연쇄점을 빠르게 대체해나갔습니다. 그러자 이미 유명했던 식료품 연쇄점도 여러 개 점포를 통합하는 방식으로 슈퍼마켓 시장에 앞다투어 진출했어요. 그 결과 1940년 초에 이르면 무려 6천 개 이상의 슈퍼마켓이 미국에서 영업하게 되었습니다. 2차 세계대전을 거치면서 슈퍼마켓이 기존 식료품 상점을 대체하는 일은 더 빈번해졌어요. 수많은 젊은이가 전쟁터에 나가면서 점원으로 일할 인력이 부족해지는 바람에 소규모 연쇄점은 유지하기가 어려워졌지요.

2차 세계대전이 끝난 후 슈퍼마켓은 미국에서 더욱 인기를 누렸어요. 1950년대부터 장기호황이 시작되면서 자동차와 냉장고가 더 널리 보급된 데다 소득이 빠르게 늘어 구매력도 충분했기 때문이지요. 전쟁 전에는 자동차나 냉장고 같은 내구소비재를 살 여력이 없었던 유럽 사람들도 전후 호황기에 경제가 빠르게 성장하면서 이런 상품에 관심을 가지기 시작했어요. 더욱이 미국이 세계 정치를 주도하면서 동시에 미국 문화가 유럽으로 널리 퍼져 나가게 되자 미국식 상업 문화에 대한 관심도 높아졌지요. 이런 가운데 1950년대 말이 되면 유럽에서도 미국식 슈퍼마켓이 등장하기 시작해요. 영국에서는 지금도 유럽에서 가장 큰 슈퍼마켓 체인인 테스코가 등장했고, 벨기에에서는 델헤즈가 문을 열었지요. 몇 년 후에는 지금 유럽에서 두 번째로 큰 슈퍼마켓 체인인 프랑스의 까르푸가 생겼어요.

유럽에 이어 1960년대에는 아시아 몇몇 지역에서 슈퍼마켓이 등장하기 시작했습니다. 아시아에서 미국의 영향력이 확대된 결과라고 할 수 있지요. 아프리카에는 1990년대가 되어야 슈퍼마켓이 문을 열기 시작하지만, 일단 슈퍼마켓이 들어서자 기존 식료품점을 빠르게 대체해나갔습니다. 이렇듯 2차 세계대전 이후에 슈퍼마켓이 전 세계로 확산하면서 소매시장, 특히 식료품 소매시장을 장악했습니다. 미국과 유럽에서는 슈퍼마켓이 식료품 소매시장의 70퍼센트를 차지할 정도이고, 나머지 세계에서는

55퍼센트 정도를 차지하게 되었습니다.

한국의 경제 성장과 대형 슈퍼마켓의 등장

한국에 슈퍼마켓이 처음 등장한 때는 경제 개발이 한창이던 1968년이었어요. 서울 서소문 근처 중림동에 뉴서울 슈퍼마켓이라는 곳이 그해 9월에 문을 열었습니다. 경제적으로나 정치적으로 미국의 압도적인 영향 아래 있던 때라 한국에도 미국 문화가 빠르게 퍼져나갔는데, 슈퍼마켓이 문을 연 것도 이런 풍조를 반영한 일이지요. 최초의 슈퍼마켓 개장은 큰 화제를 불러일으켰던 모양이에요. 박정희 대통령 내외가 개업 행사에 참석할 정도였으니 말이지요. 마치 1930년대 미국 슈퍼마켓 풍경을 떠올리게 하는 뉴서울 슈퍼마켓 개업식 사진을 보면, 작은 카트를 끌고 있는 대통령과 거기에 물건을 담고 있는 영부인이 등장하지요. 재래시장이나 동네 가게에서 장을 보는 데 익숙했던 한국인에게 카트를 끌고 다녀야 할 정도로 널찍한 곳에 갖가지 상품을 진열해놓은 슈퍼마켓은 분명 특별한 경험이었을 것입니다. 1970년대에 슈퍼마켓이라는 이름은 빠르게 퍼져나갔어요. 본격적으로 개발되기 시작하던 서울 강남 지역에는 뉴코아슈퍼라는 꽤 큰 매장이 들어서기도 했지요. 당시 한국에서 슈퍼마켓이라는 이름을 걸고 영업하던 매장들은 대개 100평에서 200평 사이의 크지 않은 규모였어요. 그리고 슈퍼마켓이 인기를 끌면서 작은 동네 가게에도 슈퍼마켓이라는 이름을 붙이곤 했습니다.

한국에서 그야말로 미국식이라 할 만한 대형 슈퍼마켓이 속

1968년 9월 서울 중림동 뉴서울 슈퍼마켓을 처음 열었을 때, 박정희 대통령 내외가 개업 행사에 참석했다.

속 등장한 것은 1990년대 초였어요. 그 무렵에 이마트가 서울 창동에 1호점을 열었지요. 왜 창동이었는지는 미국에서 슈퍼마켓이 등장한 시대와 맥락을 되새겨보면 알 수 있어요. 교외 지역이 개발되고 교외와 도시를 연결하는 도로망이 놓였으며, 자동차 문화가 발달하기 시작했던 것 말이지요. 물론 한국은 미국처럼 넓은 나라가 아니기에 대규모 교외 개발 사업이 나라 전체에서 일어나지는 않았어요. 차라리 서울이라는 거대한 도시 주변부를 재개발해서 대규모 아파트 단지를 세우고, 이런 재개발 지역을 도심과 지하철로 연결하는 식으로 늘어나는 중간계급 주택 수요에 대응했지요. 창동이 바로 그런 곳이었어요. 1988년 서울올림픽을 계기로 창동과 그 주변 일대에 대규모 아파트 단지가 들어섰고, 그곳을 지하철 4호선이 도심과 연결해주었습니다. 1980년대 중반 3저 현상, 그러니까 달러와 유가, 금리가 모두 낮았던 때를 계기로 한국 경제가 전례 없는 호황을 누리고, 88 서울올림픽 이후에도 성장이 계속된 것은 대형 슈퍼마켓이 등장하는 배경이 되었습니다. 그 무렵 중간계급의 구매력이 빠르게 향상되면서 이른바 '마이카' 시대가 열려 차를 타고 장을 보러 다니는 일도 가능해졌어요. 이런 여러 사정 덕분에 넓은 주차장을 갖추고 상품을 대량으로 판매하는 슈퍼마켓이 들어설 수 있었습니다.

1990년대 중반에는 유통시장을 외국 자본에 개방하면서 프랑스의 까르푸 같은 대형 슈퍼마켓이 서울에 문을 열기도 했어요. 하지만 까르푸는 이마트나 롯데마트 같은 국내 유통업체와의 경쟁에 밀려 결국 철수하고 말았는데, 한국 사정에 맞는 마케팅과 매장 인테리어를 갖추지 못했기 때문이지요. 그 무렵에 국내 대형 유통업체는 서울뿐만 아니라 지방 여러 도시에 매장을 열기 시작했고, 그 결과 재래시장이나 동네 '슈퍼'들은 빠르게 쇠락해 갔어요. 이렇게 해서 주말이면 온 가족이 자동차를 타고 '마트'에 가서 장을 보는 일이 일상이 되었지요.

2000년대 들어오면서 상황은 조금 달라졌어요. 1997년 외환위기를 넘기고, 2008년 세계 금융위기가 찾아올 때까지만 하더라도 한국은 비교적 빠른 경제 성장을 이어갔고, 그런 만큼 대형 슈퍼마켓은 충분한 성장 동력을 갖고 있었습니다. 하지만 금융위기 이후 연평균 경제 성장률이 2퍼센트 근처에 머무는 저성장이 계속되고, 대형 슈퍼마켓을 가장 많이 이용하는 40세 이상 성인 남녀가 이끄는 가족의 소득이 정체되면서 슈퍼마켓의 성장세도 수그러들게 되었어요. 게다가 결혼을 미루거나 아예 포기하는 젊은이가 늘어나고 결혼을 하더라도 아이를 낳지 않는 부부가 많아지면서 인구 감소를 우려해야 할 상황이 벌어졌습니다. 그 결과 가계 구성이 크게 달라져서 슈퍼마켓의 핵심 고객층인 3~4인 중간계급 가계보다 1인 가구가 빠르게 늘었어요. 1990년대 말부터 TV홈쇼핑과 온라인 쇼핑이 엄청나게 빠른 속도로 성장한 것도 슈퍼마켓의 성장에 제동을 걸었지요. 특히 인터넷과 이동통신 환경에 익숙한 젊은 미혼 소비자는 거의 모든 물건을 온라인 쇼핑으로 구매하거나 소소한 생필품은 같은 시기에 성장하기 시작한 편의점에서 사기 시작했어요. 이런 여러 사정 탓에 대형 슈퍼마켓은 성장을 당연하게 여길 수 없는 상황이 되었습니다. 그래서 일부 대형 유통업체는 중국이나 베트남, 인도네시아처럼 새롭게 떠오르는 해외 시장을 개척하는 것으로 대응하고 있지만, 상황이 어떻게 전개될지는 더 두고 봐야 할 것 같습니다.

6 소비가 행복을 가져다줄까

소비주의의 확산과 침투

19세기 말부터 20세기 초 대량생산과 대량소비가 결합된 새로운 경제체제가 미국에서 처음 나타났고, 비슷한 체제가 20세기 중반에 유럽과 일본 같은 선진 자본주의 국가로 퍼져나가면서 소비는 우리 일상생활에서 가장 중요한 일 가운데 하나가 되었습니다. 2차 세계대전이 끝난 이후 자본주의 경제가 전례 없는 호황을 누리는 가운데 소비와 소비주의를 진작하는 기술과 광고가 크게 발달했어요. 텔레비전이 널리 확산된 일이 대표적인 변화였지요. 미국에서는 텔레비전이 거의 모든 가정에 보급되었고, 상업방송이 일찌감치 자리 잡으면서 광고가 특히 중요해졌어요. 유럽에서는 상황이 조금 달랐지요. 나라에서 통제하는 공영방송이 주류를 이루다 보니 텔레비전 광고가 규제 대상이 되었기 때문입니다. 신자유주의 바람이 거세게 불기 시작한 1980년대에 들어서야 유럽에서도 상업방송이 성장했고, 그러면서 텔레비전 광고가 위력을 발휘하게 되었어요.

20세기 말에는 소비주의를 부추기는 또 하나의 중요한 기술이 출현했어요. 바로 인터넷입니다. 1990년대 중반에 월드와이드웹이 등장하면서 야후 같은 검색엔진이 사용되었는데, 검색 화면에 광고를 싣기 시작했어요. 텔레비전과 인터넷은 광고 수단이자 그 자체로 새로운 소비 수단이 되기도 했습니다. 한편으로는 24시간 방송되는 홈쇼핑 채널로 소비자를 유혹하고, 다른 한편으로는 1990년대 중반부터 서비스를 시작한 아마존 같은 온라인 쇼핑몰이 퍼져나갔지요. 특히 온라인 쇼핑의 성장세는 무서울 정도입니다. 처음에는 책이나 음반 같은 품목에서 시작하더니 지금은 갖가지 패션 상품은 물론 식료품까지 판매하면서 오프라인 시장을 위협하고 있지요.

20세기 중반 이후에 소비가 상류층이나 중간계급은 물론 노동자에게도 일상의 가장 중요한 부분으로 자리 잡으면서 소비자라는 개념이 예전에는 상상할 수 없었던 영역에도 침투하기 시작했어요. 이를테면 소비문화의 확산이 정치에 어떤 영향을 주었는지 생각해보지요. 근대 이후 민주주의 정치체제를 떠받치는 가장 중요한 절차가 된 선거에서 투표권자는 이제 아예 소비자로 취급되고, 후보자는 마치 상품처럼 잘 포장되어 유권자에게 소개됩니다. 선거 광고는 그 자체가 거대한 시장이 되었고, 정당은 구체적인 정책은 물론 후보자 이미지나 심지어 후보자 패션에 대해서도 마케팅 전문가의 조언을 받곤 해요. 지금 정치 컨설턴트는 마케팅과 광고 전문가 역할을 하게 되었고, 이들의 역할은 선거에서 점점 큰 비중을 차지하게 되었지요. 이런 경향은 소비문화가 가장 발달한 미국에서 특히 뚜렷하게 나타납니다. 제일 큰 관심사인 대통령 선거의 경우 후보자가 텔레비전 광고 시간을 얼마나 확보할 수 있는지가 선거 결과에 큰 영향을 미칠 정도예요.

정치와는 거리가 좀 멀지만, 소비문화의 침투는 고등교육에서도 뚜렷하게 보여요. 요즘 우리는 '고등교육 시장'이라는 말을 아무런 거리낌 없이 쓰곤 하는데요. 이런 말의 밑바탕에는 이제 대학 교육이 이윤을 추구하는 영리활동으로 바뀌었고, 교육의 수혜자가 되어야 할 학생이나 학부모는 소비자로 취급해야 한다는 생각이 깔려 있지요. 미국처럼 대학 등록금이 매년 소비자 물가보다도 더 빠르게 인상되는 나라에서 이런 경향은 더 두드러지는데, 최근에는 한국 사회에서도 비슷한 흐름이 나타나기 시작했어요. 이런 흐름이 가져오는 변화는 아주 많지만, 이를테면 성적 인플레이션 현상을 생각해볼 수 있을 듯해요. 소비자인 학생이 행여 마음이라도 다칠까 싶어 되도록 성적을 잘 주자는 것이지요. 게다가 소비자 학생이 자신이 구매하는 상품이라 할 수 있는 교수의 강의를 평가하는 것은 너무나 당연하게 받아들여집니다. 학생의 강의 평가가 교수에 대한 평가에 반영되다 보니 교수는 고객인 학생의 눈치를 볼 수밖에 없는 처지가 되었고요.

소비주의가 예전에는 소비활동으로 여겨지지 않았던 영역에 침투한 사례는 그 밖에도 여러 곳에서 찾을 수 있습니다. 이를테면 전람회나 박물관에 가는 것은 19세기에 등장한 대표적인 중간계급의 문화생활인데, 여기에도 소비주의가 깊이 들어와 있어요. 기념품 시장이 어마어마하게 커진 것이지요. 좀 심하게 말하면 결혼에서도 이런 소비주의의 단편을 찾아볼 수 있을지 모릅니다. 이혼이 너무나 흔한 일이 된 요즘은 자기가 선택한 배우자가 마음에 안 들면 언제라도 반품하고 새로운 '상품'을 찾아 나설 수 있다는 것이지요. 이런 소비주의 행태는 20세기 세계화의 물결을 타고 미국이나 유럽은 물론 전 세계로 널리 확산되었어요. 세

3 ── 소비가 지배하는 세계

계화의 힘이 막강해진 20세기 말에 이런 경향은 더 거세졌는데, 다국적기업이 전 세계에 상품과 서비스를 파는 일이 흔해지고, 소비자는 전 세계에 퍼져 있는 다른 소비자와 마찬가지로 똑같은 상품과 서비스를 누리는 일을 당연하게 여기게 되었지요. 소비자 시선에서 보면 소비문화에 일종의 세계시민주의cosmopolitanism가 나타났다고 말할 수도 있을 듯해요.

이런 경향을 부추긴 원동력은 다국적기업의 발전과 방송통신이나 항공 같은 분야에서 일어난 기술 진보에서 찾을 수 있겠어요. 방송만 해도 한국 시청자가 미국의 드라마나 예능 프로그램, 스포츠 중계방송을 보는 일이 매우 흔해졌지요. 할리우드에서 제작된 영화를 우리 극장에서 보는 일이 일상이 된 것은 이미 오래이고요. 주변에서 흔히 찾아볼 수 있는 다국적 패스트푸드 전문점이나 커피 전문점도 소비문화를 동질화하는 중요한 힘이라 할 수 있지요. 점점 더 흔해지는 해외여행이나 해외 체류 경험도 비슷한 효과를 발휘한다고 할 수 있어요. 유럽이나 미국으로 떠나는 여행객의 수는 꾸준히 빠른 속도로 늘었고, 우리의 경우에도 이제 런던이나 파리 같은 곳은 시시하게 여길 정도로 해외 경험이 늘었어요. 더 중요한 점은 학업이나 일 때문에 해외에 오랫동안 체류하는 이들이 크게 늘었다는 것입니다. 한국에서는 1970년대만 하더라도 유학생을 나라에서 시험으로 뽑을 정도로 엄격하게 규제했어요. 외화가 유출되는 것을 막기 위해서였지요. 이제는 대학이나 대학원생은 물론 초중고 유학생이 너무 흔해서 이들이 귀국하는 6월이나 12월에는 비행기 표를 사기가 어려울 정도입니다.

미국화, 맥도날드와 스타벅스

이런 변화가 일어나는 데 가장 큰 힘을 발휘한 나라는 미국이에요. 유럽과 일본은 물론 개발도상국에서도 취향의 '미국화'를 주도하는 힘은 미국 영화와 텔레비전 쇼였지요. 이미 1970년대에 이르면 미국 영화와 방송은 항공기 다음으로 중요한 미국의 수출 품목이 될 정도였으니 말이에요. 할리우드에서 매년 제작되는 수백 편의 영화는 세계 곳곳의 영화관은 물론 상업방송을 통해 퍼져나갔고, 지금은 넷플릭스나 아마존, 애플 같은 다국적기업의 인터넷 방송 서비스를 타고 전 세계 시청자에게 찾아가지요. 한국은 자국에서 제작된 영화로 할리우드 영화의 침투를 막아낸 극히 예외적인 경우에 해당합니다.

다국적 패스트푸드 체인이나 커피 전문점도 '미국화'의 중요한 힘이었습니다. 대표적으로 맥도날드를 꼽을 수 있지요. 1955년 미국 일리노이주에서 시작된 이 햄버거 체인은 일찍이 1960년대 후반부터 캐나다나 푸에르토리코 같은 나라로 진출하더니 1988년까지 매년 두 나라에서 시장을 개척했어요. 1990년대 이후에는 더욱 속도를 내서, 지금은 118개 나라에 3만 4천 개 지점을 운영하고 있습니다. 미국에서 시작된 햄버거 문화는 한국에서도 아주 빠르게 성장했어요. 한국의 햄버거 시장 규모는 2013년에 1조 원 규모였는데, 2019년에는 2조 7천억 원 규모로 커졌습니다. 독특하게도 한국은 국내 브랜드인 롯데리아가 가장 많은 매장을 보유하고 있는데, 그래도 맥도날드나 버거킹, 서브웨이, KFC 같은 다국적 체인이 큰 몫을 차지하고 있어요.

체인점이 되기 전 창업자들이 운영하던 최초의 맥도날드 가게(1948). 미국 캘리포니아주 샌버너디노 소재.

전 세계적으로 선풍적인 인기를 끌고 있는 커피 전문점도 '미국화'의 중요한 사례라 할 수 있을 듯해요. 원래 커피 문화는 미국이 아니라 근대 초에 아시아 문화를 유럽이 받아들여 발전시킨 것입니다. 게다가 우리가 지금 즐기는 커피의 밑바탕을 이루는 진한 에스프레소 커피, 그러니까 아주 곱게 간 원두에 뜨거운 물을 고압으로 통과시켜 추출한 커피는 1880년대 이탈리아에서 발명되어 이웃 나라로 퍼져나간 것이고요. 20세기 초에 에스프레소를 추출하는 기계가 발명되어 1920년대 미국에도 전해졌지만 널리 확산되지는 않았어요. 오랫동안 미국인에게 사랑받은 것은 에스프레소보다 훨씬 연한 드립커피였습니다. 특히 1960년대에 자동 드립커피 기계가 시장에 나오면서 커피를 내려 오랫동안 따뜻하게 보관할 수 있게 되어 더욱 인기를 끌었지요.

현재 전 세계에 널리 퍼져 있는 스타벅스는 시애틀의 파이크플레이스 마켓이라는 곳에서 소박하게 시작했다.

그런데 이 무렵에 샌프란시스코 인근 버클리에서 아라비아산 원두를 진하게 볶아 원두와 커피를 파는 피츠커피라는 가게가 문을 열었어요. 뒤이어 가게 주인인 앨프리드 피트가 세 명의 친구에게 원두 볶는 법을 가르쳤는데, 이들이 피츠커피와 비슷한 가게를 시애틀에 냈지요. 이렇게 탄생한 커피 전문점이 그 유명한 스타벅스입니다. 스타벅스는 세계화 물결을 타고 20세기 말부터 전 세계로 뻗어나갔어요. 2019년에 이르면 전 세계에 3만 개가 넘는 매장을 보유한 거대 기업으로 성장했지요.

스타벅스는 1999년에 처음으로 한국에 매장을 냈는데, 아주 까다롭게 자리를 정했어요. 한동안 이런 전략을 계속 유지했지요. 그러다가 21세기에 들어와 다른 대형 프랜차이즈 커피 전문점과 경쟁이 치열해지면서 빠른 속도로 지점을 늘려나가요. 지금은 천 개가 넘는 매장을 운영하고 있습니다. 스타벅스가 문을 연 후에 한국인이 에스프레소 커피 맛을 알게 되었다고 해도 지나친 말은 아니에요. 이때부터 에스프레소 음료가 선풍적인 인기를 끌면서 커피 전문점이 기하급수적으로 늘었습니다. 지금은 전국적으로 8만 개가 넘는 커피 전문점이 있다고 해요. 그 가운데 프랜차이즈 매장이 23퍼센트 정도라고 하는데, 334개나 되는 브랜드가 경쟁하고 있어요. 경쟁이 이렇게 치열한데도 스타벅스는 브랜드 명성에 적절한 접근성과 공간, 친절한 고객 응대를 무기로 압도적인 위치를 차지하고 있습니다. 2019년에 스타벅스는 1조 6,207억 원에 이르는 매출을 올렸는데, 2위 업체의 매출은 4,800억 원에 그쳤다고 하니 스타벅스의 지위가 어느 정도인지 쉽게 짐작할 수 있지요.

스타벅스를 선두로 수많은 커피 전문점이 속속 등장하면서 한국 커피 시장은 정말 빠르게 성장했어요. 2007년에는 3억 달러 정도 규모였는데 10년 후에는 43억 달러로 열 배도 넘게 성장했지요. 이런 규모는 세계에서 미국과 중국 다음으로 큰 것이라고 합니다. 이렇듯 커피가 세계화되면서 한국인의 취향과 일상생활도 크게 바뀌게 되었어요.

소비를 둘러싼 다양한 논쟁

패스트푸드 전문점이나 커피 전문점 사례가 말해주듯, 소비가 세계화되면서 전 세계인의 소비 패턴이 점점 비슷하게 바뀌고 있어요. 더 나아가 소비문화가 일상생활에 더 깊이 파고들어서 우리는 점점 더 소비활동에 매몰되었습니다. 그런 만큼 반성과 비판의 목소리도 높아요. 소비문화가 전통적으로 소비를 주도한 상류층이나 중간계급뿐만 아니라 노동자를 비롯한 하층민 사이에서도 굳건하게 자리 잡으면서, 하층민의 소비활동이 계급 사이 구분을 어렵게 만든다는 비판은 이제 수그러들었어요. 소비 대중의 취향이 형편없다는 비판도 간혹 들리지만 지금은 공공연하게 이렇게 이야기하기 어렵지요. 정치적으로 올바르지 못하다는 비판에 시달릴 테니까요. 마찬가지로 여성을 경박한 소비자로 치부하던 관행도 거의 사라졌어요.

이렇듯 노동자나 여성의 소비활동을 바라보는 시각이 달라진 반면 현대사회에 널리 퍼져 있는 소비주의 자체에 대한 비판은 1960년대부터 계속되고 있어요. 이를테면 1960년대 후반에 미국과 서유럽, 일본에서 활발했던 학생운동 진영에서는 소비주의를 자본주의 문명의 병폐로 규정하면서 대안을 제시하려 했지요. 그 무렵 등장한 히피를 비롯한 여러 저항문화 집단은 사물이 아니라 사람 사이의 관계가 중심이 되는 좀 더 소박한 생활방식을 실천하곤 했습니다. 이런 운동은 1970년대에 수그러들었지만, 나름대로 전통이 되어 지금도 농촌과 도시 공동체 운동에서 드러나기도 합니다.

더 긴 안목으로 소비주의에 대해 더 근본적이고 지속적인 비판을 제시한 이들은 서양과 일본에서 자라난 환경운동가들이었어요. 20세기에 소비가 급격하게 늘어나면서 환경에 심각한 영향을 미쳤어요. 선진 자본주의 사회에서 소비자가 해마다 내놓는 쓰레기만 해도 엄청난 양이지요. 점점 늘어나는 수많은 자동차가 얼마나 많은 공해물질을 내뿜는지도 쉽게 짐작할 수 있어요. 우리가 매일같이 쓰는 수많은 가전제품은 또 얼마나 많은 에너지를 소비하는지요. 특히 미국인은 에너지 과소비로 유명하지요. 가령 2000년 세계 에너지 사용량을 보면, 세계 인구의 5퍼센트도 안되는 미국인이 세계 에너지 소비의 30퍼센트를 차지했으니 말이지요. 이런 에너지의 대부분은 석유나 석탄 같은 화석연료에서 비롯하는 것이므로 에너지 소비량이 늘어나는 만큼 공해와 지구 온난화 문제는 더욱 심각해지지요. 에너지 소비에서 큰 부분은 우리가 소비하는 수많은 물건을 생산하는 데 활용되기 때문에 소비가 계속해서 늘어나면 환경 문제도 악화될 수밖에 없어요. 그래서 환경운동가들은 소비 충동을 자제하고 자연스러운 아름다움을 추구하면서 지구를 생각하자고 호소해왔어요. 특히 서유럽에서는 이런 환경운동이 중요한 정치세력이 되어 더욱 목소리를 높였습니다.

이런 비판과 함께 다국적 자본에 대한 공격도 점점 거세졌어요. 특히 20세기 말부터 이런 경향이 두드러지게 나타났는데, 1980년대에 세계화가 확산되면서 다국적기업이 시장에서 더 큰 영향력을 얻었기 때문이지요. 세계화를 뒷받침하는 제도를 설계했던 세계은행이나 IMF 같은 국제기구에서 모임을 열면 회의장 주변에는 성난 환경주의자와 청년, 노동자 단체가 거세게 항의하는 모습을 쉽게 찾아볼 수 있게 되었습니다. 이들은 다국적기업이 개발도상국의 노동자들을 착취하고 있다고 비판했고, 선진 자본주의 국가들이 가난한 농업 국가를 악용하고 있다고 비난했지요. 이런 비판에는 수많은 개인에게 영향을 미치는 소비문화의 세계화에 대한 우려도 포함되어 있었어요. 이를테면 소비자가 자신이 구매하는 제품에 대한 통제권을 사실상 다국적기업에 넘겨주어야 하는 현실과, 그로 인해 지역 정체성을 잃어버리는 일이 비판의 대상이 되었습니다. 중국 같은 곳에서 밀려 들어오는 값싼 수입품 공세 때문에 지역 산업이 몰락하는 것도 걱정거리였어요.

이렇게 소비주의에 대한 비판은 여러 방면에서 계속되었어요. 그래도 소비주의는 쉽게 가라앉지 않을 듯해요. 스마트폰 같은 모바일 기기를 이용해 아무 때나 인터넷 세계에 접속할 수 있게 된 지금, 소비를 부추기는 광고는 그 어느 때보다도 교묘하면서도 깊숙이 일상을 파고들고 있어요. 물론 우리 사회에 만연한 소비주의가 모두 광고를 포함한 기업의 교묘한 조종 탓이라고만 말할 수는 없겠지요. 그것은 우리가 원하는 여러 필요를 채워주기 때문에 존재하는 것이니 말이지요. 우리에게 소비는 다른 무엇보다도 우리 자신의 정체성을 드러내는 수단으로 뿌리 깊게 자리 잡았어요. 동시에 그것은 사회 계급이나 젠더, 연령에 따른 위계와 차별에 저항하는 수단을 제공하지요. 그렇기 때문에 소비는 공허함만을 낳는다고 탄식하면서도 그것이 우리에게 자신을 표현할 수단과 자유를 제공한다는 사실을 부정하기는 어렵습니다. 근본적으로 우리는 태어나는 순간부터 죽을 때까지 수없이 많은 물건을 소비하며 살아가는 데 익숙해져 있고, 그런 만큼 소비는 이미 우리의 삶에서 떼어낼 수 없는 일부가 되었지요.

그러므로 소비와 소비주의는 앞으로도 우리와 함께 남아 있을 듯해요. 하지만 우리가 지금과 같은 과도한 소비생활을 계속 누릴 수 있을지, 더 나아가 그것이 과연 옳은지는 진지하게 생각해봐야 할 때입니다. 이를테면 우리의 일상적인 소비를 지배하고 있는 다국적기업의 지배력을 어떻게 이해해야 하는지 생각해볼 일입니다. 지난 2000년 미국 시애틀에서부터 스위스 제네바에 이르기까지 국제기구 회의장 주변에서 일어난 강력한 시위를 떠올려보지요. 이런 저항은 소비주의 자체를 겨냥한 것은 아니었어요. 하지만 저항운동에 참여한 사람들은 일자리와 환경을 보호하는 일이 소비자 이익보다 먼저라고 강력하게 주장했지요. 과연 우리가 그저 값싸고 질 좋은 제품을 소비할 수만 있으면 출처 같은 건 상관없다고 생각해도 되는지 묻고 있는 것입니다. 이런 비판은 깊이 새겨봐야 할 듯해요.

세계화가 진행될수록 부유한 나라와 가난한 나라 사이에 격차가 점점 벌어지는 것도 생각해볼 문제입니다. 바로 양극화 문제이지요. 하루 2달러도 안 되는 돈으로 연명해야 하는 사람들이 전 세계에 7억 명이나 있어요. 이런 이들에게는 소비 문제 같은 것은 있을 수 없지요. 그저 생명을 유지하는 일이 우선이니까요. 양극화는 부유한 나라 안에서도 일어나요. 미국에는 빈곤선 아래에서 살아가는 어린이가 1,300만 명이나 됩니다. 이들에게도 소비 문제는 먼 나라 이야기일 뿐입니다. 그러니까 우리가 일상에서 누리는 풍요가 여전히 남아 있는 빈곤 문제를 가려서는 곤란하다는 것이지요. 전 지구적으로 소비가 해마다 빠르게 늘어나는 가운데서도 생존을 걸고 하루하루 버티는 수많은 사람들이 있다는 부조리를 곰곰이 생각해봐야 하겠습니다.

소비에 매몰되지 않도록 우리가 진지하게 생각해야 할 또 하나의 문제는 우리의 소비가 환경에 미치는 영향입니다. 풍요로운 선진국에서 살아가는 우리가 일상에서 소비하는 에너지부터 시작해서 우리가 소비하는 모든 것이 엄청난 양의 환경오염 물질을 배출하고 있어요. 지금처럼 많은 오염 물질을 계속해서 배출할 경우 지구 생태계가 버텨낼 수 없다는 점은 분명합니다. 기후 변화 때문에 기상 이변이 잦아진 요즘, 우리가 지금처럼 소비생활을 유지하면서도 동시에 기후 재앙을 막을 방법을 찾으려는 것은 어찌 보면 무책임하게 보이기도 합니다. 그러니 우리의 소비활동을 진지하게 되돌아볼 때라는 것은 분명하지요.

근대 초부터 지금까지 역사에서 나타나는 소비 문제를 긴 호흡으로 살펴보고 나서 마지막으로 독자 여러분과 함께 생각해보고 싶은 것은 과연 소비가 우리를 행복하게 만들어주는가입니다. 이 물음에 대한 답은 우리가 개인적으로나 공동체로서 추구하는 가치가 무엇인가에 따라 달라지겠지요. 하지만 바로 그렇기 때문에 이 물음을 진지하게 생각해보면 좋겠습니다. 역사가들도 이 물음을 진지하게 검토하지는 않았습니다. 사회과학에서는 이런 시도가 좀 있는데, 이를테면 2015년에 노벨경제학상을 받은 앵거스 디턴 같은 연구자가 소비와 행복의 관계를 진지하게 탐구했습니다.

디턴이 내놓은 연구 결과에 따르면, 소득이 늘어날 때 사람들은 확실히 좀 더 행복해진다고 해요. 하지만 소득이 어느 수준을 넘어서면 행복감은 더 늘어나지 않는다고 합니다. 소비도 마찬가지가 아닐까요. 물질생활이 윤택해지는 것은 어떤 식으로 측정하더라도 어느 정도 우리의 행복에 도움이 되겠지요. 하지만 우리가 계속해서 귀한 물건을 쌓아두다 보면 더 이상 행복을 느끼지 못할 때가 올 수도 있지요. 그러니까 소비하는 일 자체에 몰두하기보다는 자기 자신을 표현하는 수단으로 소비에 접근해야 하지 않을까요. 자기표현은 소비 자체에 집착한다고 얻을 수 있는 성취는 아닐 테니 말이지요.

동시에 우리가 생각해볼 일은 우리의 소비를 둘러싼 환경이 어떻게 바뀌고 있는가 하는 점이에요. 이를테면 우리가 살아가고 있는 소비 자본주의 사회는 기술 혁신으로부터 계속해서 영향을 받고 있지요. 한때 우리 사회에서 널리 쓰였던 '창조경제'라는 말은 뜻이 참 모호하기는 하지만, 자본과 노동집약적인 자본주의 경제에서 기술과 플랫폼 중심으로 전환하는 것을 일컫는 말이라고 볼 수도 있을 듯합니다. 정보 기술이 너무나 빠르게 발달하면서 이제는 자본 투입 자체보다는 새로운 아이디어와 기술이 더욱 중요해지고, 자본은 그런 곳으로 저절로 몰려들게 마련이지요. 코로나19 팬데믹이 계속되면서 아마존이나 구글, 애플, 페이스북 같은 플랫폼 기업은 더욱더 중요해졌고, 우리 사회만 해도 쿠팡이나 배달의 민족, 더 나아가 네이버나 카카오 같은 기업이 빠르게 몸집을 불려가고 있어요. 이런 변화 덕택에 우리 삶은 훨씬 편해졌지요. 스마트폰 앱에 몇 개 항목만 채워 넣으면 집에서 온갖 물건을 편안하게 받아볼 수 있게 되었으니까요.

하지만 이렇게 우리 삶이 편해지는 사이에 노동자들의 고통은 더욱 심해지고 있어요. 택배 노동자의 과로사 소식이 대표적인 일이지요. 우리가 별로 관심을 갖지 않았지만, 이들의 노동 조건은 점점 더 나빠지고 있는 듯해요. 그런 만큼 우리의 일상적인 소비 행위와 연관되어 있는 윤리적인 문제를 다시 한번 깊이 생각해볼 때가 아닌가 합니다.

현재 그리고 미래의 세계는
우리의 능동적 선택에 달려 있다

우리는 지금까지 주로 서양에서 근대가 서서히 모습을 드러내는 16세기부터 시작된 물질생활의 변화를 살펴봤습니다. 근대 문명의 핵심이라 할 자본주의가 그 무렵 영국에서 태어난 일이 변화의 중요한 동력이었습니다. 물질문명을 떠받치는 생산력이 서서히 향상되기 시작했고, '유용한 지식'을 추구하는 새로운 과학 방법론이 널리 퍼지면서 과학과 기술이 생산력 향상에 도움을 주었으며, 적어도 상류층과 중간계급은 더욱 풍요로운 소비생활을 누릴 수 있었습니다. 자본주의가 영국에서 다른 유럽 여러 나라와 미국으로 퍼져나가는 데 여러 세기가 걸렸듯, 생산과 과학 기술, 소비에서의 변화도 서서히 확산되었습니다. 우리는 이런 변화의 점진성이 처음에는 불가피했다고 이야기했습니다. 물질문화의 밑바탕을 이루는 생산이 축력이나 인력, 풍력, 땔감 같은 제한된 에너지 자원에 기대고 있었기 때문입니다.

이 책에서 여러 차례 강조한 것처럼, 18세기 중반 영국에서 산업혁명이 시작되면서 인류 물질생활에 지속적이고도 빠른 변화가 찾아왔습니다. 산업혁명 초기에 영국의 경제 성장과 생산성 향상이 미미했다는 사실을 바탕으로 과연 혁명이라고 할 수 있는지 의심하는 회의론도 있지만, 이 사건을 계기로 역사상 처음으로 인구와 경제 규모가 동시에, 그것도 계속해서 빠르게 성장하는 현상이 일어났다는 점은 부정할 수 없습니다. 사회 구조 측면에서도 인구의 80퍼센트는 농사를 지어야만 인구 재생산이 가능했던 농업사회에서 비농업 도시 인구가 농업 인구를 앞서는 산업사회로 이행했던 일도 감안해야 합니다. 이런 거대한 변화를 뒷받침한 원동력은 인류의 에너지 체제가 화석연료 중심으로 재편된 일이었습니다. 처음에는 석탄에서, 나중에는 석유에서 거의 무한정한 에너지를 얻게 되면서 인류의 생산력은 빠르게 향상되어 수많은 상품이 대량으로 쏟아져 나올 수 있었습니다. 그만큼 인류의 소비생활도 윤택해졌지요.

이런 변화의 뒤에는 자본주의가 자리 잡고 있었습니다. 영국에서 등장한 자본주의 체제는 돈을 버는 일을 정치 권력의 힘으로부터 자유롭게 풀어주었을 뿐만 아니라 수많은 이들이 돈벌이에 뛰어드는 것을 장려했습니다. 새로운 사업에 뛰어드는 사람들이 점점 많아지다 보니 경쟁은 치열해졌고, 이런 경쟁에서 살아남으려면 계속 혁신을 추구하지 않을 수 없었지요. 조지프 슘페터가 자본주의 체제의 특징으로 '창조적 파괴'creative destruction를 꼽았던 일은 바로 이런 사정을 반영합니다. 이 시대에 돈벌이에 뛰어든 자본가에게 그것은 생사를 결정하는 일이었지요. 혁신은 생산에서만 일어나지 않았습니다. 새로운 생산 방식으로 대량 생산되는 제품은 어떻게든 시장에서 팔아야 했으니 유통과 판매에서도 혁신을 추구해야 했고, 소비자는 계속 새로운 상품을 요구해 생산 영역의 혁신을 독려했습니다. 이렇게 생산과 유통, 소비의 영역이 서로 깊이 연루되면서 혁신을 강화하며 자본주의는 성장했습니다.

자본주의가 처음 발전한 영국은 그 덕분에 19세기 중반에 '팍스 브리태니카'라 불리는 전성기를 누렸습니다. 당시 영국은 공산품 생산 역량이나 무역에서 차지하는 비중 같은 지표에서 단연 앞서 있었고, 거기서 나오는 자신감을 바탕으로 자유무역 교리를 널리 퍼트리고 있었습니다. 18세기 후반부터 한 세기에 걸쳐 일어난 영국의 약진은 국제무대에서 영국과 경쟁하던 다른 나라들, 이를테면 미국이나 독일, 프랑스 같은 나라가 자본주의 체제를 뒷받침하는 법과 제도를 도입하도록 자극했고, 영국처럼 산업혁명을 추진하도록 독려했습니다. 사실 국가 사이 경쟁은, 적어도 유럽에서는, 근대 초부터 계속되고 있었습니다. 유럽의 복잡한 국가 간 체제에서 나라의 힘과 위신을 두고 치열하게 경쟁하면서 어떤 한 나라가 세계무대를 지배하는 일을 막고 자국의 생존을 유지하기 위해 근대적 국가체제를 갖추는 국가 형성의 노력을 부단히 진행할 수밖에 없었던 것이지요. 이 같은 경쟁에서 영국이 산업혁명 덕분에 앞서나가기 시작하니 다른 경쟁 국가도 산업혁명의 길을 따르지 않을 수 없었던 것입니다.

이렇게 볼 때 유럽의 복잡한 국가 간 체제에서 일어난 경쟁으로 인해 유럽이 오랫동안 세계무대를 지배한 아시아를 누를 수 있었다는 가설이 나름대로 그럴 듯하게 들릴지 모르겠습니다. '서양의 대두'는 이 책의 주된 관심사가 아니지만, 국가 간 체제에서 일어난 경쟁은 근본적으로 재정체제에 바탕을 두고 있었고, 다시 이 재정체제는 한 나라의 생산력에 의존했다는 사실에 비춰볼 때 국가 형성과 자본주의가 복잡하게 얽히며 만들어내는 역동성이라는 더 넓은 맥락을 고려해야 할 것으로 생각됩니다. 어쨌든 영국부터 시작해서 서양 여러 나라가 산업혁명에 차례로 성공을 거두며 일어난 생산력 향상은 서양과 나머지 세계 사이의 힘의 격차를 크게 벌려놓았습니다. 이런 '대분기'가 있었기 때문에 19세기 말에 유럽 몇 개 나라가 전 세계 영토의 대부분을 차지하는 제국의 시대가 열릴 수 있었던 것입니다. 덕분에 구매력을 갖춘 유럽 상류계급과 점점 부유해지는 중간계급, 심지어는 노동계급 상층까지도 더욱 다채롭고 윤택한 소비문화를 만들어갈 수 있었습니다.

이런 서사는 지나치게 유럽 중심주의적으로 느껴질 수도 있겠습니다. '서양의 대두'라는 말 자체가 그렇듯, 근대 세계사를 유럽과 미국이 승리한 역사처럼 이야기하는 것 같아서 말이지요. 그래도 산업혁명은 물론이고, 근대적인 과학과 기술이 정치 권력의 영향으로부터 어느 정도 자율성을 확보하면서 빠르게 발전하는 과정이나 풍요로운 소비문화가 서양에서 먼저 자리 잡은 일은 부정하기 어렵습니다. 물론 이런 과정이 서양이 그 힘을 나머지 세계에 투사하는 제국의 영향 아래 일어났다는 점을 잊지 말아야 하겠지만 말이지요. 17세기 영국부터 오늘날 미국에 이르기까지 여러 제국은 자본주의 문명을 공간적으로 확장해왔습니다. 이런 일은 때때로 공식적인 식민 지배라는 형식으로 일어나기도 했고, 또 다른 경우에는 비공식적으로 자본의 침투나 다양한 외교적, 군사적 영향력 아래 진행되기도 했습니다. 19세기부터 지금까지 여러 곳에서 일어난 민족주의 운동이나, 20세기 중반 사회주의 진영이 이런 움직임에 저항하기는 했지만, 20세기 말 이후에는 이런 저항이 점점 힘을 잃어가는 듯합니다. IMF나 세계은행 같은 국제기구의 틀을 빌려, 미국을 선두로 서양 자본주의 국가의 정부가 자기 나라 다국적기업과 금융 자본을 세계 곳곳에 침투시키는 일이 빈번하게 벌어지고 있지요. 멀리 갈 것도 없이, 우리나라만 해도 1997년 외환위기 때에 IMF의 구제 금융을 대가로 강도 높은 구조조정을 해야 했습니다. 그러면서 수많은 기업이 다국적기업과 금융 자본에 헐값에 팔려나갔지요.

20세기 말부터 지금까지, 자본주의에 저항하는 세력이 힘을 잃어버리자 자본의 기세는 더욱 강해졌습니다. 그러면서 혁신은 더 중요해졌어요. 기업이나 정부로부터 엄청난 연구비를 받는 수많은 연구중심 대학은 이제 과학 기술 연구의 상업화를 당연하게 여기게 되었고, 거대 다국적기업부터 소규모 벤처기업까지 수많은 기업들이 새로운 기술과 제품 개발에 매진하고 있습니다. 애플이나 구글, 페이스북 같은 거대 기술 기업은 자체적으로 연구개발에 힘을 쏟기도 하지만, 벤처기업이 이룬 성과를 끊임없이 사들이면서 기술 독점을 강화하고 있어요. 그만큼 시장 지배력도 커지고 있지요. 물론 그 덕분에 우리 삶은 훨씬 편리해졌는지 모릅니다. 이제는 구글이나 아이폰, 페이스북, 인스타그램 같은 게 없는 세상을 상상하기란 어려울 것입니다. 하지만 우리가 이런 플랫폼을 이용해 정보를 검색하거나 물건을 구입하고 사람들과 연락을 주고받는 사이 우리의 내밀한 일상은 기업에게 계속 노출되고 있지요. 최근 빅데이터와 인공지능 기술의 진전은 이런 흐름을 더욱 강화하고 있습니다. 근대를 특징짓는 개인주의, 특히 19세기부터 강조되었던 사생활의 신성함이라는 이상이 무의미해 보이는 형편인 것이지요.

시야를 더 넓혀보면, 점점 더 속도를 내고 있는 생산력 발전과 그것을 떠받치는 과학 기술의 진보가 언제까지 계속될 수 있을까 하는 문제를 생각해봐야 할 듯합니다. 바꿔 말하면, 자본주의 체제와 우리 삶의 지속가능성을 성찰하는 일이 시급해지고 있다는 말입니다. 특히 두 가지 문제 때문에 그렇습니다. 하나는 바로 불평등과 양극화 문제입니다. 물질생활이라는 차원에서 우리는 지금 역사상 가장 풍요롭고 윤택한 삶을 누리고 있다고 생각하기 쉽지만, 한 사회 내에서, 또 세계 여러 지역 사이에 경제적 양극화는 악화되고 있습니다. 이를테면 세계에서 가장 부유한 나라라 할 수 있는 미국에서도 수많은 사람들이 월세나 대출을 감당하지 못해 차에 기거하며 임시노동으로 겨우 먹고 살아가고 있습니다. 얼마 전에 화제가 된 영화 《노매드랜드》가 이런 현실을 보여주지요. 미국은 물론이요 우리 사회에서도 널리 퍼져 있는 99퍼센트와 1퍼센트의 대립 같은 담론도 마찬가지 문제를 가리킵니다. 중세 시대로 되돌아가기라도 한 듯, 상위 1퍼센트에게 자산과 현금이 집중되는 반면 나머지 99퍼센트의 처지는 더욱 각박해지는 현실은 자본주의 체제의 지속가능성에 의문을 품게 합니다. 99퍼센트의 구매력이 차츰 떨어지게 되면 과잉생산과 과잉공급은 피할 수 없을 것입니다. 발전된 자본주의 국가와 저개발 국가 사이의 격차도 전혀 줄어들고 있지 않습니다. 오히려 저개발 국가의 자원과 저렴한 노동력을 착취하는 일이 더욱 심해지고 있지요.

잘 아시겠지만, 또 다른 문제는 바로 환경입니다. 앞에서 '인류세'라는 새로운 개념이 널리 쓰이기 시작했다고 말한 바 있지요. 지질 연대의 시대 구분을 바꿔야 할 만큼 인류가 지구 환경에 미치는 영향이 대단했다는 것입니다. 미국에서는 지난 트럼프 행정부 시절에 대통령부터 시작해 여러 보수 논객이 기후 변화에 관한 우려가 지나치게 과장되었다고 비판한 바 있지만, 기후 변화가 이미 현실이 되었음을 증언하는 이상 기후 현상이 날마다 보도되고 있습니다. 이런 기후 변화의 이면에 자본주의 체제 아래의 생산력 발전과 과도한 소비문화가 자리 잡고 있다는 것은 누구나 아는 일이지요. 이를테면 우리가 매일 입는 옷을 생각해볼까요. 정확한 수치는 알 수 없지만, 최근 한 방송 프로그램은 매년 1,000억 벌에 이르는 옷이 생산되고, 그 가운데 30퍼센트 이상이 그해에 버려진다고 고발했습니다. 버려진 옷은 아프리카 같은 저개발 국가로 수출되거나, 결국 미세플라스틱이 되어 우리에게 되돌아온다고 합니다. 이렇게 낭비되고 마는 옷을 생산하는 데 들어가는 여러 자원에다가 버려지는 옷에서 나오는 미세플라스틱 같은 환경오염 물질을 고려하면 자본주의 체제를 그 논리대로 내버려두었을 때 과연 지구가 버텨낼 수 있을지 우려스러울 수밖에 없습니다.

기후 변화나 환경오염 같은 위기는 결국 과학 기술을 발전시키면 극복할 수 있을 것이라고 낙관하는 사람도 있습니다. 그럴지도 모르지요. 가령 미세플라스틱을 분해하는 미생물을 배양하는 기술을 발전시키면 환경오염을 줄이는 데 도움이 될 터입니다. 하지만 문제는 자본주의 체제의 논리 아래에서 이런 새로운 기술을 모든 지역에서 누구나 이용할 수 있겠는가 하는 것입니다. 다른 도움이 없다면 저개발 국가는 새로운 환경 기술을 곧바로 도입하기 어려울 테고, 그만큼 그 지역 주민은 오랫동안 고통받겠지요. 기후 변화나 환경 문제를 해결하는 새로운 기술은 당연히 누구나 누리는 공공재가 되면 좋겠지만, 이 기술에 자본을 투입한 기업은 거기서 이윤을 거두려고 할 겁니다. 그러니 과학과 기술의 진보가 우리가 직면한 기후 변화나 환경 문제를 자연스럽게 해결해줄 것이라고 기대해서는 곤란합니다. 그것은 여러 나라의 지도자와 기업, 시민이 치열하게 논쟁하고, 갈등하며, 타협해야 할 아주 복잡한 정치 문제인 것이지요. 사태를 낙관하기 어려운 또 하나의 이유는 21세기에 자본의 힘이 너무나 강해졌다는 데 있습니다.

자본주의 체제의 탄생과 발전 덕분에 인류 가운데 많은 이들이 더 윤택한 삶을 누리게 된 것은 부정할 수 없는 사실입니다. 산업혁명 이후에 생산력이 점점 더 빠른 속도로 발전하고, 그것을 뒷받침하는 과학 기술이 진보한 일은 역사상 가장 풍요로운 시대를 살아가는 원동력이 되었습니다. 그래도 잊지 말아야 할 사실은 이런 부와 번영이 저절로 일어난 일이 아니고, 우리에게 언제나 축복은 아니었다는 것입니다. 자본주의 체제가 낳은 번영의 혜택을 누구나 균등하게 누리지도 않았고, 그 혜택을 누리는 이들조차도 그에 대한 비용을 공평하게 치렀다고 말할 수 없습니다. 이런 성찰에 더하여 자본주의 체제도 결국 주어진 조건 속에서 인간이 능동적으로 선택해 만들어낸 산물이라는 점을 기억해야 하겠습니다. 그러니 자본주의 체제를 지속가능하게 만드는 것, 아니면 자본주의 체제와는 전혀 다른, 새로운 체제를 상상하고 만들어내는 일 역시 우리의 선택에 달려 있는 것이지요. 근대 이후 생산과 과학 기술, 소비의 역사를 찬찬히 살펴보고 성찰한 이유가 여기에 있습니다.

참고문헌

나탈리 제먼 데이비스, 양희영 옮김, 『마르탱 게르의 귀향』, 지식의풍경, 2000.

니얼 퍼거슨, 구세희·김정희 옮김, 『니얼 퍼거슨의 시빌라이제이션』, 21세기북스, 2011.

데이비드 우튼, 정태훈 옮김, 『과학이라는 발명』, 김영사, 2020.

데이비드 크리스천, 이근영 옮김, 『시간의 지도—빅히스토리 입문』, 심산, 2018.

로버트 C. 앨런, 이강국 옮김, 『세계경제사』, 교유서가, 2017.

배영수, 『미국 예외론의 대안을 찾아서』, 일조각, 2011.

설혜심, 『소비의 역사—지금껏 아무도 주목하지 않은 '소비하는 인간'의 역사』, 휴머니스트, 2017.

송병건, 『지식 혁명으로 다시 읽는 산업혁명』, 해남, 2018.

앨버트 O. 허시먼, 노정태 옮김, 『정념과 이해관계—자본주의 승리 이전에 등장한 자본주의에 대한 정치적 논변들』, 후마니타스, 2020.

에릭 홉스봄, 정도영 옮김, 『자본의 시대』, 한길사, 1998.

_____, 김동택 옮김, 『제국의 시대』, 한길사, 1998.

원톄쥔, 김진공 옮김, 『백년의 급진—중국의 현대를 성찰하다』, 돌베개, 2013.

이완 라이스 모루스, 임지원 옮김, 『옥스퍼드 과학사』, 반니, 2019.

이지은, 『부르주아의 시대 근대의 발명』, 모요사, 2019.

제임스 E. 매클렐란 3세·해럴드 도른, 전대호 옮김, 『과학과 기술로 본 세계사 강의』, 모티브북, 2006.

제임스 Z. 리·왕펑, 손병규·김경호 옮김, 『인류 사분의 일—맬서스의 신화와 중국의 현실, 1700~2000』, 성균관대학교출판부, 2012.

조엘 모키르, 김민주·이엽 옮김, 『성장의 문화—현대 경제의 지적 기원』, 에코리브르, 2018.

조이스 애플비, 주경철·안민석 옮김, 『가차 없는 자본주의—파괴와 혁신의 역사』, 까치, 2012.

존 헨리, 노태복 옮김, 『서양과학사상사』, 책과함께, 2013.

토비 E. 하프, 김병순 옮김, 『사회, 법 체계로 본 근대 과학사 강의』, 모티브북, 2008.

티모시 브룩, 강인황·이정 옮김, 『쾌락의 혼돈—중국 명대의 상업과 문화』, 이산, 2005.

──────, 조영헌 옮김, 『하버드 중국사 원·명—곤경에 빠진 제국』, 너머북스, 2014.

페르낭 브로델, 주경철 옮김, 『물질문명과 자본주의』, 까치, 1995~1997.

Allen, Robert C., The British Industrial Revolution in Global Perspective, Cambridge, 2009.

Berg, Maxine, Luxury and Pleasure in Eighteenth-Century Britain, Oxford, 2005.

Braverman, Harry, Labor and Monopoly Capital: The Degradation of Work in the Twentieth Century, New York, 1974.

Broadberry, Stephen and Kevin H. O'Rourke, The Cambridge Economic History of Modern Europe, Volume 1: 1700~1870, Cambridge, 2010.

──────, The Cambridge Economic History of Modern Europe, Volume 2: 1870 to the Present, Cambridge, 2010.

Chandler, Alfred D., Scale and Scope: The Dynamics of Industrial Capitalism, Cambridge, Mass., 1990.

Clark, Gregory, A Farewell to Alms: A Brief Economic History of the World, Princeton, NJ, 2008.

Cohen, Lizabeth, *A Consumer's Republic: The Politics of Mass Consumption in Postwar America*, New York, 2004.

Crafts, N. F. R., *British Economic Growth during the Industrial Revolution*, Oxford, 1985.

Griffin, Emma, *A Short History of the British Industrial Revolution*, London, 2018.

_____, *Liberty's Dawn: A People's History of the Industrial Revolution*, London, 2013.

Hounshell, David A., *From the American System to Mass Production, 1800~1932: The Development of Manufacturing Technology in the United States*, Baltimore, 1984.

Jacob, Margaret C. and Larry Stewart, *Practical Matter: Newton's Science in the Service of Industry and Empire, 1687~1851*, Cambridge, Mass., 2004.

Jacob, Margaret C., *Scientific Culture and the Making of the Industrial West*, New York, 1997.

Jones, P. M., *Industrial Enlightenment: Science, Technology and Culture in Birmingham and the West Midlands, 1760~1820*, Manchester, 2008.

Kander, Astrid, Paolo Malanima, and Paul Warde, *Power to the People: Energy in Europe over the Last Five Centuries*, Princeton, NJ, 2013.

Landes, David, *The Unbound Prometheus: Technological Change and Industrial Development in Western Europe from 1750 to the Present*, Cambridge, 1969.

Leach, William, *Land of Desire: Merchants, Power, and the Rise of a New American Culture*, New York, 1994.

Lemire, Beverly, *Global Trade and the Transformation of Consumer Cultures: The Material World Remade, c.1500~1820*, Cambridge, 2018.

Mokyr, Joel, *The Enlightened Economy: An Economic History of Britain,*

1700~1850, New Haven and London, 2009.

_____, *The Gifts of Athena: Historical Origins of the Knowledge Economy*, Princeton, NJ, 2011.

Shapin, Steven and Simon Schaffer, *Leviathan and the Air-Pump: Hobbes, Boyle, and the Experimental Life*, Princeton, NJ [1985], 2017.

Shapin, Steven, *The Scientific Revolution*, Chicago, IL, 1996.

Stearns, Peter N., *Consumerism in World History: The Global Transformation of Desire*, London, 2006.

Trebilcock, Clive, *The Industrialization of the Continental Powers, 1780~1914*, London, 1981.

Trentmann, Frank, *Empire of Things: How We Became a World of Consumers, from the Fifteenth Century to the Twenty-First*, New York, 2016.

Vicki, Howard, *From Main Street to Mall: The Rise and Fall of the American Department Store*, Philadelphia, PA, 2015.

Wooton, David, *Power, Pleasure, and Profit: Insatiable Appetites from Machiavelli to Madison*, Cambridge, Mass., 2018.

Wrigley, E. A., *Energy and the English Industrial Revolution*, Cambridge, 2010.

찾아보기

ㄱ

갈레노스 155, 159, 160

갈릴레이Galilei, Galileo 184~186, 188, 190, 208, 210

　『프톨레마이오스와 코페르니쿠스의 두 천체 체계에 대한 대화』 185

　『두 새로운 과학에 대한 담론과 수학적 논증』 188

개발독재 134, 135

경부고속도로 137, 138

경제개발5개년계획 136

경제기획원 135, 136

경험주의 191, 200

경화사족京華士族 285

골드먼, 실번Goldman, Sylvan 346

과학혁명 9, 150, 152, 177~179, 214, 215, 240, 243

관료제 164, 165, 173

구글 365, 371

규모의 경제 110

그람Gramme, Zénobe Théophile 98

그루엔, 빅터Gruen, Victor David 333~337

근면혁명industrious revolution 53, 60, 292

기술과 제조업, 상업 진흥협회 232, 236

기술혁명→2차 산업혁명

기후 변화 217, 254, 265, 364, 373, 374

까르푸 347, 350

ㄴ

나침반 150, 170, 197

네이버 365

뉴서울 슈퍼마켓 348, 349

뉴커먼, 토머스Newcomen, Thomas 58, 80, 218, 221

뉴턴, 아이작Newton, Isaac 9, 177~179, 209~215, 240

　『자연철학의 수학적 원리』(『프린키피아』) 177, 212

　『광학』 212

능력주의 165

니덤, 조지프 9

ㄷ

다국적기업 147, 355, 356, 361~363, 371

다비, 에이브러햄Darby, Abraham 228

대기업 89, 92, 108, 110, 111, 115, 124, 125, 127, 246, 248, 250, 327
대량생산 체제 89, 115, 116, 123, 127, 129
대분기Great Divergence 31, 130, 310, 370
대불황Great Depression 107
대서양 무역 62, 290
대약진운동 75
더 클럽The Club 239
덩샤오핑 76
데이비스, 나탈리 258
　「마르탱 게르의 귀향」 257
데카르트, 르네Descartes, René 11, 189, 190, 196, 198~200, 208, 209
델헤즈 347
동인도회사 54, 61~63, 66, 289, 290, 293
디턴, 앵거스 364
딘과 콜 49

ㄹ

러다이트Luddite 운동 81, 82
러일전쟁 77, 131
레반트 267, 272
렌, 크리스토퍼Wren, Christopher 210, 212
로크, 존 191, 235
롯데마트 350
루나소사이어티 238~240
루소, 장 자크Rousseau, Jean-Jacques 303, 304, 308

루터, 마르틴 185, 194
　「95개조 반박문」 194
르네상스 179, 192, 194, 195, 207, 266, 269, 272, 273, 278, 289, 297, 299, 326
리비히, 유스투스 폰Liebig, Justus von 94

ㅁ

마가쟁 드 누보테Magasins de nouveautés 312, 314
마드라사madrasa 156, 157
마르코니, 굴리엘모Marconi, Guglielmo 100
마르크스, 카를 7, 46
　「자본」 46
마르탱, 피에르Martin, Pierre Émile 90, 91
마오쩌둥 76
만국박람회 83, 84, 234, 318
매디슨, 앵거스Maddison, Angus 24
맥도날드 356, 357
맨더빌, 버나드Mandeville, Bernard 302, 303
　「꿀벌의 우화」 302
맨해튼 프로젝트 251, 252
맬서스, 토머스 43, 44, 70, 71
　「인구론」 44, 70
맬서스 함정 43, 55
메디치 가문 185, 269, 271, 299
메르카토르 투사법 166
메이시 백화점 312, 314
메이지유신 76
모스, 새뮤얼Morse, Samuel 97

몬스터숍monster shop 316

무기광물경제inorganic mineral economy 26, 57

미국화 356

미세플라스틱 373, 374

미쓰코시 백화점 324~326

ㅂ

박정희 133~142, 348, 349

박제가 283~285

　『북학의』北學議 283~285

박홍식 325

발라, 로렌초 192, 193

발트제뮐러, 마르틴 195

배달의 민족 365

범위의 경제 110

베네치아 267, 268

베넷Bennetts 잡화점 311

베버, 막스 7

베서머, 헨리Bessemer, Henry 90

베스트팔렌 조약 66, 205

베스푸치, 아메리고 195

베이컨, 프랜시스Bacon, Francis 10, 188, 189, 196~198, 200, 201, 203~205, 208, 215, 235, 242, 251

　『새로운 아틀란티스』 198

　『신기관』Novum Organum 196

베이클랜드, 리오Baekeland, Leo 96

벤야민, 발터 322

벤처기업 147, 371

벨, 알렉산더 그레이엄Bell, Alexander Graham 100

보슈, 카를Bosch, Carl 95

보일, 로버트Boyle, Robert 188, 201, 202, 204~206

　『새로운 실험과학』 188

볼턴, 매슈Boulton, Matthew 80, 220, 221, 239, 240

봉마르셰 백화점 312~314, 316, 319, 320

부르주아 10, 311, 317, 319, 321, 329

부시, 버니바Bush, Vannevar 252

브라헤, 티코Brahe, Tyco 183

브로델, 페르낭 22

블랙, 조지프 220, 240

비르투오소virtuoso 235

비잔티움 제국 267

빅푸시big push 산업화 131

빅히스토리big history 19~22

ㅅ

사보나롤라 299

산업혁명 8, 9, 20~29, 31~35, 38, 43~48, 50~52, 54~60, 62, 66~69, 73~77, 79, 81~83, 85, 86, 88, 93, 94, 97, 98, 104, 105, 111, 116, 117, 130, 133, 140~142, 168, 215, 217, 220, 224, 228, 229, 231, 234, 235, 239, 240, 243, 245, 246, 249, 251, 290, 308, 310, 368, 369, 370, 374

상업혁명commercial revolution 290

새마을운동 141

세계 작업장workshop of the world 83

세계화 6, 25, 31, 264, 266, 318, 338,
　　354, 358, 359, 361~363

소비혁명consumer revolution 263

소소생 279

『금병매』 279

손더스, 클래런스Saunders, Clarence
　　342~344

쇼핑몰 329, 331, 333~339, 353

수직 통합 109, 110, 120, 250

수평 통합 250

슈퍼마켓 339, 341, 342, 344~351

슘페터, 조지프 368

스미스, 애덤Smith, Adam 71, 114, 267,
　　305~308

『국부론』 71, 114, 241, 267, 306, 307

『도덕감정론』 305

스미스식 성장Smithian growth 267

스타벅스 358, 359

스터전, 윌리엄Sturgeon, William 233

스티븐슨, 조지Stephenson, George 222, 223

슬론, 앨프리드Sloan, Jr., Alfred P. 124~126

시전市廛 341

신유학 164, 165, 174

신자유주의 128, 129, 142, 261, 262, 352

ㅇ

아리스토텔레스 154, 176, 179~181, 185,
　　192, 194

아마존 353, 356, 365

아스피린 96, 250

아크라이트, 리처드Arkwright, Richard 225,
　　226, 241

아편전쟁 73, 74, 76

안락 문화culture of comfort 296

알라지(라제스) 160

『의학대전』 160

알크와리즈미 155

『알자브르와 알무카발라』 155

암묵적 지식tacit knowledge 247

애플 129, 356, 365

양무운동 74

에디슨, 토머스Edison, Thomas 88, 98, 99,
　　101, 102, 247, 248

『역사의 비교』 5, 6, 31, 53, 65, 165, 266

연쇄점chain store 326, 341, 344, 346

오라녜 공Prins van Oranje 212

오일쇼크 128, 142, 264

와트, 제임스Watt, James 57, 58, 80,
　　219~222, 224, 229, 234, 239~241,
　　249

『왕립협회보』 207

웨스팅하우스, 조지Westinghouse, George 101

웨스팅하우스일렉트릭 248

웨지우드, 조사이아Wedgwood, Josiah
　　229~231, 239, 241, 315

유기경제organic economy 26, 57

'유용한 지식' 10, 151, 197, 198, 200,
　　214, 215, 367

이마트 349, 350

이븐 시나 160
　『의학규범』 160
　『자유의 책』 160
이븐 알나피스 160
이븐 알하이삼 155
　『광학의 서』 155
이상 325
　「날개」 325
인류세Anthropocene 217, 218, 265
인쇄술 162, 163, 197
인클로저 38, 39
일관생산 체제 119~121, 127
잉글랜드은행 54, 55

ㅈ

자동차 공업 31, 89, 103, 115~117, 124,
　246
자본주의 6~10, 31, 53, 59, 89, 108,
　117, 123, 127~130, 135, 148,
　215, 236, 252, 253, 260, 262, 264,
　266, 283, 339, 352, 360, 361, 365,
　367~375
'자연이라는 책'Nature's Book 190, 191, 194
자이바쓰財閥 77, 78
장기불황Long Depression 107, 109, 114
전통사회 33~38, 43, 44, 55, 56, 69, 70
절용애민節用愛民 282
정화鄭和 171~173
제너럴모터스→GM
제너럴일렉트릭GE 99, 248~250

제노바 267
조선업 170, 171
『조선왕조실록』 281, 282
'조직 역량' 111
종교개혁 185, 192, 194, 195
중화학공업 31, 75~77, 90, 103, 138,
　139
지멘스, 빌헬름 폰Siemens, Wilhelm von 90,
　91
지멘스Siemens, Ernst Werner von 98
『지식인 저널』Journal des sçavans 207
짐멜, 게오르크 322, 323

ㅊ

철도 77, 81, 86, 87, 90, 91, 97, 104,
　120, 222, 224
충적세Holocene 217

ㅋ

카네기, 앤드루Carnegie, Andrew 92, 227
카카오 365
카트라이트, 에드먼드Cartwright, Edmund
　226, 227, 232
칼뱅 288
캘리코calico 62, 294, 295
컬렌, 마이클Cullen, Michael J. 344, 345
케플러, 요하네스Kepler, Johannes 183, 184,
　186, 208
　『새로운 천문학』 184, 188

코트, 헨리Cort, Henry 229, 230, 241

코페르니쿠스Copernicus, Nicolaus 9,
　　177~179, 181~186, 189, 203, 208,
　　214
　　『천체의 회전에 관하여』 177, 182

콜럼버스 172, 192, 194, 195, 266

쿠빌라이 칸 170

쿠팡 365

크래프츠와 할리 49, 50

크럼프턴, 새뮤얼Crompton, Samuel 225,
　　226, 232, 241

킹컬렌 344~346

ㅌ

택배 노동자 365

테스코 347

테슬라, 니콜라Tesla, Nikola 101, 102

테일러, 프레더릭Taylor, Frederick Winslow
　　112~114
　　과학적 관리scientific management
　　112~114
　　'시간과 동작 연구' 112, 113

통상산업성 132~135

툰베리, 그레타 265

트레비식, 리처드Trevithick, Richard 222,
　　223, 241

특허제도 233

ㅍ

파워, 헨리 189

팍스 브리태니카 369

페이스북 371

포드, 헨리Ford, Henry 118~120, 122~125,
　　127

포드자동차 118~123, 125, 134, 331

포드주의Fordism 123, 127

포항제철 138, 139

푸어드리니어, 실리Fourdrinier, Sealy 233

푸어드리니어, 헨리Fourdrinier, Henry 233

프톨레마이오스Ptolemaeos, Claudios 154,
　　155, 179~181, 185
　　『알마게스트』 180

플라스틱 96

플라톤 298, 299
　　『국가』 298

플랜테이션 65, 66, 68

피글리위글리Piggly Wiggly 342~344

피렌체 267, 268, 270, 271, 299

ㅎ

하버, 프리츠Haber, Fritz 94, 95

하비, 윌리엄Harvey, William 160, 190, 201

'한강의 기적' 133

한계수확체감 법칙 50

한국전쟁 75, 134, 326, 327

해리슨, 존Harrison, John 232, 233

핼리, 에드먼드Halley, Edmund 210, 213,

214

호모 콘수무스Homo Consumus 11

호프만, 아우구스트 폰Hofmann, August von
94

홍무제 273

화석연료 26, 29, 98, 217, 243, 361, 368

화신백화점 326~328

환경오염 364, 373, 374

훅, 로버트Hooke, Robert 201~204, 209,
210

　『마이크로그라피아』 202, 203

흄, 데이비드Hume, David 304, 305, 308

기타

2차 산업혁명 31, 75, 87, 89, 93, 98,
103~105, 111, 116, 127, 129, 138,
242, 246, 251, 320

2차 세계대전 25, 78, 127, 128, 132, 251,
252, 262, 264, 329, 331, 332, 334,
346, 347, 352

30년 전쟁 205

4·19혁명 326

5·16쿠데타 133~135, 140, 326

GM 123~127, 331